序

『人口論』は初版（一七九八年）と第二版（一八〇三年）とですっかり内容、分量そして形式も変わった。著者みずからが「新しい本」になったと述べたくらいである。分量はほぼ倍になった。内容的には、ゴドウィンおよびコンドルセにたいする批判は残ったものの、力点を「人口の原理」の例証、すなわち人口抑制作用の検討に移した。形式は、第二版以降、四つの篇で構成されることとなった。これらのことを第二版の各篇に与えられた表題で確認しておきたい。「第一篇　世界の中の低文明国および過去の時代における人口に対する制限について」（一四章）、「第二篇　近代ヨーロッパのさまざまな国における人口に対する制限について」（一一章、第五版で一三章となる）、「第三篇　人口の原理から生ずる害悪に対する対策としてかつて提案ないし実施されたさまざまな政策体系について」（一一章、第五版で一四章となる）、そして「第四篇　人口の原理から生ずる害悪の除去ないし緩和に関する将来展望について」（一二章、第五版で一四章となる）。初版には全一九章があるだけで篇はなかった。

第二版で最大の改訂と見なされる「道徳的抑制」が加わるのは第四篇第一章である。そしてマルサスの生前に六版までかぞえる『人口論』の各版ごとに、細かな変更点は他にもあるが、基本的な構造変化は以上である。つまり第二版に続いては第五版（一八一七）が大きい変化を見せる。ナポレオン戦争後の不況が第五版を生んだが、ここではこの問題には立ち入らない。以上の篇名で理解されるように、繰り返しいえば、第二版以降は、食料にあわせて人口を調節する「制限」にどんなものがあるかが中心論点である。なお、マルサスは第五版でゴドウィンの『解答』(一八〇一年)に関する章をほとんど削除したが、パトリシア・ジェイムズによれば、マルサスとゴドウィンは共通の出版者ジョージフ・ジョンスンを通じて文通し(一七九八年)、一八〇五年には少なくとも一度、会食している。

パトリシア・ジェイムズが『人口論』を編集した時に、底本としたのは第二版であった。実際、書物の趣旨と分量からいって、第二版はその後の諸版の基礎であるが、初版はそういうものとはみなし難い。二〇〇三年は、この第二版の出版二〇〇年にあたる。そこでわれわれ有志があい語らって、これを記念するのみならず、『経済学原理』を含めたマルサスの多面的な生涯と活動がいかに歴史的に準備されてきたかという、マルサス理論の歴史的形成過程を多面的に明らかにするために、本書を共同で執筆することとした。書物の量的制約と執筆者の関係で、われわれの意図を真に実現するには不足することを認めなければならないが、われわれは幾度か共同研究会を開いて切磋に努めた。その成果が本書である。

(1) マルサスの利用文献

この序では、以下のわれわれの論文についてその位置づけをする前に、まずジェイムズの典拠解説(1)によってマルサスが『人口論』第二版以降で引用した著者たちを瞥見しておきたい。直接の引用ではなくいわゆる孫引きの著者も一人と数えて、出生国でなく作品の使用言語と、一六世紀以前を「古典」と分類する基準で総括的に、またあまり厳密な数字ではないという意味で概略的にいえば、(1)英語圏の著作家で、(I)現状分析の著者は二〇名、(II)旅行記を引用された著者は一五名、(III)歴史・理論書を引用された著者は四九名である。この最後の四九名のなかには数名の医師が含まれている。(2)フランス語圏の著作家では(I)旅行記を引用された著者は一三名、（II）歴史書を引用された著者は一〇名、（III）理論書を引用された著者は九名である。（3）その他の国では、ドイツ一八名、スウェーデン二名、オランダ一名、デンマーク一名、ロシア一名、スペイン一名、（4）古典作家は、一二名。この他に組織が出した本がある。フランス語圏の旅行記作家の大多数はジェズイット派伝道師である。マルサスの思想傾向を伺う上での参考になるであろう。総数は一五〇名を超える。このうち第三版以降にしか引用されないのは、ロバート・オウエンを含めて一〇名足らずのように思われる。ほとんどすべてが、第二版で引用される。初版の登場人物がごく限られていたことを考えあわせると、いかに第二版がまったく新たに用意されたものであったかがよく分る。

われわれは、第二版の刊行を記念する意味で、初版を含めて、また後の『経済学原理』をも視野に入れて、マルサスにさまざまに影響を与えた著作家たちを検討しようとした。もとより一五〇名を超える著作家をすべて対象とするわけにいかない。またその必要もない。引用された著作家がすべてマルサスにとって理論形成の糧となったわけではない。マルサスは、初版がゴドウィンの『研究者』に示唆されて書かれたことを述べたさい、それが「ときの勢い」と「田舎で手に入る僅かな材料」で書かれなければならなかったことも述べている。だからマルサスによってそのとき先人として数えられたのは、「ヒューム、ウォーレス、アダム・スミス博士およびプライス博士」（第二版の「序」）の四人だけであった（フランス・エコノミストはいわゆる「労働財源」に関する本文で言及されてはいるが、このかぎりでかれらは人口原理の先人ではなかった）。今日風にいえば、スコットランド啓蒙とそれに匹敵するイングランド啓蒙ないしイングランド・ロック主義者の代表的論者を先駆としていた。

第二版では事情はかなり変わる。多くの先行者が発見された。人口原理の主題を論じた先駆的著作家としてマルサスは、同じ第二版の「序」で「フランス・エコノミストたちのうちの若干、ときにはモンテスキュー、わが国著作家ではフランクリン博士、サー・ジェイムズ・ステュアート、アーサー・ヤング氏、タウンゼンド氏」の名を挙げている。初版序とあわせると固有名詞は九名である。これに初版の批判対象であったゴドウィンとコンドルセを加えると、一一名になる。スコットランド啓蒙にジェイムズ・ステュアートが加わり、イングランド啓蒙にフランクリンたち四人が加わったうえ、フランス啓蒙も参加したことになる。しかもその意味を考えると、第二版序が列挙した理論家たちは、多かれ少なかれマルサスに経済学的分析を深める方向性を示していたといっていい。モンテスキューも例外ではない。マルサス『人口論』第二版は、こうした歴史と志向を背景として成立したことだけは確実にいえる。そして初版の四人を見るならば、こうした第二版の性格はすでに初版に胚胎していたということができる。だから初版を含めてマルサス『人口論』は、ヨーロッパ啓蒙の子である。

そうだとすると、その他大勢の一五〇人ほどの人物はいかなる意味を担っていたであろうか。ニュートンのような方法論に関わる人物は別として、彼らはなべて、資料提供者の意味を担った。初版が提出した人口原理は、もともと帰納的に引きだされた原理ではない。それは証明されなければならなかった。第二版以降の諸版がこの役割を果たそうとした。啓蒙の異端を撃つという初版と、この課題を果たした後の第二版以降の諸版との決定的相違はここにある。しかも時代は、統計的事実をきちんと踏まえて問題を論じるのが常識となりつつあった時代である。マルサス『人口論』の初版と第二版とのあいだに、ブリテンでは国勢調査法が成立し、一八〇一年から実施に移されている。生活保護法（救貧法）の運用にしても、教区行政の手にあまるようになりつつあったし、それは国家的な慈善から社会制度上の基本的福祉政策にゆっくりではあるがその性格を変え始めていた。イーデンたちの社会統計は不備を免れなかったし、プライスの平均余命表は明らかに誤りであったが、国家の福祉政策実施のうえでも、近代的保険会社の運営にしても、きちんとした社会統計が必要となりつつあった。逆にいえば国家が国民の生活に主体的に関与し始めたと言える。名望家支配という貴族的支配原理は終わりつつあった。戦争という当時としては不可避に近い社会事象を財政的にまかなうためにも、統計の整備は必要であり、近似値の高い統計を持つことに成功しないかぎり、国際交渉場裡において足下を見透かされるおそれが多分にあった。近代が本当の意味で到来した。マルサス『人口論』はこうした歴史の歩みと足並みを揃えている。

『経済学原理』において引用された先人の数は多くない。そのうち、アダム・スミスとリカードウは別格として、『人口論』にともに何度か顔をだすのは、ざっと見てイーデン、ガルニエ、ヒューム、シンクレア、ヤング、ジュースミルヒなどである。フンボルトも加えていいかもしれない。ただ影響関係ということになると、厳密な意味で先人と言えるとは思われない人物も多い。例えばイーデン、シンクレアあるいはヤングは、社会統計という点では資料的にマルサスを支えたけれども、理論的な影響を持ったかどうかという点では、誰しも答えは多分否定的になるであろう。ジュースミルヒも同様である。初版『人口論』ではプライスからの孫引きで利用したジュースミルヒも、第二版以降直接原典を用いるようになったとはいえ、『経済学原理』においては資料的な関わり以外には影響関係はなおさらなかったといっていい。

それよりもむしろ、第二版以降に多用される医学書と航海記のような、人間の生存に直接関係する生命科学の分野や、未知の世界における人口動態報告のようなものに、理論とは違う次元で、マルサスの新しい眼を開かせるものがあったであろう。

（2）マルサスの先駆者の概観

マルサス自身の引用が古代哲学者にまでおよんでいるから、マルサス理論の先駆者の研究が、古代から始まるのは当然である。たとえばスタングランド［16］は、ギリシア・ローマから筆を起こしている。中世キリスト教理論を経て、一六世紀以降が「初期近代」とされ、視野はドイツにもおよぶ。重商主義になると、力点はイングランドとフランスにあるが、それと対になるかのようにドイツ・カメラリスムス（プフェンドルフとライプニッツなどを含む）が独立の章を構成する。一八世紀四〇年代末から七〇年代半ばまでは、フランスが独立の章を占め、イングランド、イタリア、ドイツが一章にまとめられている。総じてマルサスの直接的な先行者としてはイングランド、ドイツ、フランス、イタリアに目があるといえる。『マルサスの警告』を書いたフレヴィユ［6］もプラトンとアリストテレスから始めている。南亮三郎［9］も「スタングランドの人口論史は道徳や結婚の歴史、国家の理想や目的、さらに宗教や哲学の体系をも包括する」[2]と評価しつつ、みずからも「古代ギリシア・ローマの人口思想」から説き起こした。この評価でも分かるように、地理的範囲のみならず、思想の分野においてもスタングランドの視野は広いことが分かる。分野の広さということでは、ユネスコ主催の国際人口史学会（一九八〇年）の報告集［8］も「思想の災難」（九論文）「マルサスと当時の社会」（八論文）「経済学者マルサス」（九論文）「マルサス以後のマルサス主義」（一〇論文）「マルサスの現実」（九論文）となっている。これは、マルサス理論形成史（主に最初の二分野に収録されている）というよりはマルサスとそれ以後が主題といえるが、マルサスを把握する上での示唆は与えているであろう。宗教論、スミス論もある。[3]

「マルサスの罠から近代への挑戦」という副題を持つマクファーレン［11］は、「資源よりもつねに人口が上回るという、人類が抜け出すことのできない罠」を「マルサスの罠」と呼びつつ、これを前産業社会あるいはアンシアン・レジームに特有の社会現象ととらえ、ヨーロッパではイングランド、アジアでは日本がなぜこの罠から最初に抜け出したかを探求した興味ある論策である。[4]マルサスはこういう角度からも論じることができる。ただ、留意したいのは、この場合、「罠」は自然が備えているものだということを見失わないことである。「罠」はマルサスが仕掛けたものではなく、マルサスが発見したものである。そして残念ながらマクファーレンの視角からすると、『人口論』の各版の差異はかなり消滅する。

われわれは、こうした多様なマルサス研究のあり方を念頭に置きながら、マルサス『人口論』、とりわけその第二版が二〇〇〇年記念を迎える今日的意味、さらにはマルサスの全体系の意義を歴史的に追求しようとする。この場合われわれは、大正五（一九一六）年、京都帝国大学法科大学がその『経済論叢』（第二巻第五号）において「マルサス生誕百五十年記念号」を特集し、昭和九（一九三四）年、小樽高等商業学校がその『商学討究』（第九巻中下合冊特輯号）を挙げて「百年忌記念マルサス研究」に献じたことを想起せざるをえない。前者の執筆者は一二名、後者は一一名の執筆であった。一八年の歳月を隔てて、いずれも錚々《そうそう》たる顔ぶれである。京都大学はマルサスの誕生日二月一四日（当時こう信じられていた）がその年は月曜日であったため、前日の一三日（本来の誕生日）にマルサス関連の書物の展示を（東京の研究機関からも個人からも借用して）大規模におこない、午後一時から七時過ぎまで七人の講演会を開催した。特集号の論文はこの講演が基本になっている。この特集の特徴は、『経済学原理』に一顧も与えられていないし、マルサスの先駆者には言及がないことである。これに対して、『商学討究』はマルサスをバランスよく照射している。マルサスの名を省略して題名のみ掲げる。「現代の人口問題」「経済学史上における地位」「イタリアにおける先駆者」「社会経済史的背景」「人口理論」「経済理論」「人口論争」「価値論争」「古典派の動態理論」「以後の人口理論」「社会ダーウィニズム」。『経済論叢』において『人口論』でさえ固有に論じられているのは半数に満たなかったから、一八年のあいだにおける研究の進展には眼を見張るものがある。

　この一八年は、わが国がテロ国家への道を歩む一八年でもあった。だから、この中でかかる冷静なマルサス研究が成立したことを、われわれは誇りに思っていいと考える。しかし、京大と小樽高商の二つのマルサス研究から窺えるのは、この国が工業化に成功しつつも長く人口問題（「罠」）に悩んだ事実である。京大の論文には、「支那及日本ノ人口論」「徳川時代ノ人口」「社会階級別ト出生率トノ関係」などがある。河上肇は「まるさす人口論要領」を執筆しているが、まだマルクス主義に転ずる以前であった。たしかにブリテンも日本も「マルサスの罠」に苦しんだ。戦前のわが国におけるマルサスの読まれ方には、古典派の中でも独特の問題関心があったというべきである。

第二次大戦後は、現実の問題は「罠」というよりは「食糧問題」に転化したが、第三世界に「罠」は移ってマルサス問題はわれわれの意識に残った。南亮三郎・岡田実編［3］や岡田実［1］がその成果といえよう。

（3）収録論文の位置づけ

われわれは本書を二部に分ける。ただしこれは便宜のためにすぎない。マルサスの『人口論』と『経済学原理』とは、スミスの二著と同様に、「二人のマルサス」が論じられるほど対立的な側面を持ちながら密接に接続しているとわれわれは理解する。そして経済学に関しては、スミス『国富論』が決定的に重要な「歴史的前提」であるのに対して、人口論に関してはかかる古典はマルサスにはなかった。こういう経緯を考慮して、われわれは、マルサスの著作の時系列に従い、かつ遠隔の地からの海鳴りとでもいうべき存在から稿を起こすこととした。

第一部　マルサス『人口論』の歴史的形成

第1章「オルテスの経済思想」(堀田誠三)は、「マルサス主義に非常に近い」(スタングランド)といわれるオルテスを扱う。論文名が示すようにこれは、人口論を包み込んだ経済理論の全体像を描き、その歴史的意義を示そうとする。「人口維持の自然的限界に適応した社会制度」としての修道院が是認されることに見られるように、オルテスは「理論の形式的な類似が認められるにもかかわらず、歴史的課題を異にした」、つまり商工業の抑制と教会組織の擁護を課題としたことが語られる。このように全体像を捉える中で人口理論を理解する方法を採れば、おそらくこれまでイタリア人口論史において著名であったボテロやガリアーニなども新しい相貌を示すであろう。

フランスについては、わが国に岡田実［1］がある。しかし第2章「マルサスとフランス社会思想」（森岡邦泰）は、岡田が主題としなかったコンドルセを中心に、むしろマルサスの読み方を追求する。コンドルセは、ゴドウィンと並んで『人口論』の批判対象であったにも関わらず、ゴドウィンほど検討の対象となることが少なかったし、言及されてもゴドウィンと同じ「平等主義」に一括されていた。森岡は、マルサスの読み方にずれがあることを通して、マルサスの思想に「怠惰」な人間観と「独立」（勤労）尊重の価値観が強固であることを読み取っている。救貧法問題は他の諸論文（中沢、柳沢、柳田など）と関連する。年金論では永井論文と関連する。

第3章「マルサス人口論と一八世紀医学」（嘉陽英朗）は、これまであまり注目されたことのないマルサスの医学知識を確定しようとする。すでにジェイムズの引用文献で見たように、第二版『人口論』以後の医学書の引用は少なくない。マルサスが注目した都市の不健康な環境は、マルサスが引用したウォーレス『人口論』の一つのテーマでもあったが、マンチェスター文学哲学協会のパーシヴァルが示唆するように、時代は公衆衛生行政が求められるようになりつつあった。それとジェンナーが医学の進歩を象徴する。マルサス『人口論』は「まぎれもなく啓蒙の最上の影響を受けた」という最後の言葉は印象的である。嘉陽もコンドルセに言及するが、医学的観点からである。本章は、次章における中澤のマルサス評価と呼応しているし、柳田が別のところ（『マルサス勤労階級論の形成』昭和堂）で論及した「マルサスの健康論」にも連なる。それに、バーミンガムの「月の会」の有力メンバーであったエラズマス・ダーウィンや人口論史上重要なトマス・ショートに触れたことでも意味を持つ。

第4章「フォックス派ウィッグとしてのマルサス」（中澤信彦）は、ボナー以来ウィッグとされるマルサスが、実際にはいかにウィッグと関わっていたかを論ずる。特にウィンチ［18］［19］がフォックス派ウィッグ（またカントリ・ウィッグあるいは哲学的ウィッグ〔三者はかならずしも同一ではない〕とも）と呼んだから、マルサスのこの側面を明らかにする必要があった。中澤は、フォックスとマルサスとの両面から両者の関係を解明しようとする。そうして、フォックス（とその後継のホランド）派は、彼らに欠如していた経済学的関心と知識を、一九世紀に入ってから『エディンバラ評論』の同人たち（ウィンチの「哲学的ウィッグ」）から受け取るが、マルサスは彼らに先立って「フォックス派の思想的変容をみごとに先取りしている」と結論する。これは安川論文とあわせて読まれるとよい。

第5章「ウィリアム・ペイリーの義務論」（大村照夫）は、わが国でペイリーにたいして孤独な解明を進めてきた論者の最新の成果である。ケインズは、ペイリーの『原理』を「『人口論』の著者が受けた知的影響のうちで高い地位を与えられるべきもの」（『人物評伝』）と評した。マルサス自身はペイリーの『自然神学』を共感をもって引用し、『原理』の人口理論を批判した。本章は、『原理』の義務論（幸福論）とペイリーの『満足の理由』によってマルサスとの異同を明らかにし、ペイリーとマルサス両者の理論を解明した。

第6章「第二版『人口論』のウェブスター、ウォーレス、フランクリン」（永井義雄）は、マルサスが忌避する年金基金設立のためにウォーレスといわば同志として奔走したウェブスターの人口調査とスミスによるその評価に照明を当て、かつウォーレスのユートピア論がじつはユートピア無用論であったという、マルサスの誤解を解明しつつウォーレス解釈の刷新を中心に議論した。あわせてフランクリンの人口論を回顧してマルサス『人口論』第二版が『経済学原理』に歩み出す契機を探った。

第二部　マルサス『経済学原理』の歴史的形成

スミスとマルサスとの関係を論じた論文はかぎりなくある（レズリー・スティーヴンは二人が神学を共有していたと言う）が、第7章「スミスとマルサス」（遠藤和朗）があつかう労働維持基金と資本蓄積論という論点は意外に乏しい。これはスミスが経済学者であるということから、学史家には人口法則の観点から両者の関連を見る視点があまりなかったことによるであろう。マルサスの側からすれば初版『人口論』におけるスミスにはこの問題しかない。このときマルサスは労働維持基金（労働需要）を穀物でしか考えていなかったためスミス批判が生まれたが、遠藤論文は、第二版以後マルサスが農工均衡を経済のあるべき姿と考え、工業製品（奢侈品さえ）も労働維持基金たりうると考えるにいたって、スミス批判は消えることを論証した。さらにこの論文は、マルサスがこの点の確認後『経済学原理』における資本蓄積論を、生産的労働者と不生産的労働者との適正比率の上に構築すると論じる。なお、菊池論文・佐藤論文にもマルサス―スミス関係論がある。

第8章「地代論におけるアンダソンとマルサス」（菊池壮蔵）は、マルサス経済学形成上、枢要の地位を占めるアンダソン地代論を理解するために、アンダソンに内在するよりは諸研究を整理することでさしあたり課題を提示しようとする。とりわけ有益に思われるのは、アンダソンの影響はマルサス『人口論』第二版から『地代論』（一八一五年）への展開の中に探ることができると指摘している論文（一九八七年）が紹介されていることであろう。それと同時にアンダソンが、理論的な経済学者というよりは実学的な文明史家とでもいうべき存在であって、狭い地代論史の枠からかれを解放してその全体像を描く必要が語られているのは、貴重な指摘としなければならない。アンダソンの追悼文（『ジェントルマンズ・マガジン』一八〇八年と『スコッツ・マガジン』一八〇九年）には、彼の二〇冊以上の著作が記されている。マルサスとアンダソンの関係はそれぞれの全体像の中で確定されるものである。第11章のローダーデイル論とあわせて読まれることを希望したい。

第9章「タウンゼンドの救貧法批判」（柳沢哲哉）は、基本的にスミス的自然的自由の体系を信じて救貧法廃止を主張したタウンゼンドの論理が整理して示される。ただ、「低賃金の経済」つまり「飢餓」が勤労の拍車であるとするタウンゼンドは、労働市場に「道徳的陶冶の役割」をも担わせ、かつ労働者を「サーヴァント」の範疇においてしかとらえなかったという指摘は、彼の資本概念の未成熟を示唆しているであろう。相互扶助組織と自発的慈善を積極的に是認するのも、それに照応しているであろう。いくつかの解釈の可能な有名な「フェルナンデス島の寓話」に「人間主義的基盤」を読みとった本章は、スミスとマルサスとの結節点としてのタウンゼンドを浮き彫りにしている。

第10章「クラムプとマルサス」（柳田芳伸）は、アイルランド分析におけるヤングとクランプを論じ、マルサスにとってのその意義を議論する。自作農化の可能性が「貧民に勤勉と節約の習慣を与える」と結論するにいたったヤングに対して、クランプは、スミスの「高賃金の経済論」と自由競争原理に依拠して「勤労」の精神をアイルランド農民のあいだに涵養しようとした点を強調する。この意味でクランプはマルサスの先駆である。ただし、自作農としてか賃金労働者としてかいずれの形態においてそうしようとしたのかが不明確な点は、クランプにとってても資本概念は未熟であったし、また「勤労」概念も熟していなかったというべきであろう。本章が示すのは、マルサスは両者を超えることで『人口論』の世界を『経済学原理』の方向に開拓したことである。

第11章「ローダーデイルの穀物法論」（安川隆司）は、時論を通してローダーデイルとマルサスとのそれぞれの経済学の特質を明らかにしようとする。両者は、農業・土地関係者（安川によればローダーデイルのいわゆる「土地利害」は農業者である）の利益を代表し、農業保護を意図しながら、その具体的施策においてときに正反対の主張になったことを解析し、東京経済大学所蔵の手稿にもよって両者の乖離を明確にしている。その結果、ローダーデイルが「一八世紀前半以前の穀物法体制の再建に固執した」とその基本性格が剔抉されたのは大きい収穫といえるであろう。

第12章「貨幣と穀物」（佐藤有史）では、「マルサスの経済学を再考する」という副題が示すように、マルサス貨幣論の「中立性命題」と「ヒューム流の貨幣数量説」を検討することによって、初発のマルサスが「閉鎖経済論を「外挿的に入れ」ていたこと、それが第二版『人口論』でいわば内発的に生じて以後、穀物高価格支持論を媒介にして「開放経済」に転じた論理が解明された。さらに、需要に起因する物価先導論という「逆因果論」とそれに関連した「有効需要」論が解析され、それによって理論的に遊弋《ゆうしょく》するマルサス像が描かれた。マルサスのスミス労働維持基金論批判（遠藤論文）に始まる第二部は、佐藤論文で一つの総括を受けたこととなる。

以上が私なりの本書の全体像である。私は、マルサスの理論的な振動（ぶれ）は、マルサスの理論と思想が基本原理（長期分析）と現実施策（短期分析）とで対応の違いを生んだ側面が大きいと考えるが、基本原理そのものにも変動はあった。『人口論』自体が明確にそれを示している。それは時代の課題が変化したことにもよるし、理論の成熟ということは変動を含むものでもあろう。それにもかかわらず、マルサスと彼を取り巻く環境は、自由主義という太い線で貫かれていたことを確認できるし、労働が価値として現象する古典的世界がなお生成の時代であったことを見ることができる。

マルサスは、私的所有制度と家族制度との擁護から出発し、農業保護と健康・幸福という価値観を加えて、国家が国民生活に関与する近代国家理念を彫琢しようとした。ある種の保守的姿勢と新しい時代の開拓を招来するという改革的マルサスの性格は、そこから生まれた。この点は、リカードウよりも強くスミス的でもあったし、むしろジェイムズ・ステュアートの「為政者」像に近かったといえるかもしれない。本書が描く歴史的形成の概念は単線的進歩のそれではなく、本書の持つ歴史像もまた、こうした保守と革新のアンビヴァレンスを内包している。

＊　＊

われわれ編者三名は、予定した執筆の方々が全員、研究会で報告し、かつ原稿を間に合わせ、また文章上の統一その他の面倒に耐えてくださったご努力と誠意に深く感謝申し上げます。また、快く出版をお引き受けくださり、面倒な編集実務を担ってくださった昭和堂、鈴木了市氏および村井美恵子氏に、心からお礼を申し上げます。

二〇〇三年三月

編者　永井義雄

注

（1）James［10］, vol. 2, Editor's Alphabetical List of Authorities quoted or cited by Malthus.

（2）南［2］、第四章。ただし、南はジュースミルヒ以外にはあまりドイツに配慮していないが、イタリアのルネサンス期（とくにジョヴァンニ・ボテロ）には詳しい。

（3）Fauve-Chamoux, Antonette［8］の英文版というべきものがDupâqier, J., Fauve-Chamoux, A. and Grebenik, E.［7］である。ただし、両者は正確には同じものではない。フランス語版は、五部四五論文から成るが、英文版は六部二九論文である。両者ともに収録されている論考ももちろんある。これらの書物の基礎となった学会報告は、両書の編者序文によれば九分野、一六四論文が寄せられたなかから選ばれたものである。なお、学会参加者は六一カ国五〇〇人を超えたとある。社会主義論が多いのは時勢を反映しているであろう。

（4）Macfarlane［11］pp.15-6, 邦訳一七―八頁。

（5）Stangeland［16］p.334.

参考文献

［1］岡田実『フランス人口思想の発展』千倉書房、一九八四年。

［2］南亮三郎『人口思想史』千倉書房、一九六三年。

［3］南亮三郎・岡田実編『人口思想の形成と発展』千倉書房、一九八〇年。

［4］Beals, H. L., The historical Context of *the Essay on Population,* in Glass, D.V. (ed.) , *Introduction to Malthus,* London, 1953.

［5］Bonar, James, *Malthus and his Work,* London, 1885.『マルサスと彼の業績』堀経夫・吉田秀夫訳、改造社、一九三〇年。

［6］Bonar, James, *Theories of Population from Raleigh to Arthur Young,* London, 1966 (first published 1931) .

［7］Dupâquier, J., Fauve-Chamoux, A., and Grebenik, E. (eds.) , *Malthus past and present,* London and others ,1983.

［8］Fauve-Chamoux, Antoinette (ed.) , *Malthus hier et aujourd' hui,* Paris ,1984.

［9］Fréville, Jean, *La misére et le nombre, l'eepouvantail malthusien,* Paris , 1956.

［10］James, Patricia (ed.) , T. R. Malthus, *An Essay on the Principle of Population,* 2 vols., Cambridge ,1989.

［11］Macfarlane, Alan, *The savage Wars* of Peace, *England, Japan and the Malthusian Trap,* Oxford,1997.『イギリスと日本』船曳建夫監訳、新曜社、二〇〇一年。

［12］Pyle, Andrew (ed.) , *Population, Comtemporary Responses to Thomas Malthus,* Bristol, 1994.

［13］Rashid, Salim, *Malthus' Werk in historischer Perspeckitive*, Düsseldorf ,1989.

［14］Robertson, H. M., Reflexions on Malthus and his Predecessors, in Wood, John Cunningham (ed.) , *Thomas Robert Malthus, critical assessments,* vol. 1, London and others,1986 (originally published in *South African Journal of Economics*, Dec. 1942) .

［15］Spengler, J. J., *French Predecessors of Malthus, a Study in the Eighteenth Century Wages and Population Theory*, Durham, 1965 (first published 1942) .

［16］Stangeland, Charles Emil, *Pre-Malthusian Doctrines of Population, a Study in the History of Economic Theory,* New York, 1967 (first published 1904) .

[17] Walker, F. F. Jr., *British Liberalism : Some Philosophic Origins. The Contribution of Adam Smith, Thomas Robert Malthus, Jeremy Bentham and Herbert Spencer*, University Microfilms, 1984 (a Dissertation submitted to the Department of History and the Committee of Graduate Study of Stanford University, June 1957) .

[18] Winch, Donald, *Malthus*, Oxford 1987. 『マルサス』久保芳和・橋本比登志訳、日本経済評論社、一九九二年。

[19] Winch, Donald, Collini, Stephan, and Burrow, J. W., *That noble Science of Politics,* Cambridge, 1987.

マルサス理論の歴史的形成　目次

序　i

第一部　マルサス『人口論』の歴史的形成

第二部 マルサス『経済学原理』の歴史的形成

第一部

マルサス『人口論』の歴史的形成

堀田　誠三

第1章

オルテスの経済思想

イタリアからの眺望

G・オルテス（Civica Raccolta delle Stampe Achille. Bertarelli, Milano）

はじめに

一八世紀ヴェネツィア（Venezia）の生んだ特異な思想家オルテスは、その著書『諸国民の人口にかんする諸考察』（一七九〇年）とともに、経済学説史において、マルサス『人口論』の先駆として、わずかながら知られている[1]。学説史に詳細な知識を持っていたマルクスは、『資本論』において、「相対的過剰人口のさまざまな実存形態、資本制的蓄積の一般的法則」を論ずるさい、「資本制的蓄積のこうした敵対的性格は、経済学者たちによってさまざまな形態で語られている、——といっても、彼らはそれを、部分的には類似するが本質的に相違する先資本制的生産様式の諸現象と混同するのだが。一八世紀の偉大な経済学的著述家の一人であるヴェニスの修道僧オルテスは、資本制的生産の敵対関係を社会的富の一般的自然法則と解する」（［4］五一〇頁）と評した。このようなマルクスの見解は、今日のオルテス研究の礎石をすえたトルチェッランによって、オルテスの経済思想が「立脚する基本的動機」を把握したものとされている（［21］p. 772）。この示唆にしたがって、マルクスの見解から、論点を引き出すことにしよう。

第1節　オルテスの問い

オルテスの目標が、経済社会において、持つ者と持たざる者との分離が発生する理由、すなわち「一般的自然法則」の究明にあったことに異論はない。問題はその先にあって、自然法則の帰結である社会的富の存在形態が、オルテスに則して検討されなければならない。

オルテスは、最初の経済学の著作、『国民経済学に関する俗論の誤り。財産の所有に関する俗人と聖職者の間の現下の論争に関わって』（一七七一年）の序文に、「国民経済学（economia nazionale）は、あらゆる物理的で自然的な事象と同様に、科学（scienza）の諸原理、すなわち、不変の必然的な諸規則によらなければ展開できないということを、否定できない」と書いた。経済の領域にも自然法則が存在し、それを探究するためには自然科学の方法、「幾何学者たちによって分析をつうじて研究するために使われた、まさにその方法」を適用しなければならない。オルテスによれば、人間社会の事象に関わる「国民経済学」は、この一世紀にわたってさまざまな研究を生んだものの、物理学の発展過程を後追いしており、「イタリアにおけるガリレイのような人とおなじく、イギリスにおけるニュートンのような人も少ない」ので、経済学においてはいまだに「俗論の誤り」が横行しているのである（[11] pp. i, v, iv）。

ここに表明されたオルテスのニュートン主義は、マルクスも言及しているような、教会財産という「先資本制的生産様式の諸現象」の擁護と並立するものであり、『俗論の誤り』は、一七六〇年代のヴェネツィアにおける教会財産をめぐる論争のなかで、俗人から教会への所有権の移転を禁止し、修道会と修道士の数を減らすとともに廃止された修道会の財産を売却して、教会の勢力をそごうという改革路線への反対論であった（[10] pp. 12-29, [23] pp. 132-162）。こうした伝統と近代との並存にもかかわらず、一八世紀イタリアの自然哲学におけるアリストテレス主義との対抗を視野に入れれば、ニュートン主義者オルテスが近代派に属することは間違いないだろう。歴史認識においても同じことが確認できる。彼によれば、「自由は人間本性にとって一般的で固有の感情である」から、奴隷の存在を前提する古代ローマの自由は、「個別の自由を、全体の（comune）それと取りちがえる誤解ないしは欺瞞」（[15] pp. 43, 44）にほかならない。

オルテスにとって軍事を原理とする奴隷制社会である古代の異教ローマは、模範となりえない。この認識をかれは、同時代のイタリア啓蒙主義者たちと共有していた。彼らとともに古代社会の優越を否定するオルテスは、しかしながら、近代社会形成の道筋については意見を異にする。彼にとって、あらゆる改革政策は、自然法則にしたがって運動する経済過程に対する人為的介入として排除されなければならず、この認識が、オルテスにとって、幾何学的方法の適用の帰結であったといえる（[12] pp. iii-iv）。啓蒙的改革政策という「政治的作為（arte politica）」は、自然法則に反した、軍事と隷従をこととする古代社会の「力」の原理への復帰を意味し、「より開明された文明諸国民」ではなく「野蛮人」（[15] pp. 45, 44）にふさわしいのである。

啓蒙的改革に野蛮な軍事的原理を見るオルテスの問題設定は、マルクスが『資本論』に引用した、「諸国民（popoli）の幸福に関する無用な諸システムを企画するかわりに、わたくしは、彼らの不幸の理由を探求することにとどまるだろう」（[12] p. xiii）という一節に集約されるであろう。トルチェッランの言葉を借りれば、幸福の増大を共通の課題とした時代にあって、オルテスが意図したのは、「共通の不幸の理由と限界の発見」（[22] p. 9）であった。

第2節　国民の収入と教会財産

オルテスは啓蒙的改革の時代の課題を裏側からとらえ，先に見たように「俗論の誤り」を教会財産の擁護という政策的観点から正そうとする。誤りにたいする正しい「公理（assiomi）」は，次のようにまとめて示される。（1）国民の収入は，土地所有ではなく，「就業（occupazioni）に依存する」。（2）国民の収入は，所有者のものではなく，「それを消費する者のものである」。（3）国民の収入は，「不足することも，余剰を見ることもありえない」。（4）「教会の収入は過剰となりえない」。（5）教会の収入は，「全体の収入」を減らさず，「増加させる」。（6）聖職者は，その富ではなく，「貧困のゆえに没落した」。（7）教会の経済は，古代教会にならうのではなく，「現在の状況にあわせなければならない」（［11］p. vii）。

第一の公理を説明して，「多くの土地を所有するものは，多くの収入を保有するはずである」という見解は「所有されている土地については偽りであるが，それにもかかわらず，そのうえに充用される就業については真であろう」といわれる。経済学があつかうのは「就業」とそれによって発生する収入なのであり，この視点からは，世俗財産か教会財産かという土地所有の社会的性格を問題にする必要はなく，双方ともに収入の発生源として同列にならべられる。収入を手にいれる「就業者（occupati）」は，「一次的（primari）就業者」と「二次的（secondari）就業者」に分類され，前者には，おもに地主からなる「資財（capitali）」所有者が属し，後者には，肉体労働にしたがう農民や職人を中心にしながら，生計をたてる各種の職業があてはまることになる（［11］pp. 1, 3, 15, 5, 47）。

見られるように、「就業」という訳語を当てた「オックパツィオーネ」というオルテスの用語は、経済社会の中で収入が発生する場を占めることと理解でき、そのなかに副次的に「資財ないし元本」を持つものと持たざるものという、階級構造に関する認識が含まれる、といってよいであろう。

だが『俗論の誤り』の第二の公理は、「収入はその名義人のものではなく、その消費者のものである」〔傍点は原文イタリック——以下同様〕と書きなおされて、階級構造に起因する不平等への非難をしりぞける役割を持つ。「つまり、なぜ収入が名目的であるか、それとも実質的であるかを理解させよう。すなわち最初のものは、他人に移転するために、ある人の手中にはいってきた収入を意味し、第二のものは、その収入のうち、彼自身によって消費された分だけを意味するのだ」。以下この過程が繰り返えされ、たとえば、年収一億スクーディの国民において、ある人が貨幣価値にして五千スクーディの収入をえるにしても、実質的な生計費をのぞいた大部分は、他の人びとの手にわたっていく。「少数者の名目収入について、それが実質的なものであるかのように語る者」は、空想的で有害な説をなしているのであり、「これらの考察から、名目収入に関しては、さまざまで不平等でありうるが、実質収入は誰にでも平等であることが、容易に洞察しうる。なぜなら、自然的必要（bisogni）は誰にあっても同じであり、身をやしなう食糧も、身にまとう布地も、身をおく場所も、誰にあってもおおよそ同じである人体の構造と性質にしたがって、一般にある人が別の人より多く必要とはしないからである。ある人が同じ期間に別の人より多くの財を消費すること、すなわちより多くの実質収入を算入することはできない」（〔11〕pp. 17, 15, 18-19）。

以上のように、名目収入＝貨幣収入と実質収入＝現実の消費との区別を強調するオルテスの見るところでは、貨幣収入は最初「一次的就業者」の手中にもたらされるが、「一次的就業者」の貨幣収入と生存の維持に直接必要な生計費との差額が「二次的就業者」へ分配され、彼らの消費＝実質収入を形成することになる（〔11〕p. 26）。

第一に、実質収入に着目すれば不平等は存在しないのであり、第二に、名目的収入＝貨幣収入の不平等は、社会全体への収入の分配を引き起こす根本の原因、つまり経済活動の動因にほかならず、こうして教会を含む持つものと持たざるものの不平等は、二重に正当化される。この場合オルテスは貨幣収入の全体が、分配を通じて国民全体の消費支出に転化する過程として経済社会を観察しているから、貨幣の支払者が聖職者であろうと世俗人であろうと、経済活動に本質的な影響をおよぼさないことになる。

国民の収入全体に過不足が生じうるという第三の誤りに反して、「富すなわち収入は、一国民において、不足することも余剰を見ることもありえず、つねに人口によって決定されるものである。収入は、人口が増加したり減少したりするにしたがって、つねに同じ歩調で増減している」。実質収入、すなわち実際に必要な生活資料の量という視点にたてば、消費需要に大きな個人差は見られないから、消費支出の総計としての国民全体の収入は、人口によって一義的に決定される。

> したがって、次のことは明白である。すなわち、一国民の財は、その厳密な需要〔＝必要〕(bisogno) をみたす量につねに等しく、過剰も不足もないこと、ある人びとにおける剰余はすべて、他の人びとにおける同量の欠乏によって奪われるないしは費消されること、こうして国民のおのおの、したがって当の国民全体が一定の厳密な分量の財を供給されることである（[11] pp. 34-35）。

国民全体の維持に必要な財の量は、人口の規模によって決まり、国民が生存しているからには、その必要＝需要に見合った供給がなされているにちがいない。この認識がオルテスの経済学の世界を支える前提となっており、現実の消費行為に着目するかぎり需給の一致は自明といわねばならないけれども、供給が需要を生みだすという販路説と反対に、需要が供給を生みだすのである。

需給の不一致、すなわち一国民の財の過不足が生じるという俗論の根拠は、「多数の非就業者（disoccupati）」の存在にある。だが、各人は、「一次的であれ二次的であれ、特定の就業によって」、自己の必要をこえる余剰分を他人に供給しているのだから、その部分を吸収すべく、消費活動に特化した非就業者の存在は必然的なものとなり、失業は個人の責任のおよぶ範囲に属さない（［5］pp. 39-40）。

こうして、労働力の存在形態に眼を移したオルテスにとって、職業分化と商品交換が存在するかぎり、「非就業者」＝失業者の存在は不可避となる。「老人子ども、傷病者や類似の弱者」などの「非就業人口」は、全人口の三分の一を占め、あとの三分の二が就業人口であり、物乞・放浪者・犯罪者など「怠惰な貧民」も、必然性の産物とされる（［11］pp. 42-44）。オルテスの国民経済では、人口＝消費需要によって経済規模があらかじめ決定され、その維持に必要な財の供給を担当する役割が、就業人口に与えられる。実質収入＝実物の次元で、財の必要量が供給され需給一致の前提が形成され、それを実現する名目収入＝貨幣収入は、「一次的就業者」の手中から国民全体に分配される。

以上が、『俗論の誤り』の第一から第三の公理までに見られる経済理論の骨子であり、そこから教会財産の存在理由がひきだされる。すなわち教会財産も世俗の財産と同じく、収入の分配過程にあずかるのであり、教会財産から発生する収入によって、キリスト教徒と神との仲介という教会の使命をはたすための経費を支払い「二次的就業者」に収入を保証した後、残余は、「すべて貧困な物乞いや非就業者に分配される」。この場合オルテスは、教会の奢侈的支出による「就業」の創出効果に着目しており、「非就業者」＝失業者の存在という貧困問題への対処にあたって、第一に非就業者数を減少させ、第二にそれでも残存する非就業者にたいする施しという、二つの役割を教会に負わせる。すなわち、「最善のキリスト教的慈善」の原則は「貧しい就業者をできるかぎり最大の数に、貧しい非就業者をできるかぎり最小の数に」することであり、啓蒙的改革の目標となった最大幸福原理を裏返しにして、経済社会に不可避的な貧困の共有をめざす、いわば最小貧困原理の担い手として、教会が登場する（［11］pp. 47, 49）。

教会の二つの経済的役割のうち、『俗論の誤り』では、貧民への施しのような狭義の慈善も需要を創出するという論点に言及されるものの、第四節に見る『信託遺贈について』とことなって、「二次的就業者」の維持創出という世俗財産と共通する部面が強調される。オルテスによれば、「聖職者（chierico）と貴族、靴屋と床屋」、「司祭（ecclesiastici）と医師、毛織物商と絹織物商」など「要するにあらゆる種類の職業」は同等であり、物財ないしサーヴィスの提供は、等価交換の規則にしたがっておこなわれる（［5］pp. 72, 22-24）。経済の論理にてらして見た時、「聖職者と貴族」の区別は、職業分化の一種にすぎないとして、教会収入の基礎をなす財産は擁護される。しかし同時に、「司祭と医師」の間で魂と肉体の救済者＝治療者としての機能分担がなされるにすぎず、オルテスにあって、教会財産の擁護は、前者の特権的位置の否定という犠牲をともなうものであったといえる。

以下、直接に教会財産を主題にした「公理」のうち、第四と第五は、経済理論から証明され、第六と第七は、歴史的考察から引き出される。

第四の「公理」について、俗論に反して、教会の「名目収入」は、貧民に分配され、彼らの現実の消費を支え「実質収入」を形成するから、過剰ではないと立論される。さらに非難の的になっている教会組織の肥大化も、「就業」としての聖職者の数＝供給が「彼らに対する全体の需要」によって決定される以上、理論的にありえない。第五について、教会収入は「土地所有者、またはその一次的耕作者」としての資格において発生するのだから、国民の収入に除外どころか算入されねばならず「教会の収入は全体の収入を増加しなければならないであろう」。逆に聖職者数を強制的に減少させれば、それだけ全体の収入は減少するという主張が、労働力の部門間移動、すなわち聖職者が世俗の職業につくことは現実的に困難だという論点を補強しつつ、なされる（［11］pp. 50-

51, 68-70)。

第六と第七の歴史論は、古代教会の質素さにてらして、当時の教会の富裕と退廃を非難する議論への反論である。オルテスによれば、古代の使徒的貧困をささえていたのは信徒の献納であったが、その慣習が衰退したから経済的基礎として教会財産が形成されたのであり、この歴史的変化の原因は、キリスト教化の結果、ヨーロッパの諸国民のあいだで財産の獲得と保有という「キリスト教の自由」が社会の構成員すべてに保証され、奴隷の存在が否認されたことにある。所有権の安定という基礎をえて各種の技芸の発展が見られ、時代は変わった。オルテスはいう。「これまで論述してきたことから、この改革という用語のまったく明白な誤解から、いつも世俗人によって提示され、たえず無数の方法で試みられてきた教会改革、成功しなかったし、彼らの気に入るようには、決して成功しないだろうという理由を明らかにしえたと思う」。聖職者の富を削れば他の人びとが富裕になるというのは世俗人の持つ誤解であり、「これと反対に、教会人は彼らの古代の貧困は、当時の普遍的な、彼らと他の人びとに差異の見られない、質素の体制にほかならないことを知っている。教会人はさらに、時代の変化とともに体制全体が変化したのだから、彼ら自身も変わらねばならなかったことを知っている。つまり、財の獲得と消費に関して、他のすべての人びとのやり方に、彼らの経済方式を適合させることに疑いを持たなかった……」([11] pp. 98-99, 100-102, 107-112, 115-116)。キリスト教の導入による所有権の全社会的な規模での保証と安定を基礎として、はじめて商業化が進行しえたのだから、教会財産の削減を意図する教会改革は、原理的に誤りであるとともに歴史的過程を逆行させる性格を持つ。これが「俗論の誤り」に対置されたオルテスの主張であった。

第3節　国民経済の素描

オルテスの経済学上の主著『国民経済学、第一部、六編』（一七七四年）は、『俗論の誤り』の観点から、積極的に自説を展開して国民経済全体を描写しようとする。その場合、教会については、地主の一種という、国民経済の一つの構成部分としての資格が再確認され（［12］pp. 233-237, 307-310, 313-316）、全体の利益という立場をとれば必然的に教会財産が擁護されるという論議の組み立てがなされる。したがってオルテスは、「序論」で特に教会改革に言及せず、農業・技芸・商業・財政金融といった個別分野をこえた、「一国民の各人全員が生活する諸方式」に関する研究の必要性を強調する。彼の意図は、同時代人の無視するこの任務をみずから果たし、十年をこえる探求の成果を「読むことに控え目で、多いに思索する」少数者に提供することにあった（［12］pp. xvi-xv）。

以下に、『国民経済学』の内容を、編別構成にしたがってごく簡単に見ていきたい。

第一編は「一国民における人間と就業の多様性について」論じる。オルテスによれば、国民とは、人類内部における生活資料獲得のための単位であり、その範囲は言語・習俗の共通性を基礎としてさだまり、現実の国家の統治区域と必ずしも一致しない。国民は、地主をふくむ農民・職人・分配者＝商人（dispensatori）・管理者（amministratori）の四種の「就業」に区分され、一五歳から七〇歳の男性を中心とし、女性の一部と傷病者をのぞいた就業可能な人口は、『俗論の誤り』を基本的に踏襲して、国民全体の三分の二とされる（［12］pp. 1-2, 7-15）。

第二編「一国民を維持する財とそれを産出する土地について」では、おそらくヴェネツィア共和国を念頭において、イタリアにある三〇〇万人の人口を想定し(2)、一年間それを支える財＝素材と土地の必要量が算出される。

たとえば食糧を動物性と植物性に分類し、後者について一人当り年間の穀物必要量五二五リブレ（おおむね三リブレが一キログラムに相当する）から、播種用種子と麩の重量をのぞいた四〇〇リブレが食用にあてられ、この数値を基礎に、年間の穀物必要量は一二億リブレとなるといった計算（［12］pp. 54-57）が、各種の生活資料から家畜の飼料にいたるまで詳細におこなわれる。

第三編「一国民における就業者と非就業者について」は、以下のような人口構成を示す。すなわち人口の地理的配分については、都市に四分の一、農村に四分の三という比率があり、「就業」別配分については、農民四五万人（このうち地主と管理人などを含む「一次的就業者」は三万人）、職人六五万人（「一次的就業者」は九万人）、分配者＝商人二五万人（「一次的就業者」は三万人）、管理者一五万人（「一次的就業者」は無し）、計一五〇万人となる。これを階級別に集計すれば、「一次的就業者」一五万人、「二次的就業者」一三五万人で、「勤勉な就業者」は一五〇万人となる。これに加えて、人口増加の場合、追加労働を提供する「勤勉な非就業者」が五〇万人、「就業不能者」が一〇〇万人で、人口は三〇〇万人である（［12］pp. 101-102, 109-110, 119-120, 113, 146-147, 158, 175-76）。

以上のように、第一編から第三編は、国民経済の人口構成とその生活資料の必要量に関する政治算術であるといえる。ただしオルテスにあっては、実証的な統計は示されることなく、仮説的な数値が提示される。こうした仮説的性格を彼はよく自覚していたのであって、第二編第一六章において、「上記の計算は、真でもありうるし、また偽でもありうる仮説のうえになされ、構成されたものである。……命題そのものの誤りは、あるとすれば、それを演繹する方法の恒常性と確実性に欠けるところがなければ、まさに仮説の不備（differenza）に依存し、そこに起因する場合にのみ発生する」と述べる。この仮説と命題は、もちろん「より注意深い試験とより正確な情報によって」検証されなければならないのだが、オルテスの論述は、検証方法の議論ではなく、おもに「わたくしの仮説」の正当性の主張にむかう（［12］pp. 80-81）。彼の狙いは、人口の設定が示すように、現実の経験的な測定値から理念的な数値を引き出し、それにもとづいた計算＝推論を重ねて国民経済のモデルを、素材的な側面から提示するところにあったといえるであろう。その基礎のうえに、第四編以下では、経済社会の運動法則が描写される。

第四編「土地および就業と比較した財について」では、「量（quantita）において、また質（qualita）において消費される財の価値は、……需要とともに増大し、財そのものの豊富さ（massa）とともに減少する」といわれる。財の「量」と「質」の区別は、農産物ないしは粗生産物とそれを加工した製造品との区別に対応するから、財一般についてオルテスの価格論は需要供給説をとるといえそうだが、彼の主題はそこにはない。需給の変化による個別の財の価格変動について言及されるが、その理論的意義は、代替的な財の例示によって、かえって軽視される。オルテスは、市場価格の決定機構に探究の眼をむけず、一国民における財の全体量は需要をみたす量に等しく過不足はありえないという『俗論の誤り』の第三の公理を確認しているのである。[3] このように国民経済は、もっぱら需要によって規定されるのであり、需要そのものの大きさは、第一に気候に、第二に、自由か隷属かという社会状態に左右される。ここでもキリスト教の導入により所有権の安定をみた結果、需要が増加するとされ、この過程で消費需要のありかたが量的要求から質的要求へと変化し、「技芸、インダストリー、海運、商業」が発展するのである（[12] pp. 196, 19-21, 209, 198, 202-204, 211-2）。

第五編「資財および収入と見なされる財について」で、オルテスは、生産と消費の時間差に着目して、過去の就業によって形成された「国民的資財（capital nazionale）」が、現在の就業中に消費される時、「それを、私は財の国民的収入（rendita nazionale）とよぶ」と強調する。「死んだ（in morte）」財ともよばれる「資財」は、その所有者から、現実に労働を提供する就業者に流出し、「生きた（in vive）」財として、その収入を構成する。その結果、資財は勤勉で才能あるものの手中に移動することとなる（[12] pp. 246-7, 254-5）。つまり富者と貧者は交替し、この社会的対流現象の存在を理由に、不平等は正当化される。
「財に等価の貨幣について」という題名を持つ第六編は、貨幣収入は実質収入ではないという論点をとりあつかう。オルテスによれば、金・銀を素材とする貨幣は、全体の財を分配するさいの「外的かつ物的な指標」にすぎない。貨幣は「富の印（segno）と考えるほかはなく、けっして富そのものではありえない」。いいかえれば「表面的（apparente）とよばれうる種類の富」であって「真の（reale）富の資格」をもたない。したがって財の貨幣価値は、「人間の恣意的な約定（convenzione）」に依存するものであって、「自然の必然性」と関わらない「外在的価値」とされる（[12] pp. 317, 344, 346, 324-6）。

にもかかわらず、現実の事態に即して経済事象を理解しようとするオルテスは、市場における商品交換のモデルとして、物々交換を採用しない。市場はすべての財をあつめる「供託所（deposito）」「集散地（emporio）」「共同の取引台（banco comune）」であり、そこで異質の財が貨幣を媒介に交換される。すなわち各人は、他人の消費に供する財と定義され、生産財の色彩がこい「非交換財」をもたらして「共同の資財」に加え、相当分の貨幣を受け取って、それと引き換えに自ら消費する「交換財」を手に入れる。この過程は「普通には貨幣流通（giro del danaro）という名前で理解されている」けれども、流通貨幣が出発点にもどるという「循環（circolazione）」を想定することにオルテスは反対する（[12] pp, 336-7, 340-2）。

つまり、彼にとって、国民経済の内部に経済循環は存在しないのである。市場は、国民経済に必要な生活資料の共同集積所であり、そこへ持ちこまれる財と持ちさられる財の等価関係は、貨幣によって保証される。物々交換モデルならば、交換の前提となる等価関係の成立について、何らかの形で財の所有者相互の同意が存在しなければならないが、オルテスにあっては、いったん貨幣に還元され、それと等価の自家消費財を集積所から引き出すのだから、財の所有者は他の商品所有者と相対し交渉する必要がない。つまり経済主体が対等な個人として登場せず、職種や階層といった「就業」のなかに個人が埋もれたまま、さまざまな「就業」のあいだで、業務や労働の提供を含む財の交換がおこなわれる。それゆえ「国民経済」の構成を身分的秩序として理解する可能性が与えられ、『近時、国民経済学に導入された死手財産という用語に関わる、家門・教会・慈善施設の信託遺贈について』（一七八四年）で、オルテスはそれを前面に押し出す。

第4節　過剰の富の抑制

『信託遺贈について』は、『国民経済学』を基礎に、教会財産の擁護を正面から論じる。オルテスは、キリスト教の歴史的意義にてらして、「野蛮で非キリスト教的な諸国民」と同様に宗教と政治が分離している「プロテスタント諸国民」にくらべて、両者を結びつけている「カトリック諸国民」こそ優位にたつと強調する。教会財産の改革は、この統一への攻撃を意味するであろう。教会財産は一般に、世俗の家門の信託遺贈と区別して、死手財産（manimorte）とよばれるが、オルテスは、特定の人間集団と土地財産の結びつきを強化する制度という本質は共通だから、特に死手財産という用語を用いる必要はなく、信託遺贈で統一すると彼の立場をあらためて表明する。つまり、信託遺贈の名において貴族の財産を維持するのが正当であるのなら、教会財産についても何ら相違はないのである。オルテスによれば、「不変の自然法則」によって、「人びとは、今もこれら三種の序列に、すなわち聖職者、貴族、平民という三身分に、区別され、その結果、あらゆるキリスト教国民において、人口はこの三身分によって構成されている」（[15] pp. iii, 2-3, 31-32）。ここに旧体制下の身分制的秩序の正当化という、オルテスの「国民経済」概念に独自の保守的性格がはっきりあらわれる。

もちろん、商業化の進行という歴史を巻きもどすことはできない。この認識を前提として、オルテスは信託遺贈が「自由と国民共通の安全」「国民共通の自由」の保持に貢献すると述べ（[15] pp. iii, 11）、信託遺贈の発生を論ずる。

あらゆる信託遺贈は、その起源を人間のまったく自然的な、というより粗野な虚栄心に持っている。人間は、インドゥストゥリアや名声によって、また時には貪欲のみによって、大量の動産またはそれに等価の貨幣を蓄積した後、それを自分自身のために保存し、それから他人のために永続化し、そうすることで自分の名前を思い描く通りに、不朽のものとすることを目的に、不動産に、すなわち土地に取りかえるのである（[15] p. 11）。

信託遺贈という制度に、商業化の進行を是認しつつ、その結果発生する動産という不安定な富や、貨幣という「表面的な」富に表現される社会秩序の不安定性を解消するという、困難な役割が負わされる。

国民の真実かつ実質的な富をなすのは、地主の富である。なぜならそれは安定的かつ恒常的で、けっして貧窮におちいることがないからである。職人や商人の動産的富は、どれほど巨大であろうとも、不安定でつねに貧窮にさらされおびやかされて、貧窮へと変化することがあるから、〈真実かつ実質的な富〉に数えられないとしかいいようがない（[15] p. 9）。

そのような動産の所有者は、財産をもって他国へ移住できるから「国民を形成するとはいえない」という極端な言葉さえ見いだされる（[15] p. 16）。

オルテスは『国民経済学』で、地主にとって土地の価値はそこからの収穫の二五倍であるとして（[12] pp. 229-230）、土地の商品化という事態への認識を示すけれども、信託遺贈は商品化をさまたげるという議論に対して、土地は持ち主が交代する過程のなかで価値を増大させないから「それを商業のなかにおいて考察することは、まったくばかげている」と述べる（[15] pp. 306, 310）。つまり土地はいったん動産ないし貨幣と交換されて商品経済の不安定性を吸収したら、信託遺贈によって固定化されて市場からしりぞかねばならないといってよいであろう。

社会秩序の安定化作用から見れば、教会財産は、第一に家門による財産世襲の前提となる子孫の維持に困難を見る場合がある貴族とくらべて、教会組織の存続が土地財産そのものの安定性を保証するという点ですぐれている。第二に教会組織、なかでもその慈善施設（luogi pii）によって「貧民の存在が保障されることで、技芸と商業は安定する。富裕な職人や商人の存在は貧民に依存しており、貧困な職人や商人は富裕な職人や商人の不可分の同伴者である」。そこで「諸国民における動産的富」を安定させるため、貧民救済が必須であり、それがなければ貧民は兵士か奴隷の境遇に落ちるほかない（[15] pp. 11-12, 22-3）。すなわちオルテスにとって、慈善による貧民救済の経済的基礎をあたえる教会財産は、歴史の逆行を阻止し商品経済それ自体を維持する要の位置を占めることになる。

富と貧困が表裏一体をなし、貧民の保護が「動産的富」＝商業の富を成立させる条件だとする見解は、「浅薄な精神には奇妙にうつるであろう」（[15] p. 23）。こう述べるオルテスは、反時代的な自身の思想を次のように要約する。


国民全体の富、すなわち財が、無限に増大することが可能であるならば、その場合は、個人の富を増大させることによって全体の富が増大するということは、真実だろう。だがそれは不可能であり、国民的資財（capital di beni nazionali）はすべて、始まりと終わりを持ち、そうして制限と限界を持つ。したがって、個人の富を増大させることによって、全体の富は決して増大しない。それゆえに、真実はこうである。すなわち、国民全体の財は制限され終わりがあり、限界があるということ、この限界は、別の箇所で論証したように、財を消費すべき人口によって決定され、その限界をこえて、財が収穫され、加工され、分配され、管理される理由はないということ、である。それだから、特定の個人において財を増大させることで、財が全員に共通して増大するというのは、まったくの虚偽であり、反対に個人が自分の富を増大させようとすればするだけ、他人における全体の富を減少させるのである（［15］pp. 123-4）。

『国民経済学』において、全体の収入に転化すべき「国民的資財」（capital nazionale, capital di beni nazionale）の耐久期間が検討されるが、それは基本的に衣食住に関わる消費財にかぎられる（［12］pp. 272-5）。前節で見たように、商品交換の契機となる財の異質性への着目はあるが、オルテスにとって、あらゆる財は最終的に消費されることによってしか経済的意味を持ちえず（［15］p. 133）、資本蓄積による生産力の発展を把握する方向は与えられない。これが諸国民に共通の「不幸の理由」であり、その結果、一方の得は他方の損となるほかない。

勤勉による致富は他人の貧困を生む。『国民経済学』でなされた国民の就業時間の総計の算出に言及しながら、オルテスは、平均的な労働日の八時間をこえて働く「より勤勉で活動的な者」は、他人の労働日をうばっていると説く（［12］p. 60）。同じ事情は休日についてもあり、宗教行事のための休日を削減して教会の役割を軽視した「いくつかのカトリック諸国民」の動向は、貧民から就業の機会を取りあげ、隷従への道を開く。生産力の発展への展望が閉ざされているから、信託遺贈と「意志的貧困」による「富の抑制」が要請され、なかでも、富の増大を拒否し、剰余を貧民に与える「意志的貧困」こそ、真のキリスト教であるカトリックの原理であり、したがって「カトリック的統治」の原理だとして称揚される（［15］pp. 63-65, 157-158, 48, 69-70, 147-8）。「わたくしの経済学説は、明らかに（こう申しあげてよろしいのです）、キリスト教の教説と同じものでありましょう」（［13］p. 92）と、オルテスは自ら認めていた。

「富の抑制」の国内的保障が信託遺贈ならば、そのための対外政策を取りあつかうのが、『人口に関する諸考察』だといえる。その意図は、「序文」にいうように、『国民経済学』の理論を基礎に、「一国民にとって人口を増大させることは、そうすることで富を増大させ、その結果、富に依存する国民の権勢を増大させるという仮定によって、有益である」という主張に反論を加えるところにあった。すなわち外国貿易による貨幣の獲得を含む、重商主義的政策による強大国の建設をめざす潮流に、「過剰の富」への警告がだされる（[16] pp. xii-xiii, iii-iv, xvii, 32）。

オルテスはまず、自然的な人口増加が抑制されない状態を想定する。それによれば最初の状態では、二〇歳の男女四人に対して、父母二人、祖父母一人、計七人が存在する。この人数が、一世代（三〇年）ごとに倍増すると、一五〇年で二二四人、九〇〇年で七五億一六一九万二七六八人にふえる。だが彼によれば、地球が扶養しうる人口の限界は三〇億人であり、八四〇年で限界に達する計算となる。これを越えれば、間引きや子どもを食糧とするような事態が発生する。天地創造以来六〇〇〇年の世界史のなかで、「しかしながら、人間はけっしてこの限界に達したことがなく、それどころか諸世代は、自然によってあらかじめ定められた期間以前に、かならず停止する。なぜなら富者は、彼らの富に愛着をいだきすぎるために、それを二家族に分割することを拒否し、貧者は財の欠乏状態にあるため、一家族を維持するどころではないからである」（[16] pp. 3-5, 10-11）。

見られるように、オルテスは自然的限界の存在を、いいかえれば人口の絶対的過剰の可能性を承認するけれども、問題の焦点は社会的制限のあり方にしぼられる。貧民の婚姻を奨励することは、貧窮の増大を招くにすぎない。「社会状態」において「人間理性」の導きにしたがい、人口を自然的限界にあわせて調節するのは「主権者と富者」の役割であり、そのために「独身制」が選択されねばならない。「ともあれ、ここで次のようにいうことができる。すなわち独身制は、カトリック教徒にのみ見られる、一国民をその人口とともに安定させる徳（virtu）であり、婚姻がおもに貧民のあいだで一家族しか維持できないかぎり、人口を保管するために必要である」と（[16] pp. 16, 9, 12-14, 15）。

修道士の独身制は、先にみた慈善とともに、「国民的隷属」ではなく、「国民的自由」に基礎をおく「国民的かつ全体的な抑制された富」を支える社会的保障であったといってよい。このような制度は、オルテスにとって、人口維持の自然的限界に適応した社会制度という意味で、自然的なものであり、それを無視した「大王国や大帝国」が、第一節にみた啓蒙的改革政策と同じく、「作為の産物（opera dell'arte）」とよばれる。

諸国民や人口をあつかう同様の作為は、ある者から他の者におよぼされる力にほかならない。それはまったく粗野で非文明的なアジアの野蛮な諸国民どころか、ヨーロッパの諸国民においても、博識と高尚という名目で政治に適用されている（[16] p. 36)。

しかしながら、過剰の人口を持つ国民は、気質も言語もことなる人びとから、「自然の秩序に反して」形成された「じつに広大な諸帝国」が滅亡した歴史の示すように、破綻をまぬがれない。その事例はアジアのオスマン帝国にとどまらず、オルテスは、同時代のイギリス人とフランス人の持つ軍事的精神に、「表面的な宗教」を信奉していた古代ギリシアとローマの遺物を見ていた（[16] pp. 56-57, 35-37, 48-51)。

むすび

人口増加の追及と対をなす、列強の「インダストリーと商業」による貿易差額獲得の政策を奨励することは、「現代の経済学者の誤り」である（[13] pp. 11-6)。すなわち、「近時のもっとも著名な経済学者である、L、M、G、Hなど」は、共通して、「想像上の富以外ではない貨幣を真の富と取りちがえている」のである。オルテス自身の注によれば、これらの経済学者は、「ロック、モンテスキュー、ジェノヴェージ、ヒュームなど」とされている（[14] p. 4）。モンテスキュー『法の精神』のイタリア語訳は、一七五〇年にナポリで、ロック『利子・貨幣論』のイタリア語訳は一七五一年にフィレンツェで出版されている。オルテスのヴェネツィアでは、一七五四年にヒューム『政治論集』とヒューム―ウォーレスの人口論争への言及がなされたといわれ、『政治論集』のイタリア語部分訳も、一七六七年に刊行されている。その前年には、ジェノヴェージが『商業講義』の第一部をナポリで世に問うた。

『政治論集』の訳者、ヴェネツィア貴族のダンドロは、商業によって発展したにもかかわらず、土地への回帰によって衰退したヴェネツィア経済の再興の指針として、ヒュームの農工分業論をとりあげた。その力点は、農工分業による国内市場形成という見通しを前提としたうえで、国内市場そのものが衰亡したヴェネツィアにあって、外国貿易の振興によって商業化の過程の出発点をふたたび構築しようというところにあり、ダンドロは貿易差額論の立場をまもっている（[3] 九―一〇頁）。この方向を拒否するオルテスは、イギリス・フランスのような大国型モデルにかわって、「オランダやスイスの連合州」や「最近、同盟し連合したアメリカ」（[17] p. 56）のような小共和国連合を推奨する。だが、この見解を支えるのは、すでに見た資本蓄積の欠如であり、彼にとって商業化は歴史の必然であったが、その将来への展望はとざされているといってよい。

オルテスはスミスの同時代人であり、スミスと同じように、真の富は貨幣ではなく生活資料の豊富さにあるという観点から重商主義の批判をおこなった。しかしそれは、スミスとは逆に、資本蓄積の進行を阻止するためのものであった。したがってまた、オルテスの『人口に関する諸考察』(4)は、スミスを通過したうえで、スミス的予定調和の崩壊に直面したマルサスの『人口論』とは、理論の形式的な類似が認められるにもかかわらず、歴史的課題を異にしたといわなければならない。理想社会が実現して、人口が自然的限界を突破すると、結局、従来の財産制度にしたがって社会が再編成されるだろうという『人口論』第一〇章で表明された問題設定そのものが、オルテスには想定することさえありえない事態であった。

注

（1）［2］、［6］を参照せよ。文献については［10］、［20］がくわしい。近年の研究水準は、［8］で知ることができる。

（2）『俗論の誤り』では、同様に二五〇万人と想定してある（［11］pp. 15, 57.［23］pp. 157-158 を参照せよ）。一七六七年の調査報告では、二六五万五、四八四人となっている（［19］p. 635）。ヴェネツィア共和国の人口は、一七九〇年の約二八六万人をかぞえる（［19］p. 595）。オルテスによれば、イタリア全体の人口は一、二〇〇万人だが（［12］p. 223）、今日の研究では、一七〇〇年から一八〇〇年にかけ、一三五〇万人から一七八〇万人に増加したとされる（［7］p. 7）。

（3）彼は v=r/m という数式でも表現する。この場合、v は価値、r は需要だが、m は「一定の需要そのものに対応して消費される財全体の多いさ」だから、v = 1/1 = 1 である、とされる（［12］p. 197）から、オルテスは需給一致を確認しているにすぎない。ただし、供給 = m が無限大と 0 となる場合についての例示はある（［12］p. 199）。

（4）「アダム・スミス博士は、諸個人だけでなく諸国民は倹約により富を、浪費により貧困を育てる、それゆえすべての節約家は祖国の友人であり、すべての浪費家はその敵である、ときわめて正当にも述べた」（［9］p. 282.［5］一六六頁）。なお［1］七〇—八一頁を参照せよ。

参考文献

［1］永井義雄『自由と調和を求めて——ベンサム時代の政治・経済思想——』ミネルヴァ書房、二〇〇〇年。

［2］ブスケー『イタリア経済学抄史——発端よりフランチェスコ・フェッラーラまで——』橋本比登志訳、嵯峨野書院、一九七六年。

［3］堀田誠三「一八世紀イタリアにおけるイギリス経済文献導入の一側面——ヒュームを中心に——」*Study Series, 42*、一橋大学社会科学古典資料センター、一九九九年。

［4］マルクス『資本論』1、長谷部文雄訳、河出書房新社、一九六五年。

［5］マルサス『人口論』永井義雄訳、中央公論新社、二〇〇〇年。

［6］吉田秀夫『イタリア人口論研究』日伊協会、一九四一年。

［7］D. Carpanetto D.e Ricuperati, G., *L'Italia del Settecento*, Roma-Bari, 1986.

［8］Del Negro, P.（a cura di）, *Giammaria Ortes. Un 'Filosofo veneziano' del Settecento*, Firenze, 1993.

［9］Malthus, T. R., *First Essay on Population 1798*, with Notes by J. Bonar, Reprints of Economic Classics, New York, 1965.

［10］Morato, E., *L'economia nazionale di G. M. Ortes nei rapporti tra stato e chiesa*, Milano, 1998.

［11］Ortes, G., *Errori popolari intorno all'economia nazionale, considerati sulle presenti contraversie fra laici e cherici, in ordine al possedimento de' beni*, s. l., 1771.

［12］Ortes, G., *Della economia nazionale. Parte prima. Libri sei*, s. l., 1774.

［13］Ortes, G., *Alcune lettere dell'autore dell'economia nazionale scritte a diverse persone in proposito di detto suo libro*, s. l., 1778.

［14］Ortes, G., *Delle lettere sull'economia nazionale., Lettera sedicesima. lettera diciasettesima. lettera diciottesima*, s. n. t., 1784.

［15］Ortes, G., *Dei fidecommessi a famiglie, e a chiese e luoghi pii, in proposito del termine di manimorte introdotto a questi ultimi tempi nella economia nazionale., Livri due*, s. l. 1784.

［16］ Ortes, G., *Riflessioni sulla popolazione delle nazioni per rapporto all'Economia Nazionale*, s. l., s. e., 1790.

［17］ Ortes, G., 'Lettere' in *iluministi italiani*, t. VII, Milano-Napoli, 1965.

［18］ Ortes, G., *Economia nazionale*, Forni, 1976. （［5］-［10］を合冊とした復刻版。本章で参照したのは、この復刻版である）

［19］ Scarabello, G., 'Il Settecento' in G. Cozzi et al., *La repùblica di venezia nell'età moderna. dal 1517 alla fine della repubblica*, Torino, 1992.

［20］ Torcellann, G., 'Scritti editi e inediti di Giammaria Ortes' in *annali*, IV,Istituto Giangiacomo Feltrinelli, 1961.

［21］ Torcellann, G., 'Un economista settecentesca: Giammaria Ortes', in *rivista storica italiana*, LXXV,1963.

［22］ Torcellann, G., 'Nota introduttiva' a G. Ortes, in *illuministi italiani*, t. VII, Milano-Napoli, 1965.

［23］ Venturi, F., *Settecento riformatore II*, Torino, 1976.

森岡　邦泰

第２章

マルサスとフランス社会思想

マルサスはコンドルセをどう読んだのか

マリ・ジャン・アントワヌ・ニコラ・ド・カリタ・コンドルセ侯
(Bibliothèque Nationale, Paris)

はじめに

本章で執筆者に与えられた課題は、フランス社会思想・経済思想とトーマス・ロバート・マルサスとの関連を探ることである。周知のようにマルサスの初版『人口論』は本来ウィリアム・ゴドウィンやマリ・ジャン・アントワヌ・ニコラ・ド・カリタ・コンドルセ侯に対する論争の書として書かれたものであるから、史的前提としてのフランス社会思想の意義は決して小さくないのである。

そこで本章では、フランス思想がマルサスにとって、どのように史的前提となったのかを探り、そういう課題の性格から、初期マルサスをおもな対象にして検討を進めたい。

第1節　マルサスの基本的資質

マルサスの初版『人口論』のコンドルセに関する叙述を、コンドルセのもとの著作と対比しながら注意深く読んでいくと、次の点に注意すべきであることが分かる。第一にマルサスはコンドルセの叙述のどこに反応したのかという点である。無反応な論点は、関心がなかったか、ほぼ同意見であえて反論する必要がなかったからであろう。第二に反応した場合、それはどのようなものであったかという点である。反応した場合、マルサスの叙述はコンドルセの正確な読解というよりも、そこにある種のバイアスがかかっていることがわかる。それを検討していくと、マルサスの価値観、社会観、人間観が浮かびあがってくるように思われる。

ところで、その前に一つ指摘しておきたいのは、マルサスとコンドルセの資質の違いである。マルサスが『人類精神進歩の歴史の素描』を書いたコンドルセについて、「日常経験がきっぱりと否認している原理に固執した人間の特異な例」（[23] I, p. 54. 訳、九四頁）と述べているように、マルサスにとってコンドルセは現実とは無縁な理想の世界に遊ぶ空想家であった。マルサスの現実主義的あるいは保守的資質は、ジャン・ジャック・ルソーの肩を持つ父親と論争した時から明確で、生涯変わらず、全著作を一本の糸のように貫いているように思われる。マルサスは『経済学原理』の周知の序説で、経済学は精密科学に近いといわれても限界があり、それは数学よりも倫理学や政治学に似ているのであり、それを弁《わきま》えなければ、重大な誤りに陥ると述べたのであった（[22] I, pp. 1-2. 訳上、一九頁）。ここにはまさにマルサスの経済のとらえ方が端的に表されている。

マルサスはアリストテレスやモンテスキューに近い資質の思想家で、プラトンやルソー、マルクスといった人たちとは対極に位置すると思われる。ジョン・プレンはマルサスの中庸感およびバランス感覚が西洋思想における伝統的な倫理概念である golden mean の系譜を継ぐようなことを主張しているが（[11] 五三頁）、これは結果的には正しいかもしれないけれども、このいい方はあまり正確ではない。西洋思想の倫理学における伝統的な中庸の概念は、いうまでもなく、アリストテレスに淵源するが、マルサスが『ニコマコス倫理学』の注釈者たちや、その影響を受けた人たちという意味で、アリストテレスの伝統にあるのではない。アリストテレスの思想を受け継いだというよりも、アリストテレスの現実主義感覚と同じような感覚を持ちあわせていたため、結果的に似てしまっただけのことである。そもそもどうしてアリストテレスが中庸を説くかといえば、行き過ぎや不足は行為にしろ感じ方にしろ好ましくないので、万事が然るべきときに、然るべきことがらについて、然るべきひとに対して、然るべき目的のために、然るべき仕方において」（［1］七〇―七一頁）なされるのが望ましいからである。そしてこれこそが「中」にして最善であり、まさしくこうしたことが徳に属しているのである。では肝心の「然るべき」とはどのようにして分かるかといえば、アリストテレスはそれに関して具体的に答えない。「中」に適中するということは、「思うに困難であり、特に個々の場合において然りである。たとえば、いかなる仕方で、何びとに対して、いかなることがらについて、どれほど長いあいだ怒るべきであるかを判断することは容易ではない」（［1］八一頁）。それは理説（ロゴス）をもってしては決定しがたく、その判断は個々の場合において感覚によってする以外にない（［1］八二、一五七頁）。つまり中庸を一般的に理論的に示すことは不可能であり、事例ごとに個別に判断する以外にないといっているのである。それはマルサスが経済現象における最適点がどこか両極端の間に存在するだろうけれど、その「中」を示すことは困難であるので、それを一般的に示すことを断念したのと同じである。たとえば貯蓄の過大と過小の中間点に関して「この両極端は明らかである。そこで経済学の力ではそれを確かめることができないかもしれない」（［22］I.p.9.訳上、一一七頁）という。無論何らかのモデルを作ってそれを強行しようと思えば、できないことはなかったかもしれない。だがそうすれば、それは「図形や数に関する命題と同じように、つねに同じ種類の証明を可能とし、または同じような確実な結論にみちびくものである、と考える」ことと同じであって、その結果「われわれはきっと重大な誤りにおちいるであろう」（［22］I.p.1.訳、上、一九頁）。マルサスは微分学のように極大と極小の極値があるようだとはいったが[1]、実際に微分学を用いようという気はなかった。大学では数学を勉強したにもかかわらず、にである。それはあくまで比喩に止まった。その精神は前述のように「経済学は数学よりもずっと倫理学や政治学に似ている」（［22］I.p.2.訳上、一九頁）といったことによく現れているし[2]、アリストテレスの精神と同じである。実際アリストテレスは『ニコマコス倫理学』

の随所で口が酸っぱくなるほど、政治学は数学とは違う厳密さを持った異質の学問であると主張し、その方法的混同を戒めたのである。たとえば次のように。

あらゆることがらにおいて同じように厳密性を求めることをせず、それぞれの場合においてその素材に応じまたその研究に固有な程度においてすることが必要である。大工と幾何学者とでは、それぞれ異なった仕方で直角を求める。前者はすなわち彼の仕事に役立つ程度においてそれを求め、後者はしかるに直角とは何であるか、直角とはいかなる性質を持つものであるかを尋ねる。……だから、ひとは他の場合においても常にかくのごとき態度で臨まなくてはならぬ（［1］三四頁）(3)。

マルサスは中間点を知ることが「経済学の力を超えている」と考えたのであった。つまり経済学の進歩によって将来知ることができるということではなく、原理的に不可能だと述べているのである。そのことを弁えない他の人たちが好む経済学における「単純化と一般化」は誤りをもたらし真理と矛盾をきたし、例外や修正を認めない傾向を生み出し、結果の予言において誤りを引き起こすのである（［22］I, pp. 6-8. 訳上、二三―二六頁）。またそれは、学問（哲学）とは物事をそのあるがままに説明することが課題なのに理論を経験のテストにかけることを厭わせている（［22］I, p. 10. 訳上、三〇頁）。本来「どんな理論でも、一般的経験と相容れないものは、決して正しいものとして容認」（［22］I, p. 10. 訳上、三〇頁）されないのであり、「事実と経験とによって発見された真理の殿堂のまえでは、もっともはなやかな理論も……瓦解し去らねばならない」（［22］I, p. 7. 訳上、二五頁）のである。つまりあえて中間点を特定しようとすれば、それは「単純化と一般化」を進めることによって、一般的経験と相容れない机上の空論を作ることになり、「本質的に実際的な」経済学においては（［22］I, p. 12. 訳上、三一頁）、そうしたことはそもそも原理的に不可能なのである。

プレンのいうマルサスの釣り合いの原則なるものも同じである。これはアリストテレスと同根の現実感覚から生じてきたもので、デイヴィド・リカードウとの争点の一つはこの点に起因しているのである。

第2節　マルサスのコンドルセ読解

さて、マルサスがコンドルセをどのように読解したかを見てみよう。マルサスがコンドルセの著作で最初に引っ掛かった箇所は、コンドルセが第一〇期の人間精神の未来の進歩を述べた章の、人口の維持の困難に少し触れた所である。これはもともとマルサスが自らの人口原理を前提としてコンドルセを読んでいて、それに抵触したからであることを示している。マルサスはそれまでの所をすべて飛ばして、そこから急に逐一紹介しながら批判を始めるのである。しかもコンドルセの論述全体の論旨からすれば、さほど重要でない点について。具体的に見てみよう。(4)

完成の方向への人間の将来の進歩をあつかっているこの著作の最後の部分で、彼は次のようにいう。ヨーロッパのさまざまな文明諸国民において、現実の人口を領域のひろさと比較し、また彼らの耕作、勤労、分業、および生存手段を観察すると、われわれは、勤労することのほかに欲望をみたす手段を他に持たない多くの個人がなければ、同量の生存手段と、したがってまた同量の人口を維持することができないことが分かる、と。このような階級の人間の（存在の）必然性をみとめ……（[23] I, p. 54. 訳九五頁）。

マルサスがコンドルセの主張としていることは、実際とは少し意味合いが違っている。コンドルセが述べていることは、自らの勤労によって生存手段を得る人びとがいなければたしかに人口を養いえないので、そうした階級の生活をどう守ったらよいのか、そのための社会技術の開発はどうすればよいのかという論点へ議論をもっていくための前提を述べたにすぎないのであって、そうした「階級の人間の（存在の）必然性」を説くことに力点はない（[18] p. 246. 訳二七九頁）。マルサスがこのように反応したことは、これがマルサスの価値観、社会観と一致していたことを推測させる。実際「この論文のおもな論点は、財産所有者階級と労働者階級との必然性を立証することにあるだけであって……」（[23] I. p. 102. 訳二一七頁）と述べていたのであった。そしてまた、これは社会には生活資料の生産を担う層が必要だということでもある。つまりそれが労働者階級の社会的役割となる。

そしてマルサスは続けて、コンドルセがきわめて正当に次のようにいおうとして「だから、われわれの社会のもっとも多数で活動的な階級をたえまなくおびやかしている不平等、従属、および不幸でさえ必然的な理由が存在するのである」という文章を引用する。これはコンドルセの引用では最初の箇所であり、ここにマルサスが共感したことを示している。この訳は逐語訳であり、それ自体正しい。またマルサス自身が原注で、時間と長い引用を省くために若干の内容を示すが、自分がコンドルセの見解を誤りなく伝えるように望んでいるとして、できれば読者にコンドルセの著作を参照するように勧めているように、要約や訳は間違っているとはいえない。しかしマルサスの論述には、コンドルセの著作とは微妙な意味合いの違いが生じているのである。そこにマルサス自身の見解が影を落としているのである。マルサスの論述だけ見ると「われわれの社会のもっとも多数で活動的な階級」（主に労働者階級を念頭においていると思われる）が不平等、従属、不幸に陥るのが必然的なことをコンドルセが力点を置いて主張しているかのような印象を受ける。しかしコンドルセのいいたいことは、前述のように、この階級は財産所有者階級と違って家長の生命と健康に、つまり家長の双肩に家族の生活がかかっているので、不慮の事故や病気によって万一家長が生計の資を確保できない場合、どうしても困窮、不平等、隷従が生じるので、それを防ぐにはどうしたらよいかということであった。

コンドルセの提案は、マルサスが的確に要約しているように、余命率と貨幣利子の計算をおこなうことにより設立される基金である。実際、こうした余命率や貨幣利子などの計算がコンドルセの自賛する社会数学の骨子だったからである。(5) コンドルセは労働者階級を襲う不慮の事故や病気、あるいは働くことのできなくなった老齢での生活の不如意を救う手段として、保険制度や積立年金、あるいは若年での自活を助ける基金の設立を主張したのであった。しかしマルサスはこうした方策は完全に無力だという。その理由は、それが労働者階級を怠惰に導くからである。そこのところをもう少し詳しく見てみよう。

まずマルサスは「コンドルセ氏は、勤労によってのみ自己を扶養する階級の人びとがどんな状態においても必要であることをみとめている」（[23] I, p. 55. 訳九六頁）と、間違ってはいないがコンドルセの論旨からずれたことを述べ、そこから議論を展開するが、それは以下に見るようにマルサスの論理を導く前提条件になっているからである。すなわちそうした労働者階級はいかなる社会でも必要であり、しかもコンドルセがそう考える理由は、「増加した人口のための生活資料を獲得するのに必要な労働は、必要という刺激なしにはおこなわれないと彼が考えているということのほかに、他の理由をあげることはできない」（[23] I, p. 55. 訳九六頁）とする。しかしコンドルセはこんなことをどこにも述べていない。マルサスもコンドルセがそうしたことを述べていると主張しているわけではなく、あくまでマルサスの推測なのであるが、コンドルセの論述にはそうした推測を可能にするような文言はまったくない。したがってこれは純粋にマルサスの考えなのであり、ここにマルサスは「勤労によってのみ自己を扶養する階級」の存在の必然性の一点を取っ掛かりにしてコンドルセに接近した後急速に、大きくコンドルセと離れていくのである。

なぜマルサスはそう考えるのか。それはそのすぐ後の叙述を見れば分かるとおり、もしコンドルセが提案するような基金によって、勤労に対する拍車が除去されるなら、そして怠け者が信用と家族の扶養に関して勤勉な者と同じ立場に置かれるなら、人は勤勉に働こうとせず、公共の繁栄が阻害されるからである。つまり生産的勤労の障害になるという点で、より大規模なイングランド救貧法の繰り返しにほかならないというのである。

この論述を理解するためには、マルサスの人間観、価値観、ひいては初版『人口論』の主題などを考慮しなければならない。

第3節　マルサスの原則

この点に関連する初版『人口論』の根本原則（アプリオリな命題、基本的な価値観）と思われるものとして次の三つを挙げておこう。

①　人間は生来怠惰である。

系として反平等主義、救貧法反対が出てくる。

②　自主独立の人間像（self-made man の理念）。その道徳である勤勉、慎慮、節制、先見性などの重要性。

ここから初版の第一八、一九章の弁神論、および救貧法反対が出てくる。

③　反平等主義（右の①とも関連しているが、これ自体一つの原則）。

ここから初版『人口論』の主題が出てくる。

第五版以降も「平等制度は誤った諸説の一つ」とされ、終生変わらない。

経済学上の原則は別にしてこれらの原則から『人口論』の論述は導き出されていると思われる。この原則の②は資本主義の倫理と解釈することも可能である。そして何よりもこれらが『人口論』の主題と関連していると思われる。[6]

初版『人口論』の主題は、『人口論』のフルタイトルや序文を見ればわかるとおり、またプレンが、『人口論』を著した彼の主要な目的は、ゴドウィンとコンドルセのユートピア思想を論駁することであり、彼らはフランス革命の理想に刺激されて、世界は平等・繁栄・進歩の新しい時代の入口に立っていると信じていたからだ〔11〕一四頁）と述べているように、平等の制度、あるいは平等主義の思想に反対し、これを粉砕することであった。[7] 人口の原理はそのための道具立てにすぎない。つまり人口の原理を主張することが目的ではなく（後にはむしろそちらの方で有名になったが）、平等主義を粉砕するのに有効だったので持ち出された武器にすぎない。[8]

反平等主義の主眼は、財産の平等に対する反対である。これは私有財産制度の防衛ではあるが、私有財産制度一般というより特に既存の財産制度の維持といわれる。なぜならたとえば土地が均等に分配された、主に小土地所有者ばかりで構成された社会も考えることができるが、マルサスはそうした立場を取らないし、ゴドウィンの平等制度に関する思考実験のところを見ると、仮に譲って均等配分がなされても私有財産制度と蓄財の結果、財産所有者階級と労働者階級に分化すると考えているようだからである。後続版では財産の極端な細分化を下層民の貧困の原因に挙げているから、そうした社会には基本的に反対なのだろう〔23〕III, p. 542. 訳六一六頁）。既存の財産制度といっても財産所有者階級と労働者階級という制度の維持が肝心であり、この枠組みを守るかぎり、労働者階級の福利厚生は増進されるのがよい。あるいは両階級間の人口比率が多少変わっても、また富の格差が縮小してもよい。しかしこの二階級制度とこの階級間の差別は確固として維持されねばならず、その一線は決して譲歩できない。[9] また両階級とも根本原則②の徳を備えなければならないのはいうまでもない。

既存の財産制度の維持がおもな眼目であることは、たとえば、次の点から分かる。マルサスは『初版・人口論』

の第一〇章以下、数章にわたってゴドウィン批判を展開するが、批判を始めるに当たってゴドウィンの主張の中心的な命題として「抑圧の精神、隷従の精神、および詐欺の精神、これらは既存の財産制度の直接の産物である。……」という章句を引用し（[23] I. p. 65. 訳一一一頁）、それを受けて「人間はゆたかさのさなかで生活することはできない。すべてのものがひとしく自然の恩恵をわけあうことはできない。既存の財産制度（established administration of property）がなければ、すべての人間は自分のわずかなたくわえを力で防衛せざるをえないであろう。……」（[23] I. p. 66. 訳一一二頁）と反対論を述べる。ここで利己心が勝利し、争いの主題が永久に存続するといっているところからすると、ホッブズ的な戦争状態を念頭に置いているようである。そして仮にゴドウィンの「うつくしい平等の制度が完全に純粋に実現されたと想像して」いかなる事態が生じるかを人口原理を武器にさまざまな観点から思考実験すれば、結局、「だから、現在文明諸国にひろまっているのとあまり変わらない財産制度（administration of property）は、社会にさしせまっている諸害悪に対して、ふじゅうぶんかもしれないが最良の対策として確立されることが、きわめてありうることのように思われる」（[23] I. p. 72. 訳一二二頁）となる。財産の平等がおこなわれても、ホッブズ的争いを避けるためには私有財産制度が導入され、蓄財がおこなわれて、現在の財産制度とあまり変わらない制度、つまり既存の財産制度に帰着するという。要するに財産所有者階級と労働者階級の二階級社会が再現するというのである。

　このことはマルサスがゴドウィンの仮定する条件のもとで、さらに思考実験を進めた結果においてより明瞭に出てくる。新たな財産制度においても生じる帰結は、現在の財産制度と同じであることが以下のように示される。

> 社会のこれら二つの基本法則、すなわち財産の安全と結婚の制度とがひとたび確立されると、境遇の不平等が必然的に続いて生じなければならない。財産の分割以後に生まれたものは、すでに所有されている世界に生まれでるであろう。……われわれの不可避的な自然法則から、ある人間は欠乏のために苦悩しなければならないことが

あきらかとなっている。人生という大きな籤において、空籤をひいた不幸な人たちがいる（［23］I, pp. 73-74. 訳一二四頁）。

したがって、私有財産制度確立以降の境遇の不平等は必然なのであり、それは空籤をひいたためである。では人口の原理の結果、全成員を養うに足りない食糧はどのように分配されるべきか。まず財産所有者階級がこれをとる。(10) 彼らは財産を持っており、その所有権は確保されているからである。ここで社会全員が食糧の請求権を持っていないことを確認する。もし持っていれば、人口原理により全員に食糧が行きわたらないため、暴力や争いが起き、正義が蹂躪されることになる。それで私有財産制度が導入され、社会の安寧が図られたのであった。

労働の維持に当てられる基金は、土地所有者たちが自分たち自身の消費以上に所有する食糧の総量であろう（［23］I, p. 74. 訳一二五頁）。

残りを空籤を引いたものたちで分け合うことになるが、しかし全員には回らないので、誰を選択するかといえば、

道徳的価値は、……きわめて困難な区分基準である。剰余生産物の所有者は一般に、なにかもっと顕著な区分のしるしを求めるであろう。……彼らが次のような人たちを選択すること、すなわち、その力をいっそう多くの剰余生産物を獲得することに行使し、したがってただちに社会に利益をもたらし……（［23］I, p. 74. 訳一二四頁）。

という労働者階級の勤勉な部分になる。つまり勤勉な労働者は社会全体の食糧の総量の分け前に与かる資格があるが、怠惰な労働者はその資格がないということになる。ここからも、救貧法反対が出てくる。

救貧法に関していえば、初版『人口論』のかなりの頁がその批判に費やされているのであるが、考えてみれば

少し奇妙な話である。『人口論』はフランス革命賛美の当時の風潮に抗して書かれた幾分時事的な色彩を帯びた書とはいえ、提示されている原理はその時々の流行に左右されるものではなく、普遍的なものを目指している。それゆえ後世にわたっても読まれ続けられたわけであるが、救貧法反対についての論述は『人口論』執筆の当初の目的からも、また普遍的原理を目指したほかの言述の部分からいっても、まったく特殊的時事的で、論理的なつながりのない異色な挿話に見える。にも関わらずマルサスが救貧法批判に固執したのは、おそらく一つには牧師として救貧法に与かる教区の労働貧民の姿を、普段目の当たりにして内心我慢ならないものがあり[(11)]、それがこの機会に噴出したためであろう。またゴドウィン批判など平等主義に対する批判を展開すると、多少内容的につながりを持っている救貧法が想起されたためでもあろう。そして何よりも両者に共通しているのは、ともに先に示したマルサスの基本的な価値観・根本原則にかかわっており、ともにそこから出て来るものだという点である。つまり同根なのである。その意味で、救貧法批判はマルサスにとって欠かすことのできないものだった。

マルサスの救貧法批判は、先に挙げた根本原則を抜きにしては理解できない。その一例を示そう。救貧法批判の論拠の一つに、それがない場合よりもより労働者を悲惨にするというものがある（[23] I. pp. 33-34. 訳六一―六三頁）。すなわち、

（1）貧民をいっそう増大させる（食糧が手に入るので、自分で家族を扶養できる見込みがなくても結婚するから）。

（2）穀物がワークハウスで消費されるようになるため騰貴し、それまでぎりぎり自活できた層を赤貧に追いやる。「もっとも価値ある（valuable）部分とは一般に考えられない社会の一部分によってワークハウスで消費される食物の量は、さもなければもっと勤勉な、またもっと価値のある（worthy）成員のものとなったと思われる分け前を減らし、……」（[23] I. p. 33. 訳六二頁）。

マルサスは労働維持基金の増加をもたらす穀物の増産を再三説くのであるが、しかしここに示された救貧法批判におけるマルサスの論法でいけば、食糧が増えた分貧民は増殖して結局同じ結果を生むのだから食糧の増産は少しも貧民を減らすことにならない。それどころか逆に増えることになろう。そして人口原理により絶えず人口圧が働いて、相変わらず貧民は生存ぎりぎりの生活を余儀なくされるのである。したがって食糧を増産しようがしまいが、人口原理が作用するかぎり、貧民の生活はまったく改善されず、食糧を増産した分だけ飢餓線上にさ迷う貧民の絶対数が増えるだけのことである。これは矛盾である。したがってマルサスの救貧法批判のこの論法は十分な説得力を持たない。それゆえマルサスの救貧法反対の理解のためには、別の観点が必要とされる。つまりマルサスが救貧法に反対した真の理由は、『人口論』のテキストで建前として提示された理由ではなくて（それらはおそらく後から自分の意見を正当化するために考案されたものであろう）、救貧法が社会的に無価値な層を養うからにほかならない。それは右に挙げた（2）のテキストを見るとよくわかる。そこには valuable とか worthy とかいう価値に関する言葉が用いられている。この点は最終の第六版に至っても「価値ある者」（the worthy）と「価値ない者」（the worthless）という区別をしており、終生変わらない。[12] 根本原則②の徳を身につけず、労働者階級としての本分を尽くさないで教区の施しに寄生する貧民は、限られた食糧（いわば社会の共有財）に与かる資格がないのである。そして勤勉な、本来食糧に与かる資格を持つ労働者から、救貧法が怠惰な貧民のために食糧を奪っていることがマルサスは承服しがたかったのである。

ここに述べたことはたとえば、次の点に着目してもよくわかる。マルサスは食糧を求める貨幣の額のことを特許証と呼び（［23］I. p. 32. 訳六〇頁）、わざわざ注で「ゴドウィン氏は、人が祖先から受け取る富を、古くさい特許証とよぶ。それが特許証と名づけられるのは、きわめて正しいと私は思う」（［23］I. p. 32. 訳一二四頁）と断っているが、どうして「正しい」のかまったく説明していない。おそらくこの言葉の意味合いがマルサスの考えに訴えるものがあったから、わざわざ注まで付けて使用したと思われるが、それはいったい何だろうか。

特許証（patent）という言葉は、もともとletters patent（開いた証書）という中世英語の短縮形とされている。それは何らかの権利や資格を認める証書である。マルサスの場合、それは土地の生産物に対する請求権（［23］I, pp. 32, 74. 訳六〇、一二四頁）という意味合いを鮮明にできるから使用されたのだと思われる。単に貨幣の額といえば、どのように使おうと個人の勝手だろう。それは価値中立的である。しかしマルサスの場合、食糧は絶えざる人口圧のもとで特別に与えられた、社会「共通の資材」[13]（［23］I, p. 32. 訳六〇頁）からの分け前なのである。したがって特許証とはそれが社会全体から見て限られた（つまり全員には十分行き渡る量のない）労働維持基金からの分け前を認める証書であり、その分け前が与えられるということは、当人がそれにふさわしい資格を持っているということなのであり、それがこの表現により鮮明になる。それゆえ価値中立的な貨幣の額という言葉より、特許証という言葉が好まれたのであろう。そしてまた同時にそれは、怠惰な貧民が労働維持基金に与かる資格がはたしてあるのかという問題意識ともつながっている。この点でもやはり先に挙げた根本原則がマルサスの思考の根底にあるのが分かる。

第4節　マルサスのコンドルセ読解再説

さてここで再びコンドルセの読解の現場に立ち戻ろう。前述のようにマルサスは「増加した人口のための生活資料を獲得するのに必要な労働は、必要という刺激なしにはおこなわれないと彼が考えているということのほかに、他の理由を挙げることはできない」とコンドルセがおそらく夢にも思わなかった理由を挙げたが、そうした訳は以上の説明により了解できるだろう。労働貧民に少しでも何らかの扶助が与えられるように見えるものは、マルサスにはすべて「より大規模なイングランド救貧法の繰り返し」に思われたのである。しかしながら、これは少し奇妙なのである。なぜならコンドルセが提唱しているものは、決して援助や施しではなく、労働者本人の積立による基金なのであって、そこから給付されるものは、すべて当人が汗水して働いて獲得したものなのであるから。当時すでに積立年金のような試みはいろいろあり、[14]コンドルセはそれを推奨したにすぎない。したがってこの種の基金は決して怠惰な貧民に与えられるものではないし、マルサスもこの基金が本人もしくは基金の参加者からの積立に依存していることは十分承知しているのである。[15]にもかかわらずマルサスがこの種の基金をイングランド救貧法と同一視したのはなぜか。その理由は、マルサスがたとえ当人の過去の勤労の積立によるものであろうと、現在進行形の状態で絶えず勤労に対する拍車が働いていないかぎり、労働者は堕落し働かなくなると思っていたと考えるほかない。[16]それは先に挙げた根本原則①と②がいかにマルサスにとって根強く根源的なものであったかを推察させるものである。

ほかにマルサスのおこなうコンドルセ批判は、人口が生存手段を超える時期に関する見込みの相違と、人間の有機的完成可能性についてである。前者に関しては、人口と食糧の増加率の相違というマルサスの人口の原理に関わっているだけに重要であるが、その時期がはるか先だというコンドルセの楽観的見方に対して、人類の歴史は不断に人口原理による振動を経験してきたということを述べ、これを退ける。また後者に関しては、コンドルセの考えを、人間の寿命が医療の発達や社会改革などによって伸び、不死ではないにしろ、無制限という言葉で表現されても差し支えないだろうと要約して、それが非科学的であるという見地から、デカルトとニュートンの対比を持ち出して批判する。特にこれに関しては一章をまるまる当てて批判している。コンドルセはたしかにそういうことを述べているが、どちらかといえば付随的な見解であり、それに費やされた言葉の数もマルサスの批判と比べるとはるかに少なく均衡を欠いている。マルサスがそのようなアンバランスなことをおこなったのは、おそらくコンドルセの意見が勇み足気味だったので攻撃しやすかったこと、寿命の問題は自らの人口の原理に無関係でないことなどが考えられよう。この二つの点に関するマルサスの論拠に共通していることは、いずれも経験主義的な観点から批判がなされていることである。人類は太古以来、人口原理によって人口は振幅運動をし、絶えず人口圧のもとにあったこと、寿命の無制限な延長など絵空事であることなどは空想家ではない現実主義者の見方である。

むすび

執筆者に与えられた課題としては、あとマルサスと重農主義との関係が残っているが、紙幅が残っていない。しかしこの問題に関しては、これまで多くの研究が内外に存在している。(17) それよりも初版『人口論』のフルタイトルに名前の挙がるコンドルセに関しては研究が手薄だったので、そちらの方に集中した方が意義があると思われた。

ただ一言だけ述べておけば、マルサスには農業重視など重農主義と類似の見解があり、大きくいえば重農主義的といえようが、もともと出所は重農主義と違う別の発想にもとづいている。つまりマルサスの農業重視は、食糧の増加率が人口の増加率に追いつかないという、その人口原理から来ているのであるが、重農主義の方は人口原理が基底になっているわけではない。第二版以降直接重農主義の文献に当たったとされ、たしかに重農主義と見られる論述をしているが（特に第二版）(18)、本来の発想は違う。初版の第一七章では重農主義が取り上げられているが、それは前の章の議論で労働維持基金の議論を展開したさい、富の定義を問題にしなければならなくなったので、そこで先人の見解の一つとしてフランスエコノミストの富の定義を検討することになったのである。

注

(1)「道徳および政治の両者における問題の多くは、微分学における極大と極小の問題の性質を帯びているようである。そこでは常に特定の効果が最大である点があり、しかもこの点のいずれの側においてもその効果は漸次的に減少していくのである」(プレン〔12〕一三六頁)。

(2) したがってプレンのいうように「マルサスは一七八八年にケンブリッジ大学の第九位の数学科学位試験優等者として微積分学(または流量)に通じていたけれども、微積分学が如何にして経済学における最適価値の決定に利用することができるかを知らなかった」(〔12〕一五二頁)のではない。

(3) なおこの問題については、〔14〕を参照。

(4) こうした試みはすでに橋本比登志(〔4〕)がおこなっているが、それとは違うものになるはずである。

(5) この点については、〔14〕第五章参照。

(6) これらの原則はテキストの核をなしているのであり、テキストの言述を同心円上に配置すれば、中心部分に位置するのである。著者がもしこれらの原則と一見矛盾するようなことをいっている箇所があれば、たいていの場合、それは矛盾ではなく、原則を個々の事例や状況に適用した場合の微調整にすぎない。それは文脈を注意深く見れば分かる。たとえば、第三版以降に付けられた付録を典拠にして、マルサスが労働者階級に同情的であったことを主張する見解を時々見かける(たとえば、〔16〕)。しかしながらそれは、当人によって結局付録の位置しか与えられていない(一応『人口論』全体を読了する余暇のなかった人に梗概を与えるということをいってはいるが）。マルサスは本文では、平等主義反対を、その時々の論敵を対象に（初版ではゴドウィンやコンドルセ、第五版以降はオウエン）貫徹しておこなっているのであり、決して付録に含まれる文章を本文に入れようとはしなかった。ということは本文中の平等主義批判はマルサスの思想にとっては中核の位置に、付録の主張は周辺に位置する微調整、つまり本文の誤解を防ぐための微調整であることがわかる（付録は『人口論』批判への答弁として書かれたため、多少調子が変わっている）。核はあくまで温存されているのである。このいい方は、［17］のいう研究プログラムにおける「堅い核」と似ているが、あくまで偶然である。

一般に思想家の言説に、違う時期の作品によって食い違いが見られる場合、その理由は当人の考えが変わったこともあるが、それだけでなく、周囲の事情が変わったせいであることもある。つまり当人の考えは一貫して不変なのであるが、回りが変わると、それに応じて反応して、別の側面がより表面に現れて、一見すると矛盾であるかのように見える場合がある。それが特に顕著になるのは、当人にとって重要な価値を、何にもましてかけがえのないものを批判するような論調が周囲に生まれた場合に、当人が直接攻撃されていなくても、その防衛のために議論が先鋭化する場合である。それは、そういう状況になってはじめて自分の足元を見直す必要が生じ、それまであえて公言する必要も、擁護する必要もなかった価値を、理論武装して防衛する必要が生じたためである。そういうことになれば、以前の著作とは大いに論調が変化したように見えるのが普通である。そして以前は批判した人物や主義を逆に擁護したりするような矛盾が発生することがある。しかしこの場合、変わったのは当人ではなく、周囲なのである。つまり同心円上に配置されたより核に近い部分を守るためなら、周辺の議論は必要に応じてどのようにも変化しうるのである。たとえば私見では、バークの『フランス革命の省察』とそれ以前の著作の相違は、こうした事例の一例ではないかと思われる。したがってわれわれは、つねにテキストが置かれた状況、書かれた状況を考慮して、諸々の言説のうちどれがより核に近い本質的なものかを見極めなければならない。

（7）先にも引用した通り「この論文のおもな論点は、財産所有者階級と労働者階級との必然性を立証することにあるだけ」（［23］p. 102. 訳二二七頁）であった。

（8）その点は、たとえば次の論述がこれを的確に捉えている。「急進思想を攻撃する論拠として人口問題を持ってくることは、意外なほど強力な武器となるものであることを父との討論で実感したマルサスは、平等社会における人口過剰の危険や、現在の社会の貧困と人口法則との関連を強調することにした」（［16］一〇一頁）。また「私的所有権擁護の論陣は、革命勢力と革命的状況とに対する批判、不平等の擁護、平等主義批判として表象されるのであった」（［3］八三頁）。

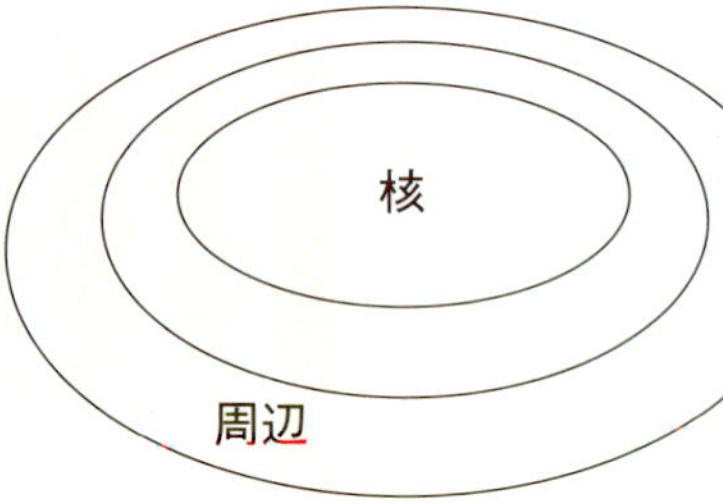

（9）その点で、マルサスが労働者階級の味方であったという方向へ話を持っていきたがるボナーや吉田忠雄、James、Dupâquier らの見解には賛成できない。マルサスは『人口論』の後続諸版で主張を和らげたが、この一線は決して譲っていない。James（［21］p. 66）や Dupâquier（［19］p. ix）は、マルサスが労働者の敵ではなかったというが、これは微妙ないい方である。そして労働者階級に同情的な章句や改革に関する記述を一緒に並べるので、彼らが改革者マルサスという印象を読者に与えたがっているのは明らかである。しかし彼らの描くマルサス像は実際に『人口論』を読んだ印象とかなり異なる。たしかにそういう主張はマルサスになくはなく、特に後続諸版には多くなるが、それは付随的な片言隻語に止まっている。要するに彼らは、先に述べたテキストの核と周辺部分の価値の濃淡を無視し、マルサスの主張からすれば、周辺的で主張の力点が大きくない（その点で他の意見と代替可能な）論点を並べたてるのである（それに対して核を構成する論点は決して他の意見に代替できない）。なお［3］第五章も参照。

（10）最初に割り当てられた土地に対して、家族の数はその土地の生産物以上に増加するので必ず食べられない部分が生じてくる、ということをマルサスはここで述べているが、家族内で食べられない成員が生じてくるということと、階級社会は一応別であろう。そこからどのように階級社会が生じるのか、その移行の論理があまり明快ではない。これは当初に土地をどのように配分するかということとも関連している。この第一〇章の思考実験において、人口が増えすぎて社会が危機に陥るので、緊急の集会が招集されて対応策を協議し、私有財産が認められることが決められるが、その時土地のより完全な分割を主張する意見があるだろうと想像している。だが同時に土地の肥沃度の変化、事情の変化によって、食糧が十分な成員とそうでない成員が生じるだろうともしている。おそらく移行の論理としては、この「土地の肥沃度の増大」、「事情の変化」などにより生じた格差が蓄積によって拡大すると考えているのであろう。いずれにしろ人口原理はゴドウィンのユートピア思想を攻撃するには有効だが、階級社会を導くには多少無理があろう。

(11) 救貧法に与かる労働貧民の姿は、たとえば、次の史料を見ると分かる。「ここの村の労働者階級の多くは、ほとんどやりくりをせず、先の見通しがない。若い健康なもので、自分で働けば十分に彼自身と家族を支えてゆける手段を持つものでも、最初の子どもの産婆の費用を教区に払わせるよう頼みこむのがふつうである。労働者が教区の援助を受けないで、自分と妻子を養っているのは、ごくまれであり、一週に一八シリングを稼ぐ織布工でも、季節的な不況のためにふつう以下に収入が減り、少し節約すれば防げる程度なのに、生活が苦しくなると、すぐに援助を求める」（[7]三〇七頁）。この史料のバークシャー州のレディングは、マルサス家ゆかりの土地であり（[4]一八三頁）、マルサスが目にしていた光景と同じものだろうが、これを読むとまさに『人口論』の叙述を彷彿とさせる。働けるのに働く意志もなく、教区の援助ばかりを当てにしているこのような人々を普段相手にしなければならなかったのだから、内心怒りが渦巻いていたのであろう。第六版でも勤勉で善良な男でさえ妻と六人の子どもの扶養を教区に任せて逃亡してみようとしたという話を聞いたことがあるといっている（[23] III. p. 518. 訳五八九頁）。人間は生来怠惰であるというマルサスの人間観も、この経験から形作られたのかもしれない。

(12) これは慈善に関する文脈だが、慈善は「価値のある者」に与えられるべきだという。さもないと「われわれは価値のないものを価値あるものの上に引き上げ、怠惰を奨励し勤勉を妨げて、もっとも顕著に人類の幸福の総量を減少させることになるであろう」（[23] III. p. 531. 訳六〇三頁）。

(13) この表現は、アリストテレス的でもある。アリストテレスは社会共同体における「共同的なもろもろの事物」の配分について語っている（[1]一八一頁）。ここで「共同的なもろもろの事物」と訳されているのは、ton koinon「共同的なものの」（配分）であり、マルサスの common stock といういい方と似ている。

(14) これに関しては、[10]を参照。

(15) マルサスははっきりと「彼（コンドルセ）は、ある基金が設立されるべきことを提唱している。その基金は、老人に扶助を保障すべきものであって、一部分は各人の以前の貯蓄により、また一部分はおなじ犠牲をはらいながらその利益を受け取る前に死んだ個人の貯蓄により、作られるものである」（[23] I, pp. 54-55. 訳九五―九六頁）と述べている。

(16) しかし『人口論』の後続版になると立場を変えているようである。第五版以降で現れた第四編第一二章で、コンドルセの提案する基金について簡単な言及があるが、それを退ける理由を基金の不足としている。これは当時の共済組合や互助会の経験から導かれたものである。そこでは初版のように、コンドルセの提案を救貧法と同一視する見方はない。それどころか同章で、マルサスは労働者階級の援助のためには労働者自らの積立による貯蓄銀行が最良だとしている。将来の不慮の出来事に備えて現在の収入の一部を貯蓄する習慣が、慎慮と先見性の習慣を前提とするものであり、勤勉に報酬を与え、寄食を防止することをその理由に挙げ、貯蓄銀行は救貧税の代案とは考えられないとしている。コンドルセの提案する基金も、労働者本人の積立による点で貯蓄銀行と本質的には同じ性格のものと考えられるから、貯蓄銀行を肯定した以上、コンドルセに対する批判の論拠も自ずから変わったのであろう。マルサスはこのように立場を変えたが、先に根本原則として掲げた核の部分は変わっていないようである。すなわち労働者階級が自分たちの状態を改善する唯一の方法は自身の努力と資力に頼ることを説き、勤勉、慎慮、先見性などを強調しているが、これは根本原則②の表明にほかならない。むしろ貯蓄銀行はそれを前提にし、またそれを推進するから推奨されるのである。むしろこの方が論理的には整合している。その意味でこれは周辺部分の変更といえよう。第二版で道徳的抑制を導入してから、労働者階級に自制心を求める方向が強調されるようになったが（労働者を道徳的主体として認知）、この変更はその延長線上にあると思われる。

(17) [5] の補論Ⅱ、[25]、[20]、[9]、[15] など。

(18) 詳しくは [6] 参照。

参考文献

[1] アリストテレス『ニコマコス倫理学』上、高田三郎訳、岩波文庫、一九七一年。
[2] 岡田実『フランス人口思想の発展』千倉書房、一九八四年。
[3] 永井義雄『自由と調和を求めて――ベンサム時代の政治・経済思想――』ミネルヴァ書房、二〇〇〇年。
[4] 橋本比登志『マルサス研究序説――親子書簡・初版「人口論」を中心として――』嵯峨野書院、一九八七年。
[5] 羽鳥卓也『古典派経済学の基本問題――蓄積論におけるスミス・マルサス・リカードウ――』未来社、一九七二年。
[6] 羽鳥卓也「初期マルサスの穀物法論――『人口論』第二・三・四版の記述について――」『経済系』関東学院大学経済学会研究論集）第一四二集（一九八五年一月）、一―一九頁。
[7] 浜林正夫他編訳『原典イギリス経済史』御茶の水書房、一九七二年。
[8] 深貝保則「商業社会把握の政治的インプリケーション――マルサスの周辺――」『経済学史学会年報』第三〇号、一九九二年一一月、一〇―一八頁。
[9] 深貝保則「初期マルサスの剰余認識と農業重視論――『人口論』初版の検討――」*Research Paper* Series No.7　東京都立大学、一九九八年六月。
[10] ブラウン、ハインリヒ『生命保険史』水島一也訳、明治生命一〇〇周年記念刊行会、一九八三年。
[11] プレン、ジョン『マルサスを語る』溝川喜一・橋本比登志編訳、ミネルヴァ書房、一九九四年。
[12] プレン、ジョン「マルサスの釣り合いの原則と最適概念」久保芳和編『スミス・マルサス研究論集』大阪経済法科大学出版部、一九九六年。
[13] ボナア、ジェイムズ『マルサスと彼の業績』堀経夫・吉田秀夫訳、改造社、一九三〇年。
[14] 森岡邦泰『深層のフランス啓蒙思想――ケネー・ディドロ・ドルバック・ラ＝メトリ・コンドルセ――』晃洋書房、二〇〇二

年。
[15] 横山照樹『初期マルサス経済学の研究』有斐閣、一九九八年。
[16] 吉田忠雄『社会主義と人口問題』社会思想研究会出版部、一九五九年。
[17] ラカトシュ、イムレ『方法の擁護――科学的研究プログラムの方法論――』村上陽一郎他訳、新曜社、一九八六年。
[18] Condorcet, Marie Jean Antoine Nicolas de Caritat, Marquis de., *Œuvres de Condorcet,* tome VI, Stutgart, 1968.『人間精神進歩の歴史』前川貞次郎訳、創元社、一九四九年。『人間精神進歩史』渡辺誠訳、岩波文庫、全二冊、一九五一年。
[19] Dupâquier, Jacques., "Preface", in *Malthus Past and Present,* ed. by J. Dupâquier, A. Fauve-Chamoux and E. Grebenik, London, 1983, vii-xiii.
[20] Hollander, Samuel , *The Economics of Thomas Robert Malthus,* Toronto, 1997.
[21] James, Patricia , *Population Malthus ; His Life and Times,* London, 1979.
[22] Malthus, Thomas Robert, *Principles of Political Economy,* Vol. I, II, Cambridge, 1989.『経済学原理』(上、下)、小林時三郎訳、岩波文庫、一九六八年。
[23] Malthus, Thomas Robert : *The Works of Thomas Robert Malthus,* Vol.I-Viii, London, 1986.『人口論』永井義雄訳、中公文庫、一九七三年。『人口の原理〔第六版〕』大淵寛他訳、中央大学出版部、一九八五年。
[24] Quesnay, François, *Œuvres économiques et philosophiques de François Quesnay,* éd. par A. Onken, Paris, 1888.『ケネー「経済表」以前の諸論稿』坂田太郎訳、春秋社、一九五〇年。『ケネー全集』島津亮二・菱山泉訳、全三巻、有斐閣、一九五一―一九五二年。
[25] Spengler, Joseph J., *French Predecessors of Malthus,* New York, 1980.

嘉陽　英朗

第3章

マルサス人口論と18世紀医学

節制の伝統と進歩

エドワード・ジェンナー（W.R.Le Fanu, *A Bio-bibliography of Edward Jenner 1749-1823*, London, 1951.）

はじめに

マルサス『人口論』の思想的源泉に関しては、政治・経済・宗教および人口思想の見地から、今日まで数多くの研究が積み重ねられてきた。また、自然科学からの影響についても、方法論や表現の面で、数学や物理学との関連が広く指摘されている。しかしながら、『人口論』の基盤をなす「増殖し、消費する」人間観や、人口抑制の最終・最強の手段となる、疫病をはじめとする「積極的制限」、および「愉楽の水準」の評価に深く関わる医学・衛生学の知識の源泉についての研究は、いまだ十分とはいえない。(1) 本章では、マルサスの医学知識の源泉と推移とを、マルサス家の歴史や幼少期以来の生活環境、教育、マルサス文庫の蔵書記録、同時代の医学・科学界の動向や健康をめぐる社会状況なども参照しつつ、マルサスの生涯と『人口論』の改版の流れに沿う形で検討する。

第1節　若き日のマルサスと医学

最初の作業として、後年のマルサスの医学・健康に関する見方を育《はぐく》んだマルサスの生育環境について考察する。

そこで、まずマルサス家の歴史と医学との関わりを検討したい。

マルサス家と医学の関わりが最初にはっきりと現れるのは、曽祖父のダニエルにおいてである。このダニエルは一七世紀を代表する医師シデナム(2)と親交をもった宮廷薬剤師であった。この職はダニエルの義兄弟トマス・グレアム、その子ダニエル・グレアム、孫のリチャード・ロバート・グレアムに受け継がれた。さらにダニエル・グレアムの娘ヘンリエッタ・キャサリンは、ダニエル・マルサスと結婚した。『人口論』の著者、トマス・ロバート・マルサスは、この夫婦の次男として生まれた。つまりマルサスは、父母両方の曽祖父、母方の祖父と叔父に薬剤師を持っていたことになる。また、父マルサスの姉妹エリザベスは内科・外科医のサミュエル・ウォーザンと結婚しており、その孫がマルサスの妻ハリエットとなった（[10] 四—一三頁、[24] pp. 5-16および系図）。

マルサスは一七六六年にサリー州ウットンの緑あふれる田園の暖かい家庭に生まれた。父ダニエルは弁護士で、語学の堪能な、古典および自然哲学に造詣が深い知識人であった。ヒュームやルソーと親交を持ち、特にルソーには思想および植物採集の面で傾倒しており、当時のイングランドにおける啓蒙思想の担い手の一人であったといえよう（[10] 二九—三三頁、[28]）。一七七三年にはバース近郊のクラヴァートンに移住、そこで九歳ごろから、父と以前から交際があった牧師グレイヴズの私塾で古典教育を受け始めたようである。しかし自然科学教育に欠けていたためか、一七八一年ごろにはランカシャー州の工業都市ウォリントンのウォリントン・アカデミー(3)に送られた。この学校は非国教徒のための中・高等教育機関で、国教徒たるマルサス家の選択としては一見そぐわないが、近代語や自然科学、技術などの広範囲なカリキュラムを持ち、規律の面でも優れていたので、寛容な国教徒からも支持されていたようである。マルサス家の選択理由もこれらの点にあったと思われる。ここでは、一七六〇年代後半、プリーストリ(4)も教鞭をとっていた。プリーストリは「人間は一般に放任されていれば配慮ぶかく自己の地位を日々改善する」として節制と自律を強調し（[20] 一四五頁）、この学校の雰囲気、さらにはマルサスへの影響もうかがわれる。ウォリントン・アカデミーは一七八三年に事実上の廃校となったが、そこで教鞭を取っていたユニテリアンの古典教師ウェイクフィールドがノッティンガム近くのブラムコートで私塾を開いたので、マルサスはそこに移って古典、代数を学んだ。一七八四年には、かつてウェイクフィールドが学んでいたケンブリッジのジーザス・カレッジに進み、フレンドのもとでニュートンをはじめとする数学を学んだ。この後、一七八七年にフレンドは、ユニテリアンに改宗してケンブリッジを追われることになる。この二人は、功利主義および自然神学を唱え、マルサスの『人口論』に影響を与えるとともに、それに賛意を表したペイリーと密接な関係にあり、さらにベンサムやそれ以前の功利主義の影響をも受けていた（［24］pp. 31-3,［1］八—一二、二四—三〇頁、［8］、［10］一四七—五三および一六四—九頁）。

マルサスの学生時代については、父ダニエルとの手紙や図書閲覧記録を通じて様子をうかがうことができる（［10］一四—七二頁、二八九—三五一頁）。本編の関心から見れば、その中には後年のマルサスの医学衛生思想に影響を与えた生育環境や知的関心の現れをいくつか見つけ出すことができる。

一七八三年一二月一一日ブラムコート発母宛の手紙には、ウェイクフィールド先生の踝の腫れの記載がある。先生はこれを痛風だと自己診断しているが、日ごろ節制を心がけ、縁者に痛風の履歴のない先生に痛風が発症することはマルサスにとって腑に落ちないことだったようである。また、同じ手紙で、グレアム叔父さん（薬剤師のリチャード・ロバート）のバースでの湯治のことにも触れている。明けて一七八四年一月一四日の父宛の手紙では、天候日誌をつけていることが書かれている。気象観測は父と共通の関心事項だったようで、後にケンブリッジに進んでからは、フレンドが気象観測に強い関心を抱いており、各地の観測者や計器の製作者とも交流を持っていたことから、その情報を何度も父に書き送っている。父もまた気象観測の結果を書き送り、一七八六年三月三日付の手紙の中では「この方面の知識をお前がいくら深めても深めすぎることには決してならないと思う」と、さらなる研究を推奨している。[5] その頃の気象研究は、物理的な現象に関心を示していた当時の医学と密接な関連を持っており、マルサスの周囲にも、そうしたことに関心を持った人びとが少なくなかった。それはヒポクラテス以来の関心事項である一方、気候という自然条件に左右される人間という認識の現れでもあった（[23]、[19]九九―一〇八頁）。マルサスの父は、節制を信条としており、故郷を離れた若い息子が健康で快活に過ごすことを願って、節制と運動を欠かさぬようにと何度も書き送っている。一七八五年五月一五日の息子宛の手紙の中で、父はそれを「家訓」と表現し、息子がその教えを守って健康に過ごしていることを喜んでいる。

一七八六年三月に、ケンブリッジのマルサス宛に送られた父からの手紙には、マルサスの抱いていた病因論を知る上で興味深い記述がある（[10]三二九―三〇頁）。このころ、マルサスはリウマチにかかっていた。父はこの手紙の中で、その原因を沼地での鳥撃ちと推測し、「木炭蒸気（the vapour of charcoal）に対して一時も早く鍛錬し」、抵抗力をつけることで病気に打ち克つことを勧めている。[6] この表現は、ルクレティウス『物の本質について』の中に見られる表現である。ルクレティウスは、上空や湿気を帯びた大地から「病気や死をもたらす原子」が発生し、病気、特に流行病の原因となると考えた（[18]三一一―八頁）。「木炭蒸気」もそうした原子の一つであり、炭火を使った風呂に入浴中、「炭火の毒な力や臭いが脳の中に滲み込む」ため、卒倒する危険があると警告を発している（[18]二九九頁）。マルサス父子はこの説を瘴気説《しょうきせつ》と解釈したようである。[7] マルサスは、ウォリントン・アカデミー在学中の一七八三年四月二六日付の父宛の手紙の中で、ルクレティウスの講義について報告しているが、それはまさにウェイクフィールドの専門であった。「マルサス文庫」[8] には、後にウェイクフィールドが編集したものを含め、三種のルクレティウスが記録されている。マルサス父子はこうした知識を共有しており、自らの健康思想の源泉としていたのであろう。また、このルクレティウスとの接触は、原子論――しばしば物質の根源のみならず、精神、肉体、さらには社会の中における人間のありかたの解釈にも影響をおよぼす――にもとづく唯物論を、マルサスの中に注入したとも考えられる。

マルサスは一七八七年一一月、数学で第九席の一級合格者となったが、この後数学を離れ、文科系の研究に専念した。マルサスは一七九一年に文学士となり、一七九三年から一八〇四年までジーザス・カレッジのフェローとなった。この時期の記録はあまりないが、一七八七年以来父が住んでいたサリーのオールベリの家で、近隣の教会の副牧師を務めながら研究生活を送っていたと考えられている（[24] p. 34, [30]）。一七九六年には、未公刊ながら最初の著作『危機』を執筆している。

第2節　初版『人口論』に見る医学

一七九八年六月、マルサスは匿名で、初版『人口論』となる書物を出版した[9]。マルサスは序文において、この書物が、ゴドウィンの論文に見る人類および社会の将来の完成可能性に関して「一友人とかわした会話」（[14] 一三頁）に起源を持つものと述べている。この「一友人」は父のダニエルであり、マルサスを革新的な環境の中で教育してきた父は、ここで、マルサスにとって、ユートピア的啓蒙主義の代表として、論敵となることになった。この書物は、マルサス自身が第二版（一八〇三年）の序文で、その主な原理を、わずかに「ヒューム、ウォレス、アダム・スミスおよびプライス博士」の著作から演繹し、「時興にうながされて書かれた……公衆の注意を刺戟する」（[14] I、五三―四頁）書物であったと振り返る通り、まず論争をもたらす書物として意図されたもので、実証を目的とするものではなかった。すでに見たように、初版執筆時点のマルサスの医学知識は、一般的な常識[10]に、「家風」としての節制への注意および気候と健康の関係に対する関心が付け加わった程度のものでしかなかったが、初版に関していえば、それで十分だったであろう。事実、この初版を見ても、医学への言及は少なく、断片的である。しかし、その断片の中から、当時の医学や化学の影響と、それらがもたらした人間観を見ることができる。

マルサスは聖職者とは思えないような還元主義的な人間観を採った。この人間観は、経験主義的な医学の知識をもとに、人間に関わる現象を自然法則にもとづく物質現象、すなわち、肉体に還元する。こうした人間観は、マルサス父子を取り巻いていた革新的な人びとの間で広まり始めていたもので、古典古代に発生しながらも永らく禁忌とされていたが、(11) 一七世紀以来の医物理学派（生命現象を物理学的、定量的に把握する）、生存競争とそれにともなう心理学などの影響を受けて再度成立してきたものであった（[28]）。医師で、思想家としてフランクリンやルソーとも交流があり、初期の進化論を唱えたエラズマス・ダーウィンが、人間を「食べて飲み眠る生き物」と定義したと伝えられるのは、そうした例の一つであるが（[28]）、マルサスのそれは「食べて増殖し、快楽を追及する生き物」とまとめることができるだろう。しかも、これらはすべて、堕罪からではなく自然法則から導き出されるもので、道徳的判断を含まず、適切に用いられるならば是認され、人生における効用の総計を増すならば、推奨される（[28]、[15] 一三〇頁）。

初版『人口論』は、（第一・二章で定立され、第三章―第七章で検証された）人口法則を援用しながら、第八章―第一五章を、本題であるユートピア信奉者（具体的にはコンドルセとゴドウィン）への批判に当てている。(12)

コンドルセは、人間とその環境の「無限の」改善可能性を信じた。保健医学における進歩、栄養や住居、生活様式の改善、貧困と過度の富との破壊が健康と長寿、頑強な体格を保障し、予防医学の進歩が疾病の原因を解明して、遺伝、伝染、風土、栄養や職業に起因する疾病を絶滅すると考え、人間は不死には到達しえないにしても、限度を示しえないほどの長寿を享受する時代が来ると期待した（[15] 一〇〇―一、[7] 二八三―四頁）。マルサスは、コンドルセのいうこの進歩の片鱗はまだどこにも見られないと経験主義的に批判した。当のコンドルセすら、同じ書物の中で、古代の医学を、非力な、権力保持のための魔術であり（［7］六四頁）、ヒポクラテスの医学でさえも「観察の科学」に過ぎず、誤りと害悪の中から微弱な実際上の進歩を認めることができる程度のものだと酷評している（［7］九四頁）。しかし、この「観察の科学」こそ、一七世紀のペストの流行以降、シデナムらによって、当時の医学がやっと回帰したところのものであった。中世の医学を支配した教条主義を抜け出たものの、この時点での物理学・化学・解剖学などの新しい知識は、臨床にはまだ貢献できず、医師にはまず病気を観察することと、明らかに有害な治療を排除してゆくこと以外に手段がなかったのである。したがって、解剖学および生理学が迷信から自由になりはじめ、顕微鏡によるかなり精密な観察もできるようになってはいたものの、実験の助けを借りることがむずかしいため仮説に埋没する傾向が強く、それが医学にまで影響を与える情況は、コンドルセにとってもきわめて前途多難なものに見えている（［7］二二三―五頁）。実際、一八世紀後半には、「体の中で何が起こっているか」を知る方法はまだほとんど存在せず、診断技術はまったく原始的であった。[13] こうした、医学に対する醒めた見解は、当時の慎重な、観察を重視する医師たちにも広く見られるもので、それがために、「治療懐疑主義」という傾向も存在していた。人間にできることは、観察にもとづいた診断と、できるかぎりでの苦痛の除去、自然治癒力の発現を阻害せず、治癒の機会を待つという「ヒポクラテス式」医術でしかないのか、という諦めである。[14] コンドルセも、そのことを知らなかったわけではなかった。[15]

また、コンドルセは、人間の改良を動物や植物の品種改良になぞらえているが、これも誤った考え方である。こうした改良は物理的な限界を持つが、コンドルセはその限界に注意を払わない。そのうえ、改良の成果はしばしば奇怪なものになることもある。遺伝の力についてはマルサスも認識してはいるが、それを人間の改良に用いるためには、特定の人間に独身の不幸を負わせなければならず、ありうべからざることだと考えた（［15］一〇三―七頁）。

一方、ゴドウィンは両性間の情念の消滅を予想したが、マルサスはこれを「生命の衰退にさしかかった人たち」の「気持ちのつめたいこと」による一種の僻みのような考えであると非難した（［15］一二八頁）。マルサスは両性間の情念を、「純粋な愛のたのしみ」また「道徳的な愛の真のよろこび」として讃え、消え去るべき罪といった否定的評価ではなく、むしろ生涯での最も輝かしい幸福であるために、決して失われることのないものであり、乱用されなければ道徳に反せず、人生の快楽を増大させる（［15］一二八―九頁）と積極的に評価した。この愛への輝かしい賛歌は、ルクレティウスの愛の力（［18］一九九―二一〇頁）や、当時やっと日の目を見るようになりはじめた「性の医学」との関連もうかがわせるほどである。[16] すでに見たとおりマルサス自身も「節制」に慣れ親しんではいたが、それは「すべての享楽における不節制は、それ自身の目的を破壊する」（［15］一二九頁）ことを教えるものの、感覚の快楽の価値や現実性を損なうものではなかった。

またゴドウィンは、精神の力の肉体に対する優越性を主張したが（［15］一三〇―一頁）、マルサスはスポーツ愛好者らしい歩行や狩猟、乗馬の実例から、「精神にたいする刺激は、身体の疲労を真に克服することよりもむしろ、それから注意をそらすことにより作用する」こと、さらにそれが歯痛のような病気である時、「精神は混乱に対抗する力あるいは治療する力をほとんど、もしくはまったく持たない」（［18］一三七頁）と思われることから、「精神が身体に対して持つより身体が精神に対して持つ影響のほうが大きい」（［15］一三八）ことを示して、これを反駁した。

このようにマルサスは、ゴドウィンはじめユートピア主義者に見られる精神の過剰な偏重を、生物の一員としての人間と、その従う自然法則の経験主義的考察から批判し、「肉体の復権」を試みた。マルサスの医学知識はこの批判の道具立てに貢献している。

第3節　『人口論』の改版と医学

初版『人口論』は、発表されるやいなやイギリス論壇に衝撃をもたらし、激しい論争を巻き起こした。この著作自体は、個別の事象の実証を目的としてはいなかったにもかかわらず、その実証面の貧弱さを批判するものがあった。そしてマルサス自身も、第二版の序文に記しているように、人口原理が過去および現在の社会状態におよぼした影響を歴史的に検討し、人口問題を一般的に例証しようとする、一種、博物学的な試みへと踏み出していった。マルサスは初版以降も研究を継続する中で多くの発見をしたようで、プラトンやアリストテレスから、フランスのエコノミストたち、モンテスキュー、フランクリン、ジェイムズ・ステュアート、アーサー・ヤング、タウンゼンドの先行研究に触れ、人口と食物の増加について、また人口の抑止の実際の作用に関して、先人の不十分に思われる点を補強し、正確に述べようとした。こうした意図のもと、第二版からは副題も変更され、新しい書物へと生まれ変わった。

まず、文献資料の補強については、一七九九年二月、オールベリからロンドンの父宛に本を探してくれるよう頼んだ手紙に、その一端が現れている（[10] 三四七頁）。この手紙の中で、マルサスはジュースミルヒの『神の秩序』、ミュレーの『ヴォー地方の人口状態』、ヘイガース[17]の『チェスター市の人口と病気』など、人口に関する書物に言及している。

『人口論』の執筆と改定の中で現れた書物のうちの少なからぬ部分が「マルサス文庫」に見出されるが、この文庫には医学書やそれに類する書物はあまり含まれていない（[27]）。数少ない中で優れたものは、エラズマス・

ダーウィンによる『寄宿学校における女性教育の実行計画』（一七九七年）と『ゾーノミア』（一七九四—六年）である[18]。他には、年代的に父の書物と思われるティソ[19]の『文人の健康について』（一七六八年）と『上流階級の病気について』（一七七〇年）が挙げられる程度で、散逸を考慮したとしてもなお、きわめて少ない。このことは、当時の医学書・健康法ブームの中、怪しげなものも多かった当時の書物を（[12] 五七—八頁他）意図的に避け、少数の信頼できる書物と自己の経験・観察にもとづいて改訂をおこなおうとした見識とも考えられる。第二版までの五年間に二度の大陸旅行をおこなっている理由もこの点にある（[10] 三五〇頁、[11]）。

最初の旅行は学友のオッター、クラークらとドイツ・デンマーク・スウェーデン・ノルウェーおよびロシアの一部を歴訪したもので、マルサスは詳細な旅行記を記していた（[16]）。北欧を選んだ理由は、国際情勢により英国人が安全に旅行できるところは北欧以外なく、またスウェーデンとフィンランドが人口統計の先進国であったためである。これらの国々は、人口統計の数字を富の指標と考えた「官房学」の伝統に立脚して統計の作成に励んでいたのだが、マルサスの意図は、その成果をまさに反対の指標として利用しようとするものであった（[22]）。この旅行記には、直接のデータの収穫よりむしろ気候、植生、農業事情や衣食住の記録が残されているが、特にノルウェーの記述は、寒冷で伝染病の蔓延《まんえん》しにくい風土の中、人口の予防的制限につながる制度や習慣を持ち、清潔で健康な生活を送っている勤勉で賢明なノルウェー人というきわめて好意的な記述であり、「マルサス的ユートピア」との印象すら受ける（[16]、[22]）。二度目の旅行は、アミアンの和平の間、一八〇二年春からのフランスとスイスの旅行であった。この旅行の記録は残されていないものの、同行者であり、のちにマルサス夫人となるハリエット・エッカソルの日記とマルサスの旅先からの手紙が、その様子をいくらか伝えている（[11]）。

こうした努力を経て、一八〇三年、大幅に拡張された第二版『人口論』が刊行された。以下に、この版で追加された医学関係の記述は、大きく二つの主題に分類できる。第一には、病因論に関するもので、第二には、医学および衛生の進歩向上に対する評価である。

1　病因論

マルサスは、南アメリカを襲う洪水と炎熱、不潔と人口の密集、医学への無知を（[14]Ⅰ、三八―六〇頁）、タタールの牧畜民族の腐敗した食物と腐敗した蒸気を（[14]Ⅰ、一五四頁）、アフリカの炎熱と瘴気を（[14]Ⅰ、一八三頁）、シベリアの地下住居の熱さ、不潔、腐敗した空気を、これらの地域に住む人びとの劣悪な健康状態の原因と見ている。こうした病因論の基本は瘴気説であるが、栄養状態や、密集による伝染も考慮されている。一方、ヨーロッパについては、まず初版でもその統計が引用されているトマス・ショート[20]が、本業の医師として登場し、「より暖かいより人口稠密な国、特に大都会と工業の多い国」においては、食料の不足は即、疾病をもたらすが、「貧弱な、寒い、人口希薄な国」では、「空気が防腐的性質を持つ」ために、そういった事態は生じにくいと証言している（[14]Ⅰ、一三二頁）。このような条件下で死亡率を低く抑えることができている国の代表は、マルサスによれば、ノルウェーである。ノルウェーは戦禍にも巻き込まれず、「何か特有な空気の健康性」（[14]Ⅱ、一三頁）を持ち、「気候は驚くべきほどに伝染病を受けつけず」（[14]Ⅱ、五頁）、欠陥のない記録を持つ他のどのヨーロッパ諸国よりも死亡率が低い。その上、人口の増加は比較的緩慢なので、マルサスの望むような予防的制限がよく働いていると考えられた（[14]Ⅲ、六頁）。ノルウェーでは、都市が小規模で数少なく、「不健康な工場」に雇われているものもほとんどないため、衛生面だけでなく、食料を自給自足して、厳しい気候のため往々にして訪れる不作を各自の備蓄で乗り切ることを可能にする。その成果は、一七九九年夏のノルウェーの豊かさと、子どもの健康そうな姿に現れた。このようにして、ノルウェーは国全体で、他の国では一部の健康な農村でしか達成できないほどの低死亡率を実現しているというのである（[14]Ⅱ、一二―三頁）。

一方、隣国のスウェーデンでは、寒冷な農業国という類似した条件にもかかわらず、事態は逆である。マルサスの考える理由は、都市が大きく、職業の種類もより多いため、予防的制限が不十分であるうえ、より不衛生でもあり、積極的制限がより有力に作用するから、ということであり、この死亡率の高さは、「人民の習慣と、国民の増加を求める政府の不断の欲求」に由来する（[14] Ⅱ、二一―二三頁）。マルサスはスウェーデンにおける医療制度についても言及しており、産科院や育児院に関しては罪悪を助長するとして、いつもながらの厳しい評価を下しているが、無条件な奨励がよいかどうかには疑問を呈しながらも、「貧民を無料で治療するための診療院の設立は、多くの場合きわめて便宜なこと」であると評価している（[14] Ⅱ、三四頁）。

ついでマルサスはロシアにおける状況を検討する。マルサスはペテルスブルクの記録簿から「気候の一般的健康性を証明する傾向」（[14] Ⅱ、五〇頁）を読み取り、「かかる大都市としては若年時の健康度が異常によい」と評価している。しかしながら二〇歳以降の死亡率は「肋膜炎《ろくまくえん》、高熱および結核」により異常に高く、マルサスはその原因を「ブランデーの暴飲」に帰する説を採用している（[14] Ⅱ、五一頁）。

飲酒は、生産年齢でかつ生殖年齢にある青年を選別的に殺し、健康と人口増を阻害するため、国富にとっての打撃が大きいとされていた。マルサスの引用したショートも、「強さ、健康さ、知性、道徳、宗教および人口の損失と破壊の要因」として、大量の蒸留酒の製造と消費を挙げている（[29] p. 21）。この記述は、その後の節酒運動の契機ともなった、一七二〇年代中ごろからの蒸留酒の消費の急増を示す統計にもとづくものであろう（[9] 三〇四頁）。同じころ、まだロンドンで印刷工として働いていたフランクリンは、同僚たちが仕事中も仕事の後も元気を出すためと称して強いビールを多量に飲むことを非難している（[9] 三〇七―一二頁）。この統計によれば、この後約五〇年間、大量飲酒の時代が続くことになるが、その主力は、健康と社交に有益だと考えられなくもなかったビールではなく、ジンを代表とする強い蒸留酒となった。一七六〇年代、医師エラズマス・ダーウィンは、あらゆる酒類を痛風や肝臓病、狂気の原因と考えて非難した。もっとも、蒸留酒は飲まなかった様子だが、自身は酒庫によい葡萄酒を蓄え、その少量を嗜み、また友人への贈り物としたようである（［6］七九頁）。マルサスも、他の箇所で飲酒を怠惰や労働の浪費と同等に非難し（［14］Ⅳ、一七八頁）、特に居酒屋での酒への逃避をみじめなものだとした（［15］五三頁、［14］Ⅱ、一四六頁）。未来について考えない貧民は、救貧法の金も、結局、居酒屋に落としてしまう（［15］六三頁）。また、アメリカの北方民族を誘惑し、闘争と疾病、人口減退をもたらした「ヨーロッパの酒精飲料」の害悪を非難してもいる（［14］Ⅰ、七八―九頁）。しかし一方では、下層階級においても「弱ビールの一杯」を飲むことのできる生活を望ましいこととして触れている節があり（［14］Ⅱ、二二〇頁）、北欧旅行でラップ人に手土産としてブランデーを贈っていたりもする（［16］二三六―七頁）ので、マルサスは完全な禁酒派ではなく、緩和な節酒を求める人びとの系譜に属していたと考えられる。[21]

イングランドについては、文献の面から補強がおこなわれているが、医師ではすでに現れているショートのほか、ヘバーデン[22]や、プライスの引用中だがパーシヴァル[23]の名が見える。そのパーシヴァルの記述から判断すると、沼沢地以外では、イングランドの「田舎の教区は一般に非常に健康的である」（［14］Ⅱ、一五三頁）と判断される。しかし、イングランドにおいては都市、なかでもロンドンおよび中規模以上の工業都市が問題で、こうした都市では健康な農村部の二倍近い死亡率を記録しており、マルサスもそれに概《おおむ》ね同意している。その害は子どもに顕著で、都市における「幼年期に対し特に好ましくない何者か」の存在を疑い、「子どもたちの弱い肺にとり好ましくないと考えうる空気のむさ苦しさと、彼らがほとんど必然的に経験するとじこめられた生活」を、その最大の原因だと見ている（［14］Ⅱ、一五七―八頁）。また、貧しい子どもたちは、エイキン博士[24]が伝えているように、工場に送られ、長時間、密閉された、不潔な、寒暖の差の激しい劣悪な労働条件の中で働かされて衰弱し、伝染性熱病などに倒れる。こうした状況は社会にとって大きな害悪をもたらす（［14］Ⅲ、三三七―八頁）。

マルサスは次のスコットランドおよびアイルランドを扱った章で、病気についてさらに詳細な記述をおこなっている。貧民は、「寒い湿潤な環境、乏しい不健康な食物、湿っぽい密集した家屋から生じる不純な空気、怠惰な習慣、および清潔に対する不注意」から、壊血病、ハンセン病、リウマチ、肺病、神経性熱病などの病気にたおれる。また、同じ原因は中流階級にさえも、憂鬱症をもたらしている（[14]Ⅱ、二二〇頁）。現在でこそビタミンCで簡単に予防・治療できる壊血病であるが、当時はたいへん恐れられた病気であった。古くから経験的に柑橘類に治療効果があることが知られていたが、医学界の論争に翻弄され、一八世紀末になってはじめて普及を見た（[18]）。しかし、一番恐ろしいのは天然痘《てんねんとう》であった。すでに述べた悪条件に、見舞いの風習と種痘への偏見が重なり、度々回帰しては貧しい子どもを中心に被害を出した（[14]Ⅱ、二一七頁）。

2　医学および衛生の進歩向上に対する認識と評価

このころの医学界のもっとも大きな出来事は、ジェンナーによる種痘の発見であろう。マルサスも「ヨーロッパにおけるもっとも普遍的な致命的な伝染病」（[[14]]Ⅱ、三〇六頁）、「人口を生活資料の水準に抑止するために自然が過去数千年来開いてきた水路の一つであり、しかも非常に広大な水路である」（[[14]]Ⅳ、五五―六頁）と述べているように、天然痘は当時の世界で最大の被害をもたらす伝染病であり、ヨーロッパだけで毎年四〇万人の死亡者を出していた。生き残ったものにも失明や瘢痕《はんこん》など、一生にわたる苦痛を与える恐ろしい病気であった。種痘は、人類が手にした伝染病に対するはじめての科学的に有効な武器であった。その原理は古くから経験的に知られており、局地的に民間療法としておこなわれていた。一八世紀初め、まず人間の天然痘を使用する人痘接種がトルコからイギリスに紹介され、反対を受けながらも、マルサスの時代までにかなりの普及を見ていた。しかし、この人痘接種は危険もまた大きく、一七九六年（公表は九八年）ジェンナーによって安全な牛痘《ぎゅうとう》接種が発見されるまでは、普及にも限界があった（[2]）。

ショートによれば、天然痘は、「天候や季節の過去または現在の情勢」や「時期と空気の状態」に関わりなく流行する「最も説明の困難な」病気とされている。このことは、「貧困と密集家屋とがそれを絶対的に発生せしめた」（[14]Ⅱ、三〇六頁）という推測を幾分困難にするが、やはりその状況がはなはだしい場合には、天然痘の温床になることを否定できないと考えている。これを予防できる種痘の導入について、マルサスも「私は……種痘の導入を最も歓迎するものの一人である」（[14]Ⅳ、二一六—七頁、ただしこれは第三版以降の附録）と述べている。しかしながら一方で、種痘の効力に疑問はないものの、その人口に関する作用については、死因の「別の道が広くなるか、新しい道が作られるかのどちらか」となり、「婚姻の数が不変なら、他の疾患による死亡率のそれとわかる上昇が埋め合わせてしまうのを観察することになるだろう」（[14]Ⅳ、五五—六頁）と評価している。ショートは、こうした「激しい致命的伝染病は、虚弱者や老衰者の多くを一掃するので、その後には一般に通常見られぬ健康状態が現れる」としているが、さらにマルサスは、「余地と食物の量の増加、したがって下層階級の者の境遇の改善」を通じて、この一時的改善が出生増に転化すると考えた（[14]Ⅱ、三〇七頁）。それゆえ、マルサスは種痘の効果を「致命的な病気の根絶を……真に人類への福音、つまり社会一般の健康と幸福の真の増進とする」ために正しく発揮させるには、婚姻の抑制と生活環境および習慣の改善が不可欠のものである、という本来の主張を、まったく崩すことはなかった（[14]Ⅳ、五六頁）。

このことは、他の疾病対策にも当てはまる。「疾病は一般に不可避的な天譴《てんけん》」と考えられて来たが、マルサスはそれを「自然の法則を犯したことを示す指示」と見なした（[14]Ⅳ、八頁）。現代人から見れば冷酷かもしれないが、当時の医学の力量からして、まだしも「人力で避けえなくはない」ことを示した進歩を見て取りたい。一六六六年までのロンドンの疫病の流行も、こうした「天譴」の一つであり、その教訓は「汚物の除去、下水の建設、街路の拡張、および家屋の間数と通風の増加改善」を通じて、「この恐るべき疾病を根絶し、住民の健康と幸福をおおいに増加する」こととなった。人間は手痛い教訓を通じて徐々に、「栄養の目的と嗜好の満足にもっとも適する食物とその調理法、各種の疾病の処置と治療、低湿地の人体におよぼす悪影響、もっとも便利快適な衣服の発明、優良な家屋の建築、および文明生活を飾るいっさいの利点と広範な享楽」（[14] Ⅳ、七—九頁）を築き上げたのである。ヘバーデンも、こうした点を的確に指摘し、評価しているが、マルサスにとっては、この改善が予防的制限をともなってはじめて有効なものとなるという点が重要であった。「当時普及し始めた清潔の精神と生活様式の改善」は、「上品な有益な誇りをさらに一般に拡大して」、多産多死の解消に主として貢献したのである（[14] Ⅳ、五四頁）。さもなければ、ヘバーデンが疾病の歴史的変遷から考察したように、一つの疾病を根絶しても、別の疾病が新たに暴威を振うようになるだけに終わることとなる（[14] Ⅳ、五一—三頁）。

ヘイガースは望ましい人口増加の阻害要因を天然痘に帰し、根絶の可能であることと、その好影響について計算しているが（[26] II, pp.292-3、[14] Ⅳ、五五頁）、以上の理由から、マルサスにはその効力は限定的なものにしか見えなかったのである。「私自身としては、もし種痘の採用によって天然痘が絶滅されしかも結婚数は依然同数を続けるならば、きわめて顕著な変化がある他の疾病の死亡率の増大に現れるべきことを、少しも疑いえないのである。我国の農業が躍進を告げる外にはこの結果を阻止しうるものはないであろう」（[14] Ⅳ、五六頁）。マルサスが示したように、農業の生産性の向上が人口増に太刀打ちできないものであるならば、「致命的疾病の根絶をわれわれの真の祝福たらしめ、社会の一般的健康と幸福の真の改善たらしめる方法」（[14] Ⅳ、五六頁）は、予防的制限のさらなる浸透を措いて他にはないと考えざるをえない。

繰り返すが、マルサスは進歩を否定しない。しかし（衛生と習慣の改善や種痘のような）改良がもたらす進歩を、余計な人為で阻害しない気遣いはつねに必要であり（[14] Ⅳ、一八二—三頁）、それが、個人および社会の「自然の治癒力」(〔14〕Ⅲ、一三九頁)をもっともよく発現させるものであることを強調する。

ここまで、第二版を検討してきたが、最後に、これ以降の『人口論』改版について少し触れておきたい。『人口論』は一八〇三年の第二版の後、〇六年に第三版、〇七年に第四版、一七年に第五版、そして一八二六年に最後の改版となった第六版が出版された。改訂された部分はかなりの部分にのぼるが、本章の関心事である医学関連の記述に関しては、もうほとんど変更なく受け継がれているといえる。

むすび

『人口論』とそこにいたるまでのマルサスの知的営為の検討は、マルサスが、古くからの穏健で快活な節制の伝統と、当時の最先端の啓蒙思想から、専門的ではないものの、医学に関するすぐれた教養を身につけていたことを示した。それは経験主義にもとづく、自然法則にしたがうものとしての人間の肉体と感覚の重視と、個人あるいは社会の「自然治癒力」を損なわないように引き出すことを至上とする抑制された進歩観をもたらした。そのため、『人口論』は少なからず「啓蒙の武器で(幾分低俗化した)啓蒙を批判する」厳しさを持ちあわせているが、進歩を否定し悲観論を述べる書物として否定的に評価されるものではなく、まぎれもなく啓蒙の最上の影響を受けたものとして高く評価されうるものだと考えられる。

注

（1）筆者の知るかぎりでは、［17］中の「マルサスの健康論」は、『人口論』中の健康思想について正面から詳細に分析した唯一の先行研究である。本章の目的は、これに発生史的研究を加えることにあり、その考察の範囲は、（社会のではなく）肉体に関わる「医学」までとする。

（2）シデナムは、硬直化した伝統医学と、生理学や化学の発生期にあたり、空理空論に陥りがちだった当時の医学を経験主義にもとづいて批判し、近代医学の基礎を築いた。シデナムは、診断においては疾病の正確な観察と記述・分類に努め、治療においては「自然の治癒力」を重んじ、一般養生法を推奨した。病因論においては、流行病における大気などの「流行条件」を重視した点が注目される。また、シデナムはロックの医学面の指導者で、その思想形成にも関与したと考えられる（［5］上、三二〇―三二一頁）。ダニエルはシデナムに傾倒して長男にその名を与え、それは節制の伝統とともに、後代に受け継がれた。

（3）この町の姿はマルサスの都市および工業に対する負のイメージの源泉とする見方もある（［24］一九頁）。

（4）現代では化学者として有名で、一七七二年にソーダ水を、一七七四年に酸素を発見している。ユニテリアンの指導者の一人で、教育家として有名であった（［21］、［3］、［8］）。

（5）マルサスは北欧旅行の際にも、温度計を携行して毎日気温や水温を観測、記録している。

（6）この手紙の中で、マルサスはリウマチを "Rhumatism"（正しくは、Rheumatism）と綴って父に叱られている。こちらは、綴りに寛大な時代だったにせよ、立派な医学知識とはいえないであろう。このリウマチは翌年には持病になってしまい、その治療のために合計一四ポンドを費やした。この金額は、マルサスの年間の学費が一〇〇ポンド程であったことから考えれば、たいへんな出費であった（［10］六二―六頁）。この高い授業料も、医師に対する不信と、節制や自然治癒力に対する信頼の形成に影響したと思われる。またマルサスは、代々家系に出現していた兎唇と口蓋裂を持っており、言語に障害があった。マルサスの魅力と才能はそれを補って余るものであったが、進路について悩むこともあった。しかし、当時の医学では、縫合により外見をわずかに改善できるのみであった（［24］pp. 2-4.）。

（7）瘴気説はミアズマ（miasma）説とも呼ばれ、腐敗した有機物や水溜りから発生する物質により空気が局地的に汚染され、病気の原因となるという説。感染は非接触的で、特定の疾患につながるというわけではない点が、病原体説の原型である接触感染説とは異なる（［5］上、一八四―五頁、他）。なお、ルクレティウスの場合は、原子論を説いたため、同じ説が病気の原子、すなわち病原体説、接触感染説につながる要素も同時にはらんでいた。

（8）「マルサス文庫」のカタログとして、［27］がある。このカタログについての解説は、その前書きと、［10］五一―五、七三―九五頁参照。しかしこの文庫は何代にもわたる集積によるもので、書物について詳細な記録を残す習慣のなかったマルサスが、どの書物を実際に利用したかを確認することまではできない。なお、『人口論』に現れた書物の解説つき一覧が、［26］II, pp. 253-357にある。

（9）*An Essay on the Principle of Population, as it Affects the Future Improvement of society, with Remarks on the Speculations of Mr. Godwin, M. Condorcet, and other Writers*, London, 1798.

（10）一八世紀における医学常識の高い重要性については、［12］四六―六〇頁、［6］五五―六六頁。

（11）ルクレティウスは人間機械論の祖ともいわれるエピクロスに傾倒し、物質である肉体の重要性を強調している。［18］、特に一三五―七頁を参照。

（12）紙幅上省略したが、ここに至るまでに、現実の農民たちの栄養の不足をその子どもたちの貧弱な体格と成長の遅れに観察し（［15］五六頁）、大都市と不健康な製造工業を戦争や疫病と同列の積極的制限と規定する（［15］七〇頁）。また、イングランドでは、幸運にも結婚に関する利害の計算が働き、功利主義的な動機にもとづく予防的制限を観察するが（［15］五〇―四頁）、それを欠く場合には、まず諸悪徳（性的頽廃）、ついで流行病や伝染病、とどめに飢饉が人口を食料の水準に押さえ込むことになる、と指摘する（［15］九一頁）。

（13）打診法は一七六一年アウエンブルゲルにより、また聴診法は一八一九年、ラエンネックによって発明された。体温や脈拍を正確に測り、記録し、臨床診断に計測を用いるようになったのは、一八世紀前半のブールハーヴェの功績である［3］。

（14）こうした状況は一方で、それに耐えられない人びとが啓蒙と科学の衣を着た怪しげな治療に望みを託す状況も生み出した。それはまた、往々にして政治・宗教的改革運動とも結びついたが（[12] 三二九―三二頁）、それらは到底マルサスの受け入れるところとはならない。

(15) 唯物論的な生理学と経験主義にもとづく医学を唱え、フランス革命政府の医事行政にも携わった当時を代表する医師カバニスは、コンドルセと親交があり、義兄弟となった（[3]、[5] 上、四九二―三頁、[19] 九二―五頁）。

(16) こうした性の医学は、性科学の解放の潮流に属する点においてマルサスと共通点を持つものの、特に上流階級の不摂生による生殖能力の低下を問題視していた点で、下層階級の強い生殖能力を懸念するマルサスと対照的であった。また、高価な医療や厳格に過ぎる節制を提唱した点でも、マルサスの緩和な節制観とは異なる（[12] 二〇七―六一頁）。

(17) ヘイガースは、チェスターおよびバースで活躍した医師で、熱病の研究で知られ、種痘の普及にも尽力していた（[21]、[26] II, pp. 292-3）。

(18) 前者は、当時の女性から遠ざけられていた快活な野外活動と、新鮮な空気が絶えず流れ、栄養に配慮した食事が提供される寄宿舎の必要性を説いた点で、すぐれて医学書の性質を持つ。後者は、動物界の現象を幅広く扱い、分類する書物で、生命の起源と進化に関する考察できわめて有名ではあるが、多くの医学に関する記述が含まれており、当時においては「医学書」とも考えられていたものであった（[6] 三七〇―四〇五頁、[19] 八九頁）。

(19) スイスの医師で、自慰の害悪を喧伝したことで有名である（[12] 三四七頁）。

(20) シェフィールドの医師で、人口に関する著作のほか、空気や気象と健康の関係や節制法を説き、茶の効用と蒸留酒の害悪を指摘した。初版『人口論』に『大小都市と農村の死亡表に関する新所見』（一七五〇年）が、第二版以降は『空気、天候、季節および大気現象に関する一般的年代記』（一七四九年）も出現している（[21]、[25]、[26] II, p. 293 および [17] 九一頁他）。

(21) マルサスと飲酒に関しては、[27] 九九頁も参照。

(22) ジョージ三世の侍医で、当時一流の内科医。『ペストをはじめとする疾病の増加と減少の観察』（一八〇一年）が用いられている（[21]、[26] II, p. 293）。

(23) ウォリントン・アカデミー出身で、マンチェスターにおいて科学や哲学の分野でも活躍した医師。ヒュームなどとも親交があった。ここで用いられているのは「マンチェスターおよび近隣の人口とその状態の観察」(一七八八年)である(［21］、［26］II, pp. 319-20, ［8］)。

(24) ユニテリアンの医師で、ウォリントン・アカデミーの科学教師。著作家としても活躍した。父も同校の古典教師で、マルサス家とも親交があった(［21］、［26］II, p. 255, ［8］)。

参考文献

［1］大村照夫『マルサス研究』ミネルヴァ書房、一九八五年。

［2］オールドストーン、M・B・A『ウイルスの脅威――人類の長い戦い――』二宮陸男訳、岩波書店、一九九九年。

［3］『科学史技術史辞典』弘文堂、一九八三年。

［4］カーペンター、ケニス・J『壊血病とビタミンCの歴史』北村二朗・川上倫子訳、北海道大学図書刊行会、一九九八年。

［5］川喜田愛郎『近代医学の史的基盤』岩波書店、一九七七年。

［6］キング＝ヘレ、デズモンド『エラズマス・ダーウィン』和田芳久訳、工作舎、一九九三年。

［7］コンドルセ『人間精神進歩史 第一部』渡辺誠訳、岩波文庫、一九五一年。

［8］田中真貴子「ウォリントン・アカデミー(1757-1786年)の教師たち」中国四国教育学会『教育学研究紀要』四三・一、一九九七年。

［9］角山榮・川北稔(編)『路地裏の大英帝国』平凡社ライブラリ、二〇〇一年。

［10］橋本比登志『マルサス研究序説――親子書簡・初版『人口論』を中心として――』嵯峨野書院、一九八七年。

［11］橋本比登志「『人口論』第二版準備期のマルサス」久保芳和博士退職記念出版物刊行委員会『上ヶ原三十七年』創元社、一九八八年、七一―一三七頁。

［12］ポーター、ロイ『健康売ります――イギリスのニセ医者の話 1660-1850』田中京子訳、みすず書房、一九九三年。
［13］ボナア、ジェイムズ『マルサスと彼の業績』堀経夫・吉田秀夫訳、改造社、一九三〇年。
［14］マルサス『各版対照 人口論Ⅰ―Ⅳ』吉田秀夫訳、春秋社、一九四八―九年。
［15］マルサス『人口論』永井義雄訳、中公文庫、一九七三年。
［16］マルサス『マルサス北欧旅行日記』パトリシャ・ジェームズ編、小林時三郎・西沢保訳、未来社、二〇〇二年。
［17］柳田芳伸『マルサス勤労階級論の展開』昭和堂、一九九八年。
［18］ルクレーティウス『物の本質について』樋口勝彦訳、岩波文庫、一九六一年。
［19］レペニース、ヴォルフ『自然史の終焉』山村直資訳、法政大学出版局、一九九二年。
［20］ローゼン、ジョージ『公衆衛生の歴史』小栗史郎訳、第一出版、一九七四年。
［21］*Dictionary of National Biography*, Oxford 1996.
［22］Dolan, B., "Malthus's Political Economy of Health: The Critique of Scandinavia in the Essay on Population", *Clio Medica*, 59, pp.9-32, 2000.
［23］Golinski, J., "The Human Barometer: Weather Instruments and the Body in Eighteenth-Century England", http://www.unh.edu/history/golinski/paper2.htm (Paper given at the American Society for Eighteenth-Century Studies Annual Meeting, 1998.)
［24］James, P., *Population Malthus: His Life and Times*, London, 1979.
［25］Jones, G.P., "Dr. Thomas Short, An Eighteenth-Century Writer on Population", *Yorkshire Bulletin of Economic and Social Research*, 8-1 (June, 1956), pp. 149-58, 1956.
［26］Malthus, T. R., *An Essay on the Principles of Population*, P. James (ed.), the Version published in 1803, with the Variora of 1806, 1807, 1817 and 1826, 2 vols, Cambridge, 1989.
［27］*The Malthus Library Catalogue; The personal Collection of Thomas Robert Malthus at Jesus College, Cambridge*, New York; Tokyo,1983.
［28］Porter, R., "The Malthusian Moment", *Clio Medica*, 59, pp.57-72, 2000.

[29] Short, T., *A comparative History of the Increase and Decrease of Mankind in England and several Countries abroad,* London, 1767. 1973 (Pioneers of Demography).

[30] Stapleton, B., "Malthus: The Origins of the Principle of Population?", M. Turner (ed.), *Malthus and His* Time, Basingstoke, 1986.

中澤　信彦

第4章

フォックス派ウィッグとしてのマルサス

初版『人口論』成立史の一断面

チャールズ・ジェームズ・フォックス（Painting by Thomas Anton Hickel, Derry, J.W., *Charles James Fox*, London, B.T.Batsford, 1972.）

はじめに

初版『人口論』はいかに成立したのか？　本章は、マルサスの政治的党派性に焦点を合わせて、この問題に接近する。初版『人口論』の形成時代である一七九〇年代は政治的党派としての「ウィッグ」および政治理念としての「ウィッギズム」にとって解体の危機の時代であった。マルサスがウィッグ的なるものに何らかの形でコミットしているとすれば、この危機は初版『人口論』の成立に何らかの影響を与えているに違いない。ところが、「マルサス＝ウィッグ」との認識が多くのマルサス研究者に共有されているわりには、マルサスとウィッグとの関係をめぐる本格的な研究はいまだ登場しておらず、ボナー（［7］四六一―三頁）、アレヴィ（［17］pp. 242-3）、グラムプ（［16］pp. 295-7）、ウィンチらが断片的な言及を残しているにすぎない。ウィンチの述べるところによれば、

> 党派を識別するとなるとわれわれはマルサスを断然ウィッグ陣営に帰属させねばならない。……一七九六年に書いたが未完に終わったマルサスのパンフレット『危機』……からマルサスの立場を判断するならば、マルサスは当時、大同小異の急進派諸団体の親仏・反戦・改革運動を抑制しようとするピット内閣の弾圧的諸政策に反対するフォックス派ウィッグ（an Foxite Whig）であったと思われる」（［3］七七頁）[1]。

ウィンチは、フランス革命に対する《反革命》文書（［4］九四頁）として広く目される『人口論』の著者をフ

ランス革命に好意的な「フォックス派ウィッグ」と規定しているが、はたしてこうした規定に矛盾は存しないのか？　存しないとするなら、それはどのように整合的に解釈されうるのか？　そうした規定によって初版『人口論』の新たな読解可能性が切り開かれるのか？　以上のような問題を意識しつつ、本章では、書簡や草稿をイギリス政治の具体的史実と照合させながら読むことによって、若きマルサスの政治的信条の輪郭をできるかぎり明瞭に浮かび上がらせたい。

第1節　マルサスとイギリス政治（一）――「国制危機」の時代――

トマス・ロバート・マルサスは、ロンドンの南、ドーキングに近い田園で、地主ダニエル・マルサスの次男かつ六番目の子どもとして、一七六六年二月一三日に生まれた。ダニエルは、進歩的な思想傾向を有する教養人で、ヒューームやルソーの友人であった。息子マルサスは、父の友人グレイヴズに最も初期の教育を受けた後、八二年にイングランド北西部のウォリントン・アカデミーに送られ、ユニテリアン(2)のウェイクフィールドから教育を受けた(3)。この学院は八三年の学年度末に閉校となったが、その後の教育は八四年までノッティンガム近郊のウェイクフィールド宅で継続された。八四年にマルサスはケンブリッジ大学のジーザス・カレッジに入学し――興味深いことに、そこでの彼の指導教員フレンドもマルサス在学中の一七八七年にユニテリアンに改宗した――、八八年に数学一級試験の第九席合格者として卒業した。

マルサスがウェイクフィールドのもとで学んだ二年間は、イギリス政治史上、いわゆる「国制危機(Constitutional Crisis)」の時期に当たる。彼のイギリス政治に対するもっとも初期の見解は、この時期に交わされた三通の「親子書簡」からうかがい知れるが、それらはいずれも「国制危機」への言及を含んでいる。したがって、これらの書簡の正確な読解を期するためには、この「国制危機」の正確な理解が前提とされるが、そのためには、いったん時計の針を一七六〇年まで戻さねばならない。

一七六〇年一〇月、二二歳のジョージ三世が即位した。彼の即位は一八世紀イギリス政治史の一大分水嶺をなす[4]。先王ジョージ二世が三〇歳代になってからイギリスに渡ってきたドイツ人であったのに対して、彼は生まれながらのイギリス人であり、イギリスの統治者としての強い責任感を持っていた。彼は即位前から寵臣ビュート伯を師として君主となるための勉学に励み、そこで学んだ「愛国王」の理念――もともとはボーリングブルックが唱えた――は彼に大きな影響をおよぼした。曽祖父ジョージ一世以来、国王の政治的権威はウィッグ政治家によって不当に侵されてきたのであって、自らが即位したあかつきには、腐敗したウィッグ政治家を排して「愛国王」として国を救わなければならない――このように彼は考えるようになった。ウィッグ系の有力な政治家が政権を追われ、代わって政権の中枢はジョージ三世と「国王の友（King's Friends）」と称するビュートの側近たちによって占められた。こうした状況下に七年戦争の講和方針をはじめとする重大な争点が次々と出現すると、政局は一気に不安定化し、ジョージ三世即位以後の一〇年間に七人の首相が交替するという混迷ぶりを呈した。こうした混迷は、七〇年一月のノース政権の成立によって、ひとまず収拾を見たが、アメリカ植民地の独立を阻止できなかったことで議会の支持を失ったノースは、八二年三月に退陣を余儀なくされた。このため、国王は野党ウィッグ党の指導者ロッキンガムを首相に起用して、事態の収拾をはからざるをえなくなった。しかし、ウィッグ党は国王の議会政治への介入を批判しており、それまで国王の専権事項とされていた閣僚の任免権を実質的に握ろうとした。ここに「国制危機」と呼ばれる状況が生じたのである。

八二年七月にロッキンガムが首相在任三か月余りで病死すると、国王は王権をより広く認めるシェルバーンを首相に任命したが、フォックスはこれに強く反対した。彼はロッキンガム政権で外務大臣を務めていたが、その死後は下野し、ウィッグ党の後継指導者としての地位を固めつつあった。彼は八三年二月にやはり野党的な立場にあったノースと手を結んでシェルバーン政権を倒し、自ら構想した閣僚人事を強引に国王に認めさせようとした。国王は一か月以上にわたって抵抗したが結局屈服し、四月にウィッグ党のポートランドを名目上の首相とするフォックス＝ノース連合政権が成立した。国王は表面的には連合政権を認めたものの、嫌悪感を隠さず、非協力的な態度をとり続けた。国王とフォックスの間の対立は政治上の基本原則（国制）をめぐるものであったから、このような妥協的関係を長く維持することは困難であった。連合政権が東インド会社に対する本国政府の規制強化をはかる法案を議会に提出すると、国王は八三年一二月に上院での法案審議に圧力をかけて否決させ、それを機に連合政権を更迭した。後任の首相には弱冠二四歳のピットが任命されたが、ピット陣営は下院では少数派であったから、野党に転じたウィッグ党の激しい攻撃にさらされた。しかし、ピットがフォックス＝ノース連合に批判的な世論の盛り上がりにも支えられて野党の攻勢に耐えるうちに、彼に対する議会内外の支持は着実に高まっていった。三月八日に国王に対する抗議文が可決されたが、もはや与野党間の票差は一票にまで縮まり、ピット政権に対する野党の攻撃が失敗に終わったことは明白となった。これを受けて、国王とピットは攻勢に転じ、三月二五日に議会を解散し、「国制危機」の解決を総選挙に委ねた。総選挙では、「国王は閣僚を自由に任免できる」とするピットの見解と、「内閣は政党を基礎に組織されるべきである」とするフォックスのそれとが衝突した。[5]結果は、与党の大勝利に終わり、以後一七年間にわたりピットは政権を維持することになる。この二年間の「国制危機」を通じて、二大政党制的な状況が出現するとともに、政界における対立は最終的に総選挙で示される民意によって解決されるという考え方が生まれた。

以上が「国制危機」の大まかな経緯であるが、この時期にマルサス父子の間で三通の書簡が交わされており、われわれはそれらからマルサスのイギリス政治に対するもっとも初期の見解を垣間見ることができる。第一の書簡は、息子から父に宛てられたもので、日付は一七八四年三月一六日。与野党間の票差が一票にまで縮まり、国王とピットはまさに攻勢に転じようとしていた。

フォックス氏とその党は（国王の議会政治への介入をめぐる）論戦をついに断念したようですね。そして新聞等からの情報によりますと、ピット氏はその勝利に有頂天だとか。内閣の他の閣僚たちの手腕は皆無に等しいと思いますので、ピットは自滅しかつ難局を打開しえなくなると私は確信します。謙遜心に乏しく野心に溢れているので、彼は大物とはいえないでしょう。それほどの青二才が最高の国務権を有するとはまあ滑稽としか思えません（［27］p. 20）(6)。

ピット与党と野党ウィッグ党との衝突において、マルサスが後者に好意的であったことが、この引用から容易にうかがえる。第二の書簡は、第一の書簡に対する返事として父から息子に宛てられたもので、日付は同年四月七日。すでに議会は解散され、選挙戦が開始されていた。

政治談義をありがとう。しかし私は若い内閣についてはお前と意見を異にする。この内閣には……高潔さと良質な熱狂が不足しているかもしれない。（しかし）ロバート・ウォルポール卿がよくいっていたことなのだが、一、二年たてば、頑迷な若者たちもそうした病から回復するものだ。（むしろ）懸念すべきなのは……老人たちが、政治上の経験（＝政権）を手に入れるのに、あまりにも多くの美徳を犠牲にしていることだ（［27］p. 22）。

「老人たち」が具体的に誰を指すのか、引用だけでは判然としないが、「若い内閣」「若者たち」と対比的に用いられているところから、フォックスをはじめとするウィッグ陣営を指していると推察される。八〇年の選挙戦ではフォックスはノース政権を攻撃する改革派の野党政治家として市民の間で人気を得やすかったのに対して、八四年にはそのような状況はなかった。彼は、八三年の春に保守的なノース派と連合政権を組んだことで、改革派としてのイメージを大きく傷つけてしまった。それゆえ、八〇年にフォックスを支持したが、八四年にはピットを支持したという議会外の改革派も少なくなかった。進歩派知識人ダニエルがそのような議会外の改革派に属していた可能性は高く、そうであるなら、「政治上の経験を手に入れるのに、あまりにも多くの美徳を犠牲にしている」という彼の嘆きもきわめて妥当に思われる。そして、第三の書簡は、第二の書簡に対する返事として、息子から父に宛てられたもので、日付は同年四月一五日。父のピット支持に対して、息子は再度ピットを批判している。

私は若い内閣に決して反対なのではありません。しかし、私の考えでは、父上のいわれる青年の純粋な情熱、自分自身の諸能力に対する一種の謙遜と気後れ、それら両者は普通は同居しているものです。耳にした情報から判断しますと、ピット氏の場合にはそういう同居がまったくないようです。彼は難題と取り組むのに有能な人材のただ一人をも協力させることなく国務を独占してしまっています（[27] pp. 23-4）。[7]

一七八四年のマルサスの政治的見解は分量的にわずかであり、内容的にも首相ピットの人格および政治的力量に対する批判および疑念にとどまっており、ここから「マルサスの政治哲学」を再構成することは困難であるが、彼が属する政治的党派に議論を限定するなら、少なくとも「ウィッグ・シンパサイザー」であったと推察できる。しかし、この時期のウィッグ陣営は、自由主義的改革に積極的なフォックス派と慎重なポートランド派とが入り混じった「ポートランド＝フォックス派」であり、「フォックス派ウィッグ」は実体としてまだ存在していない。両派の間に横たわる溝はまだ顕在化していない。ところが、フランス革命勃発を機に、両者間の亀裂が徐々に深まってゆき、それにともなって「フォックス派ウィッグ」が実体化してくる。

第2節 マルサスとイギリス政治（二）——「ウィッグの分裂」の時代——

一七八四年以降、マルサスは、九六年に『危機——現国制支持者による大ブリテンの興味深い現状の考察——（*The Crisis, a View of the Present Interesting State of Great Britain, by a Friend to the Constitution*）』と題する政治的パンフレットを執筆するまで、イギリス政治に対する言及をまったく残していない。そればかりか、大学卒業後の十余年間の彼の生活については、八九年にオークウッド教会の牧師補に任命されたこと、九三年に母校ジーザス・カレッジのフェローに選任されたことが知られる程度である。ウィンチは、この時期の彼の生活について、「大学卒業後の一〇年間、地味な職責を果たしつつ、すでに受けたリベラル・アーツ的教育を完成させつつ、そして両親と二人の未婚の姉たちとの同居を続けつつ、農村の牧師補として静かに暮らしていた」（［3］一八—九頁）と想像をふくらませている。しかし、同じ時期、中央政界では嵐が吹き荒れていた。フランス革命への対応をめぐってウィッグ党はフォックス派とポートランド派とに分裂し、政治的党派としての「ウィッグ」および政治理念としての「ウィッギズム」は解体の危機に瀕していた。前節において、八四年のマルサスがピット政権に批判的な「ウィッグ・シンパサイザー」であったことが確認された以上、この時期の彼の精神生活・知的生活が「静か」だったと想像することは難しい。むしろ、「危機意識」を胚胎させていったはずである。そして、この時期の彼の「危機意識」を再構成するうえでの唯一の史料が『危機』である。ウィンチが『危機』を根拠にマルサスを「フォックス派ウィッグ」と規定する以上、この時期のイギリス政治の激動についての理解を深めておくことは、『危機』の正確な読解のために不可欠の予備的作業であろう。

一七八九年七月一四日のフランス革命勃発は、ただちにイギリスに深刻な影響を与えることはなかった。[8] フランスの政治的変革が比較的穏やかに進んだ最初の二年間ほどは、政治家も世論もそれをおおむね好意的に受けとめた。このような時代風潮の中で、フランス革命を警戒する保守的な議論をイギリスで最初に本格的に展開したのは、野党ウィッグ党のバークであった。彼はアメリカ独立戦争時には植民地人に同情的で、本国の政治の改革を求める論陣を張った。しかし、九〇年二月、「軍事予算案」の審議の過程で、フランス革命批判をはじめて公にし、一一月には『フランス革命の省察（*Reflections on the Revolution in France*）』を公刊して、合理性を追求する抽象的思弁のもとに既存の制度を根本的に否定してしまうことの危険性を鋭く指摘し、翌九一年一月に執筆した『フランス国民議会への手紙（*Letter to a Member of the National Assembly*）』では、いち早く反革命干渉戦争を提唱した。同年五月六日、バークは、「ケベック統治法案」の審議の過程で、抽象的・非歴史的な「人間の権利」教説に立脚したフランス憲法を批判したが、それは盟友フォックスから次のような反論を招いた。

フランス革命は、全体的に見て、人類史においてもっとも輝かしい事件の一つである。……バーク氏は人間の権利を非現実的・空想的として嘲笑したが、人間の権利こそが実際にはすべての合理的な憲法の基礎であり根拠であって、イギリス憲法（国制）でさえそうである。……私は、フランス憲法がイギリス憲法（国制）そのものの礎石たる人間の権利のうえに建設されるようになって以来喜びに堪えない。それ（新しいフランス憲法）を否定することは、イギリス憲法（国制）を侮辱することに他ならない（[29] vol.29, pp. 377-80)。

この日を最後に両者の公私両面の関係は完全に絶たれ、ウィッグの分裂が始まった。

九二年に入ると、フランス革命の急進化[9]に呼応するかのように、ヨークシャー運動以後一時停滞していた議会改革運動が再び活発化し、各地で新しい改革派組織が次々と誕生した。その代表が「ロンドン通信協会

(London Corresponding Society)」で、男子普通選挙の実施や議会の毎年召集などの急進的な要求を掲げた。ここにきて政府もようやくフランス革命のイギリスへの伝播を恐れるようになり、急進主義運動に対する弾圧に乗り出した。五月、扇動的文書を取り締まる「布告」が発布された。そして、一二月、フランスからの革命主義者の入国を阻止することを企図した「外国人法案」（［15］ch.8）をめぐる審議において、フォックスの激しい反対演説にもかかわらず、バークに加えてポートランドが法案を支持したことは、ウィッグの分裂が第二段階に突入したことを象徴する出来事であった。

九三年一月、フランス国王ルイ一六世が処刑されると、イギリスの世論は俄然バークの立場に接近し、ついに英仏は戦争状態に突入した。この機に乗じて、バーク、ウィンダムら二六名はついにウィッグから離党し、独立派議員一二名とともに「第三党（The Third Party）」を結成した。[10] ここにウィッグの分裂は第三段階を迎えた。

対仏戦争が本格化すると、日増しに高まるジャコバン主義への恐怖を背景に、政府は議会外の急進主義運動に対していっそう強硬な態度で臨んだ。九四年五月には「人身保護法」[11]の適用が停止され、多くの急進主義者が大逆的陰謀のかどで逮捕された。七月、ついにポートランド派がピット与党に合流し、新内閣において五つの閣僚の椅子を占め、「第三党」からはウィンダムが入閣した。[12] この大連立内閣の成立によって、ウィッグの分裂は最終段階を迎えた。議会では、圧倒的勢力を擁するピット与党と、勢力を約六〇名にまで激減させたフォックス率いる野党ウィッグ党とが対峙することとなった（［25］p. 257）。以上のような経緯で、フォックス派は、ピット与党と対決する唯一の野党として実体化したのであった。

急進主義運動に対する弾圧は、大連立内閣の成立後、さらに強化された。九五年一〇月、国王を乗せた馬車が群集に包囲される事件が起こると、政府はこれに乗じて一二月に「大逆行為法」と「扇動集会法」をフォックス派の激しい反対を押し切って成立させた。前者によって、国王および政府を批判する文章・印刷・演説が反逆罪の対象に含められ、後者によって、無許可の五〇人以上の集会が禁止された。議会における言論の自由までもが完全に否定されることはなかったが、与党の圧倒的な数のパワーを前に絶望を深めたフォックスは、一七九七年五月から一八〇二年夏まで、議会への出席を事実上やめてしまった（[15] p. 23）。

また、フランス革命期のイギリスでは、「宗教的自由」の拡大を求める改革運動も停滞を余儀なくされた。「寛容法」（一六八九年）によって、非国教徒は条件つきで[13]信仰の自由が認められるようになったが、すべての非国教徒が寛容の対象となったわけではなく、旧教徒・ユダヤ教徒・ユニテリアン・無神論者等は除外され、寛容の対象となった非国教徒であっても、「審査法」[14]や「自治体法」[15]が存続していたので、公職にはつけなかった。一八世紀前半には「自分たちは寛容法によって保護されている」と考えていた非国教徒も、後半になると「名誉革命で獲得された宗教的寛容は不完全」との不満を抱くようになり、とりわけ寛容の対象から除外されたユニテリアンの間で不満は大きかった（[5] 四頁）。彼らは宗教上だけでなく政治的にも自由主義を標榜し、一七六〇―八〇年代の急進的な議会改革運動（ウィルクス事件・ヨークシャー運動）では指導的な役割をはたしていた。フォックスは八〇年代後半から彼らと協力関係を積極的に結ぶようになり、八七年三月、八九年五月の審査法・自治体法撤廃動議には賛成投票をし、九〇年三月には自らこの動議を提出した。[16]しかし、この動議は、非国教徒の解放が国教会制度およびイギリス国制の転覆へとつながることを警戒するバークやピットの強い反対――両者は非国教徒の解放に概して前向きであったにもかかわらず――によって、大差で否決された。

以上のように、政治的党派としての「ウィッグ」が分裂によって弱体化し、政治理念としての「ウィッギズム」の二大支柱をなす「市民的自由」と「宗教的自由」が著しく抑圧されつつあった時期に、マルサスは『危機』と題する政治的パンフレットを執筆し、ピット内閣への反対意見を公表しようとした。

一七九六年のカントリ・ジェントルマンの中に、あの伝統的かつ崇高な性格を、すなわち、ブリテンの自由の慎重な擁護者の性格を認めることは不可能である。……私の目からすると……真のウィッグ原理の復活だけが国制を救いうる。ポートランド派はガーター勲章・大臣職・軍事的指揮権に目がくらんでいるから、この派に（ウィッグ原理の）復活を求めても無駄である。……だとすると、私たちを救ってくれる（ウィッグ）原理をどこに求めるべきであろうか?　カントリ・ジェントルマンと社会の中流階級が良識と理性を取り戻してくれること以外に、大ブリテンの期待の寄せ先はない（［19］pp. 50-1）[17]。

ピット内閣の一連の抑圧政策によってブリテンの自由は危機に瀕している――このようなマルサスの危機意識が、この引用から容易に読み取れる。そして、フォックスのもとを去ってピット与党に合流したポートランド派に対する怒りと幻滅も、容易に読み取れる。

非国教徒たちは、国家ならびに国教に対する公然の敵として、今や見なされつつある。しかし、現国制が確固たるものとなった（一六）八八年の（名誉）革命時に、イギリス国民が彼らから受けた助力は甚大であった。そして、その時点以降最近に至るまで、彼らは現国制の堅実な味方に属してきた。もしもこの期間中に彼らにかかわりのある審査法が撤廃されかつ彼らが社会の他の成員と同じ権利を与えられていたならば、現政府に対する彼らの現在の激しい反対は決して生まれなかっただろう。……同じ恩恵に浴し異宗派ゆえの分離待遇を受けることがなければ、彼らに特有の反政府感情を彼らが抱く理由も生じなかっただろう（［19］p. 51）。

この一節からは、マルサスの宗教的寛容および審査法撤廃への希求が、明瞭に読み取れる。非国教徒の解放がイギリス国制の転覆へとつながることを警戒するバークやピットの見解は、断固として拒否されている。フォックス陣営の宗教的寛容政策に対してマルサスが強い支持を与えたことは、ほぼ間違いない[18]。あらゆる改革路線が不人気となり、院内ではフォックス派、院外では非国教徒を中心とした急進主義者だけが孤塁を守っていた反動の時期に、国教会牧師として体制側に属しているはずのマルサスが、自らの将来を危険にさらしてでも、敢えて反政府的見解を開陳しようとしたことは、彼の「フォックス派ウィッグ」資格を雄弁に物語っているように思われる。

さらに、人的交流の面でも、マルサスとフォックス陣営との間には親和性が見られた。マルサスがフォックスと直接に交流を持った記録は残されていないが、フォックスの死後に陣営を引き継いだ彼の甥ホランドとは直接の交流があった。ロンドンのホランド邸は、野党の政治本部的存在であり、その夕食会名簿にはマルサスの名前が含まれていた（[5] 二〇一頁）。また、ホランドもマルサスもロンドンの文学クラブ「キングズ・オブ・クラブズ（Kings of Clubs）」――ロンドン在住のエディンバラ大学出身者とユニテリアンが中心――の会員であった。(19)

バーク『省察』と並ぶ《反革命》文書と広く目される『人口論』の著者を、フランス革命を擁護し続けた「フォックス派ウィッグ」に帰属させることに対しては、疑問の声があがるかもしれない。しかし、フォックスの革命擁護およびマルサスの革命批判はきわめて限定的であって、両者の革命観は外見ほど隔たっていない。

フランス革命勃発に際して、フォックスが革命支持の態度を示したのは、「フランスは、絶対王政を捨て去りイギリス流の立憲君主制を確立することによって、イギリスの脅威ではなくなるだろうし、フランスがイギリスを範とすることで、イギリスの改革運動は活気づけられるだろう」との楽観があったからである。(20) 革命の急進化とともに、多くのイギリス人が革命に対する態度を支持から非難へと変えていったが、フォックスもフランスの革命主義者たちの暴力には心を痛め、一七九二年の「九月虐殺」以後、フランスを積極的に擁護することはほとんどなくなった。(21) それでもなお彼がフランス擁護の論陣を張り続けた――対仏戦争反対およびフランス共和国承認が彼の主張の中心であった――のは、革命フランスよりピットの犯した罪――市民的・宗教的自由の蹂躙――のほうが大きいと考えたからであった。市民的・宗教的自由を至高の価値に掲げる混合政体論者フォックスが、ピットやバークの反動政策を拒絶しつつ、ルソーやペインの民主主義思想をも拒絶したのは、当然のことであった(22)。

他方、フォックスがフランス革命に対する全面的な賛美者でなかったのと同様に、マルサスもまたフランス革命に対する全面的な批判者ではなかった。初版『人口論』では、ゴドウィンおよびコンドルセのユートピア思想が批判され、第二版（一八〇三年）で、ペインの「政府の原理」および「人間の権利としての生存権」に対する批判が追加されたが、これらはいずれも革命と直接・間接に関係するイデオロギーに対する批判にとどまっており、革命の現実の進行過程については、第五版（一八一七年）の増補部分で、労働者階級の境遇の改善が肯定的に評価されている（[21] I-p. 378）。さらに、第二版で追加された「自由の友、大規模な常備軍の敵（a friend of freedom, and an enemy to large standing armies）である私」（[21] II, p. 123）という一節からは、マルサスのフランス革命批判がバークの反革命聖戦論と一線を画していることが伺える。つまり、フォックスの「急進主義」もマルサスの「保守主義」も、左右の両極端の中間点を模索するという意味での「改革主義」的側面を有していたといえよう。

以上の考察から、マルサスの政治的党派の帰属問題については、彼の「フォックス派ウィッグ」資格をおおむね認めてよいように思われる。かくしてわれわれは本章の中心課題にようやくたどり着いた。考究されるべきは、彼の「フォックス派ウィッグ」資格と初版『人口論』との関係である。

第3節　マルサスとイギリス政治（三）——「救貧論争」の時代——

マルサスの「フォックス派ウィッグ」資格は初版『人口論』の成立に対してどのような貢献を果たしたのか？この問題に対しては、次のような一見もっともらしい解答が予想される。すなわち、初版『人口論』における「ピットの救貧法案」に対する批判は、マルサスが学生時代から一貫して取り組んできたピット批判の延長線上に位置しており、彼の「フォックス派ウィッグ」資格の継続の証左と見なしうる、と。しかし、ある陳述のコンテクストと陳述それ自体との関係は、原因と結果という形を必ずしもとるわけではない。ある著者の政治的信条は、彼が属している（と目される）言語共同体を、換言すれば、彼に利用可能な語彙および言い回しの範囲を指し示しているにすぎない。したがって、問題は次のように再設定されるべきであろう。すなわち、マルサスは初版『人口論』の執筆によって「フォックス派ウィッグ」としていかなる言語戦略を遂行しようとしていたのか、と。そして、一七九五年に始まる「救貧論争」の経過を追跡することによってはじめて、われわれはマルサスが遂行した言語戦略を追体験することができる。

イギリスでは、対仏戦争開始以降、貿易が妨げられて経済事情が悪化していたが、九四年と九五年には凶作が加わって深刻な食糧危機が起こり、下層民衆の不満が極度に高まった。生活に窮した貧民が、ジャコバン思想の影響もあって、直接行動に訴える例が激増した。こうした事態を背景に、中央・地方を問わず、どのような救貧政策を打ち出すかが差し迫った行政課題となった。地方レベルでは、いわゆる「スピーナムランド決議」にもとづく賃金補助制度が有名である。それは、あたかも議会制定法のごとく、あやまって「スピーナムランド法」と呼ばれることが多いが、あくまで地方決議であって、当該の賃金補助制度が実行された地域も期間も限られていた（[11] pp. 28-9）。地方レベルの議論と中央レベルのそれとを混同しないよう、注意する必要がある。中央政界（下院）では、フォックス派の若手議員ウイットブレッドとピットが法案を提出し、最低賃金（ウイットブレッド）か賃金補助（ピット）かを争点として、論争が展開された。前者は九五年一二月上程、九六年二月否決、後者は九六年一二月上程、九七年二月廃案という結果であった（[26] pp. 56-7, p. 62）。両者とも、スミスの論理にしたがって、政府の労働市場への不干渉を原則として認めながら、短期的な貧民救済策としてどの程度の干渉が許容されるかを問題とした[23]。ウイットブレッドは、治安判事に農業労働者の最低賃金を決定する権限を与えることを企図したが、ピットは、経済的自由主義の立場から、このような労働市場への干渉に反対し、ウイットブレッド法案を葬り去った。しかし、驚くべきことに、そのピット自身もまた、一時的救済策として、賃金補助制度を導入しようとした。「大家族は祝福であって、呪詛《じゅそ》ではない。……彼らは多くの子どもを産んで、この国を富ましめたものであるから、当然権利として、その子弟の扶養に対して補助を受けるべきである」（[29] vol. 32, p. 707）というピットの見解は、「家族手当（family allowances）」として法案に具体化された（[18] p. 75, [26] p. 64, 71）。しかし、ピット法案もまた、ウイットブレッド法案が否決された時と同様に、スミス的論理によって葬り去られた。

マルサス自身は、初版『人口論』の成立の起源について、「ゴドウィン氏の論文の主題、すなわち彼の『研究者』における貪欲および浪費について、一友人（＝父ダニエル）と交わした会話にある」と「序」に記しているけれども（[10] 一三頁）、以上のような救貧論争の経緯を踏まえるならば、その第七章に含まれている次の一節は、その成立のもう一つの起源に関する貴重な証言として、われわれの前に立ち現れてくるだろう。

ピット氏の救貧法案には、労働者が三人以上の子どもを持った時には、その一人について週一シリングを与えるという規定があるが、私はそこに何の悪意もないと思う。実のところ、あの法案が議会に提出されるまではもちろん、その後においても、私はこのような規定はきわめて有益だろうと考えていた（［10］八九頁）。

ピット法案に対するマルサスの関心は、それが議会に提出された九六年一二月以前にまで遡ることができるのであって――救貧問題に対するピットの見解の概略は九六年二月の下院での演説ですでに公にされていた（［26］p. 62）――、彼はピット法案を視野に収めつつ『危機』を執筆していた、ということになる。そして、ピット法案が大家族を祝福しているのに対して、以下に引用する『危機』の一節は、人口増加を国富増進の指標とするピット的思考からマルサスがすでに離脱していたことを、はっきりと示している。

> いかなる国においても幸福の分量はもっともよく人口数によって測定されるとペイリー大執事は人口問題について述べておられるが、私はこの意見に賛成できない。人口増加は一国の幸福と繁栄とに関するもっとも確かな指標であるが、現在の人口というものは過去の幸福の指標でしかありえない（［19］p. 52）。

にもかかわらず、九六年の時点でマルサスが、ピット法案の家族手当を「きわめて有益だろうと考えていた」のも事実であって、《政府の自由な労働市場への介入 ――▶ さらなる人口増加の誘発 ――▶ 貧困の激化》という初版『人口論』の基本的ロジックはこの時点で未完成であったことがうかがい知れる。

救貧論争の経緯がわれわれに教えていることは以上にとどまらない。ポインターの研究によれば、「ピットのポリティカル・エコノミー観とウイットブレッドのそれとの間にはほとんど差はなかった」（［26］p. 57）。両者とも、労働市場への不干渉を原則として主張しながら、一時的救済策として原則の破棄＝干渉を認めた。そうであるなら、初版『人口論』の中で繰り返し主張されている教区法の廃止、労働市場の自由化は、ピットだけではなくウイットブレッドに対しても向けられる批判のはずである。上程前からピット法案に注目していたマルサスが、ウイットブレッド法案の内容に無知であったとは考えがたい。初版『人口論』において、教区法を「専制的法規(a code of tyrannical regulations)」(［10］六九頁)と指弾する彼にとって、政府の労働市場への介入を(一時的救済策とはいえ)支持するような法案が、「自由」を愛し「専制」を忌み嫌うはずのフォックス=ウィッグ陣営から提出されたことは、きわめて深刻な問題であったはずである。ウイットブレッド法案は政治理念としての「ウィッギズム」の内なる危機――ピット与党による市民的・宗教的自由の抑圧を外からの危機とすれば――として受け止められたに違いない。

そもそも、派閥の首領フォックスにいたっては、市民的・宗教的自由という国制的問題に関心を集中させるあまり、経済学および経済的自由主義への関心を著しく欠いていた[24]。彼は経済学を「あらゆる科学のなかでもっとも無意味なもの」と軽蔑さえしていた(［23］p. 185)。古典文学的教養によって優美に装飾された演説に強い魅力を覚えていた彼にとって、経済学的知識への言及は、演説を無味乾燥な思弁に変えてしまうマイナスの装飾でしかなかったのだろう。父の代以来の宿命のライバルであるピットが「アダム・スミスの弟子」を自認していたことも、フォックスの経済学に対する嫌悪に拍車をかけたことだろう。ウイットブレッドは、フォックス的偏見にとらわれず、スミス的原理への支持を表明しているものの、彼の法案は彼の経済認識の不十分さを露呈するものでしかなかった。要するに、当時のフォックス派は「経済的自由」という語彙を実質的に欠いていた。他方、マルサスは「経済的自由」に対する十全で肯定的な認識に到達していた。初版『人口論』では、「ブリテンの自由」の構成要素として市民的自由ばかりでなく経済的自由も含められ、いずれの自由を妨げる政策も「専制」の名で批判されている。ウィッグは伝統的に「専制」への憎悪と「自由」への愛着を表明してきたが、これらのすぐれて政治的・国制的な語彙を、経済的領域でも利用可能なものへと彫琢することが、彼の採用した言語戦略であったように思われる。以下に引用した初版『人口論』第一七章の一節は、そうした言語戦略を示唆している。

アメリカに広まっている市民的自由の程度のすばらしさは、疑いもなく、これらの諸州の勤労、幸福および人口を促進するのに役立ったが、しかし市民的自由は、いかに強力であっても、新しい土地を作り出さないであろう（[10] 一九六頁）。

経済問題＝人口問題の解決のためには、市民的自由を擁護するだけでは十分でない。いかに思弁的で無味乾燥に見えようと、「経済的自由」に関する正確な知識が必要なのだ。これこそ、ピット与党の打倒のために、フォックス派がぜひとも修得しなければならない知識なのだ。

むすび

初版『人口論』は、フォックス派の言語慣習の限界を踏み越えた新しいウィッギズムの生誕を告げている。経済学的語彙がフォックス派の政治学に流入してくるのは、フォックスの死後、ホランド邸に集ったエディンバラ知識人を介してだといわれるが（[23] p. 185）、初版『人口論』は、このようなフォックス派の思想的変容を、みごとに先取りしている。マルサスのウィッギズムは「フォックス派を超えるフォックス派」であったといえるのではないか。

注

（1）［28］p. 253にもほぼ同様の見解が表明されている。
（2）神の単一性（unity）を主張し、三位一体説やキリストの神性を否定する非国教徒の一派。信仰における理性の働きを重視し、聖書の合理的解釈を追及した結果、原罪思想、地獄や悪魔の存在、聖母マリアの処女懐妊なども否定する。ヘテロドクシ（heterodoxy　非正統派信仰）として寛容法（一六八九年）の対象から除外された。
（3）息子を国教会牧師にすることを望みながらユニテリアン系の学校に託したダニエルの行動は、一見奇異に映るかもしれないが、ウォリントン・アカデミーは、その近代的な施設とカリキュラムによって、広教会派国教徒からも高い評価を獲得しており、実際、「ここの卒業生の多くが国教会の牧師となった」（［5］一二頁）。［20］pp. 85-6、［25］pp. 308-9も参照のこと。
（4）以下の歴史的叙述は、［12］、［23］ch.3、［1］第一章、［2］第九章に多くを負っている。
（5）フォックスは常にピットをトーリと見なしたが、ピットは生涯トーリの名を受け入れず、独立派ウィッグ（an independent Whig）と名乗った。実際、名誉革命、ハノーヴァー家による王位継承、宗教的寛容に支持を与えるピットの政治姿勢は、トーリのものではない。国王の政治的権威に対するピットの支持は、ウィッグ思想の圏内にある。［24］introductionを参照のこと。
（6）プレンの考証により、手紙の日付が一七八三年三月一六日から一七八四年三月一六日に訂正された。
（7）プレンの考証により、手紙の日付が一七八三年四月一五日から一七八四年四月一五日に訂正された。
（8）以下の歴史的叙述は、［22］、［6］第八章、［8］に多くを負っている。
（9）一七九一年六月、ルイ一六世はオーストリアの援助によって革命に対抗するため国外逃亡をはかったが、途中で捕えられパリに連れ戻された（いわゆる「ヴァレンヌ逃亡事件」）。この事件は国民の王に対する信頼を失わせ、革命の気勢は一段と高まった。翌九二年八月には王権が停止され、九月には民衆が牢獄に幽閉中の反革命容疑者を大量虐殺する事件（いわゆる「九月虐殺」）が起こった。
（10）しかし、ポートランドは、革命をめぐってフォックスとの間に見解の相違があることを承知しつつも、党を解体させることはできないとして、この時点では離党を思いとどまった。
(11) 他人を拘禁している者に対して、一定期日までに被拘禁者の身柄を拘禁理由とともに裁判所に提出することを命じる法律。裁判所は、拘禁理由を審査し、違法と判断すれば当人を釈放した。これによって、従来なお不十分であった人身の保護が実効あるものになった。イギリス国制の基本的法律の一つとされる。一六七九年成立。一七九四年五月から九五年七月まで、そして、一七九八年四月から一八〇一年三月まで一時停止された。フォックスは、著書『ジェームズ二世初期治世史（*History of the Early Part of the Reign of James II*）』において、人身保護法を「専制に抗するもっとも重要な障壁であり、個人の自由を擁護する最良の防御壁であり、古代・近代のいかなるコモンウェルスにおいても存続し続けてきた」と述べている（［15］p. 26）。ピットによる人身保護法の一時停止をフォックスがいかに深刻な事態として受けとめたのか、容易に想像できる一節である。
(12) バークは六月に政界を引退したため入閣はしなかったが、引退後も在野の文人としてジャコバン主義の恐怖を訴え続けた（［6］第九章）。
(13) 国王に対する忠誠の宣誓の義務、礼拝の場所を当局に届け出る義務など。
(14) 旧教徒および非国教徒が（議員を除く）中央官職に就任することを禁止する法律。一六七三年成立、一八二八年廃止。
(15) 旧教徒および非国教徒が地方自治体の公職に就任することを禁止する法律。一六六一年成立、一八二八年廃止。
(16) その背景には、（フォックス＝ノース連合に批判的な）非国教徒からの支持を失って大敗した八四年の総選挙の苦い経験があったのかもしれない。［23］p.246、［5］一六―七頁。
(17) ここに看取される「ブリテンの自由の擁護者としてのカントリ・ジェントルマンと中流階級」という認識は、マルサスの生涯を通じてのものである。「万が一ブリテンの国制が最終的に暴政へと堕してしまうとすれば、イングランドのカントリ・ジェントルマンはそれに対して大臣よりもずっと大きな責任を負うべきだと、私は思う」（［21］II-p. 126）。「中流階級こそはあらゆる国の自由と公共精神と良い政治が主としてそれに依存しなければならないところのものである」（［9］三五頁）。
(18) 学生時代の恩師ウェイクフィールドとフレンドがユニテリアンであったことは、マルサスが宗教的寛容をはぐくむうえでのもっとも重要な知的土壌となっただろう。初版『人口論』の出版業者ジョンソンもユニテリアンであった（［28］pp. 254-5.）。

(19)［19］pp. 83-4、［5］二四―三二頁。改革派ウィッグ路線の（第二次）『エディンバラ・レヴュー（*Edinburgh Review*）』誌の中心メンバーであったジェフリー、ブルーム、スミス、ホーナーらは、いずれも「キングズ・オブ・クラブズ」の会員であり、エディンバラ大学でデュガルド・スチュアートの教えを受けた。そのスチュアートはホランド邸の客人であった。
(20)［14］pp. 40-1、［23］p. 111.
(21)［14］p. 41, 46、［23］pp. 124-5.
(22)［13］pp. 348-9、［23］p. 184.
(23) すでに政界を引退していたバークは、九五年一一月に『穀物不足に関する思索と詳論（*Thoughts and Details on Scarcity*）』を著してピットに献上し（公刊はバーク死去後の一八〇〇年）、救貧論争へのコミットを試みたが、その徹底したレッセ・フェールの主張はピットの採用するところとはならず、バークが論争に具体的な影響をおよぼすことはなかった。
(24)［13］p. 170、［23］pp. 184-5、［5］二二一頁。

参考文献

［1］青木康『議員が選挙区を選ぶ――一八世紀イギリスの議会政治――』山川出版社、一九九七年。

［2］今井宏（編）『イギリス史二近世』山川出版社、一九九〇年。

［3］ウィンチ、D『マルサス』久保芳和・橋本比登志訳、日本経済評論社、一九九二年。

［4］大河内一男『社会思想史』有斐閣、一九八五年。

［5］川分圭子「一八―一九世紀転換期のウィッグと非国教徒――ホランド・ハウスの人びと――」『史林』第七六巻第三号、一九九三年。

［6］岸本広司『バーク政治思想の展開』御茶の水書房、二〇〇〇年。

［7］ボナア、J『マルサスと彼の業績』堀経夫・吉田秀夫訳、改造社、一九三〇年。
［8］堀江洋文「ナポレオンとフランス革命」専修大学人文科学研究所編『フランス革命とナポレオン』未来社、一九九八年、所収。
［9］マルサス『穀物条例論および地代論』楠井隆三・東嘉生訳、岩波文庫、一九四〇年。
［10］マルサス『人口論』永井義雄訳、中公文庫、一九七三年。
［11］Brundage, A., *The English Poor Laws, 1700-1930*, Palgrave, 2002.
［12］Cannon, J., *The Fox-North Coalition: Crisis of the Constitution, 1782-4*, Cambridge , 1969.
［13］Derry, J., *Charles James Fox*, Batsford, 1972.
［14］Derry, J., 'The Opposition Whigs and the French Revolution, 1789-1815', in H. T. Dickinson（ed.）, *Britain and the French Revolution, 1789-1815*, Macmillan, 1989.
［15］Dinwiddy, J. R., *Radicalism and Reform in Britain, 1780-1850*, The Humbledon Press, 1992.
［16］Grampp, W. D., 'Malthus and His Contemporaries', in *History of Political Economy*, vol. 6（3）, 1974.
［17］Halévy, E., *The Growth of Philosophical Radicalism*, trans. M. Morris, Faber & Faber, 1934.
［18］Himmelfarb, G., *The Idea of Poverty : England in the Early Industrial Age*, Alfred A. Knopf, 1984.
［19］James, P., *Population Malthus : His Life and Times*, 1979.
［20］Langford, P., *A Polite and Commercial People : England 1727-1783*, Oxford 1989.
［21］Malthus, T. R., *An Essay on the Principles of Population*, P. James（ed.）, the Version published in 1803, with the Variora of 1806, 1807, 1817 and 1826, 2vols, Cambridge , 1989.
［22］Mitchell, L. G., *Charles James Fox and the Disintegration of the Whig Party, 1782-1794*, Oxford, 1971.
［23］Mitchell, L. G., *Charles James Fox*, Oxford, 1992.
［24］Mori, J., *William Pitt and French Revolution, 1785-1795*, Keele U. P., 1997.

[25] O, Gorman, F., *The Long Eighteenth Century; British Political & Social History, 1688-1832,* Arnold, 1997.

[26] Poynter, J. R., *Society and Pauperism : English Ideas on Poor Relief, 1795-1834*, Routledge & Kegan Paul, 1969.

[27] Pullen, J., (ed.), *T. R. Malthus : The Unpublished Papers in the Collection of Kanto Gakuen University*, vol.I, Cambridge, 1997.

[28] Winch, D., *Riches and Poverty : An intellectual History of Political Economy in Britain, 1750-1834*, Cambridge, 1996.

[29] *Parliamentary History of England, from the Earliest Period to the Year 1803*, 36 vols., T. C. Hansard, 1806-20.

大村　照夫

第５章

ウィリアム・ペイリーの義務論

マルサスの先行者として

ウィリアム・ペイリー（*The Works of William Paley, D.D.,* Engraved by Engleheart from a painting by Romney,London, 1825.）

はじめに

ウィリアム・ペイリーの『道徳および政治哲学の原理』（一七八五年）は、彼の存命中に一五版を重ねるほどの人気作品であり、ケンブリッジ大学の教科書として長く使用された。そのため多くの著名な研究者が彼の影響を色濃く受けた。マルサスも例外ではない。ペイリーの神学的功利主義思想やそこに含まれる社会主義批判論に敏感に反応し、さっそく彼の『人口論』に取り入れた。そこで本論では、マルサスの『人口論』の主題がペイリーの義務論の中にあったことを跡づけ、マルサスがペイリーの義務論をどのように自己の体系に鋳直したかを推論したい。

第1節　マルサス思想へのペイリーの影響について

マルサスは、ゴドウィンの言う将来両性間の情欲はなくなるという命題を批判しているが、恋愛の情を含めて知的快楽にしろ感覚的快楽にしろその合計が社会の幸福量を増すかぎり有効であり、両性間の情欲にともなう快楽も人生における最良の快楽である場合が多いと言う。

そのさいマルサスはペイリーの快楽に関する理論を引用して次のようにいっている。

ゴドウィン氏によれば、道徳とは結果の計算である。さらに副主教ペイリーのうまい表現を借りるならば、それは社会の便宜のために集計された神の意志である。このどちらの定義によるにしても、肉体的快楽は――不幸な結果の恐れのないものであれば――道徳法に反するものとはいえない、そしてもし精神的向上を妨げないように余地を残しつつ、この快楽を求めるならば、それは人生の快楽の総計を増大するものといわねばならぬ。(1)

ここでマルサスはペイリーを賞賛している。マルサスは彼のいう便宜の原理と神の意志の一致する傾向を自己の体系の中に組み込んでいる。ペイリーがいうように感覚的快楽は知的快楽に比較してその持続性において劣る。マルサスは恋愛の情においても感覚的快楽よりも知的快楽の方が遥かに快楽量が多いというが、かといって感覚的快楽をともなってはならないことにはならない。人間の幸福は両者の合体量によって決定される。

快楽に関する議論は、ペイリーの場合、エブラハム・タッカーの『自然の光明』（一七六八年）に依拠している。タッカーの二版の編者マイルドメイはこの点を強調している。タッカーの快楽に関する理論はロックの引き写しであり、もっとうまい表現をすればロックの理論を発展させたものである。

マルサスもこの点を承知しており、もちろんロックを評価して、次のように明言している。

ロックはこういったと思う。すなわち、快楽を求めることよりも苦痛を避けることの方が人間の行動にとって大きい刺激である。また、ある特定の快楽を目で見ていても、それを得たいとの考えが長く続いて、それを得ないと苦痛となり、不安とならなくては、われわれ人間はそれを得るために行動しないものであると。害を避け、利を取るのは、人間の大切な義務であり仕事である、そしてこの世の中は、そういう不屈の努力にはいつでも機会があるようにできている、人間の精神の作られていくのは、そういう努力とそういう刺激のお陰である。ロックのこの思想が正しいならば、そしてそれが正しいという理由は大いにあるから、害が努力を作るために必要のように思われる、そして精神を作るためには、どうしても努力が必要である[2]。

快楽の基礎はそれが不足していることにある。マルサスはロックの快楽に関する議論を引用して、快楽を得るための努力を強調する。「必要は発明の母である」とよくいわれるが、食欲も性欲も満たされた人にどんな御馳走や美男美女を提供しても無意味である。快楽を得ようとする人間の欲求はその不足にあり、不足に満足しない精神的不安、いらだちにあることはいうまでもない。

ロックの快楽に関する基礎理論はA・タッカー、ペイリー、マルサスの体系に脈々と流入し、彼らの発展したさまざまな幸福論を展開することとなる。その意味でマルサスもロックの弟子とよんでさしつかえない。

第2節　ペイリーの義務論の主題

ペイリーの義務論は単に義務の理論や実践を説くものではなく、幸福の科学である。彼は幸福に役立つ義務の理論化を進めている。

幸福という言葉は、相対的な用語である。つまり、ある人を幸福であると呼ぶ時、彼と比較する他人よりも、他の大多数の人よりも、あるいは彼自身が他の情況にあった場合よりも、幸福であることを意味する。かくて、長い間追求した目的をちょうどいま達成した人についていうなら、彼は幸福であるといえる。比較するという相対的意味において、つまり、人間の一般的運命に関して、健康と能力とを持つ人を幸福であるとよぶ。

厳密には快楽の量あるいは総計が、強度と持続性において快楽と苦痛との両者を測定して、苦痛のそれを超過するなんらかの状況を幸福と名づける。幸福の度合いは、この超過量に依存する。(3)

幸福の度合いは苦痛に比べて快楽量の多少に比例する。快楽量の増加には各人の努力や勤勉が必要であるが、そのためのさまざまな社会制度、法律、道徳を再編し、幸福の増加に役立つその時々の社会システムに合った制度や枠組みが要求される。

ペイリーは道徳法の義務を測定する基準を効用に求めて、次のようにいっている。

そこで行為は、幸福を促進するその傾向によって測定されなければならない――便宜であるものは何でも正しい――道徳法の義務を制定するものは、その効用（utility）のみである。(4)

ペイリーは、ラザフォースの『自然法綱要』（一七五四―六年）に反論して神学的功利主義思想を展開した。近代自然法は封建社会から資本主義社会への脱皮には成功したが、資本主義の活性化にはもはや時代遅れであった。『自然法綱要』もケンブリッジの教科書として支配的であったが、内容は近代自然法の再解釈に終始し、発展的再構成や再吟味はまったくされていなかった。ペイリーはもはや実状に合わなくなった近代自然法を便宜の原理で打破しなければならなかった。資本主義の活性化つまり幸福の増加に役立たなくなった自然法にかわって功利の原理によって従来の自然法が再吟味されることとなる。ペイリーは、『道徳および政治哲学の原理』において従来の自然法を再吟味し、社会の幸福を促進する新しい義務論を展開した。

ペイリーの神学的功利主義思想はたしかに神学的と名称が付くようにベンサムの功利主義に比較して前近代的であるが、当時としてはすぐれて資本主義の近代化理論を提供するものである。と同時に、当時現れ始めた社会主義理論に対抗し、資本主義社会を擁護する理論も数多く含んでいた。この意味で、マルサスを社会主義批判の創始者とよぶなら、ペイリーはその先駆者とよばれてさしつかえない。ちなみにマルサスは社会主義批判論の多くをペイリーに負っていることがうかがえる。

第3節　ペイリーの義務論の構図

ペイリーは従来の義務論を簡素化し、人と他人との関係を相互義務にまとめ、社会の秩序を説く。そしてその他の義務として自分に対する義務と神に対する義務を付け加えている。略述すると次のようになる。

1　相互義務
（1）相互の確定義務
（2）相互の不確定義務
（3）結婚制度に由来する相互義務
2　われわれ自身に対する義務
3　神に対する義務

そこでペイリーの義務の構図を簡単に説明し、その内的関連の図式を述べてみよう。

1　相互義務

（1）相互の確定義務

人間が社会生活を営むうえで守らなければ社会の幸福量が減少するような義務である。これには次のようなものがある。

イ　所有権
ロ　約束
ハ　契約
ニ　嘘
ホ　誓い
ヘ　遺言

ペイリーは所有権を義務論の先頭におき、資本主義の大黒柱を不動のものにする。そしてその前提のうえにさまざまな経済社会活動の円滑化のために人びとが守らねばならない約束、契約が強調される。

(2) 相互の不確定義務

この義務は社会生活を営むうえで守った方が好ましい、つまり社会の幸福に役立つものである。しかし違反したからといって罰せられる種類のものでない。この義務は次のようなものである。

イ　慈善
ロ　奴隷
ハ　恨み
ニ　怒り
ホ　復讐
ヘ　決闘

ト　訴訟
チ　感謝
リ　悪口

（3）結婚制度に由来する相互義務

この義務は本来ならば市民契約であり、「（1）相互の確定義務」に属するものであるが、別枠で図式化したことに意味がある。つまりその重要性のゆえに体系化されている。マルサスも結婚制度に着目し、その重要性を強調していることはいうまでもない。

2　われわれ自身に対する義務

この義務は、自衛権、飲んだくれないこと、自殺しないことなどが含まれる。つまり、自分の都合で自分を病気や自殺に追い込んではいけないということである。

3　神に対する義務

この義務は次のようなものである。

（1）自然の光明から生まれる祈祷の義務
（2）聖書の中で提示される祈りの義務
（3）個人的祈りと家族の祈りと礼拝式
（4）礼拝式における祈りの形式
（5）安息日の制度

（6）安息日の制度の聖書における説明
（7）キリスト教における安息日の義務はどのようなおこないや怠惰によって破られるのか
（8）神に対する尊敬

第4節　ペイリーの義務論における社会主義批判論

ペイリーの神学的功利主義思想の中にマルサスの社会主義批判論の原点を探して見ると以下のようなものが列挙される。

1　幸福の条件とならないもの

ペイリーは幸福の条件とならないものとして、①幸福は感覚的快楽には存しない、②幸福は災難から逃れることではない、③幸福は、偉大さ、階級、高い地位には存しない。中でも③の項目は、社会主義が主張する平等社会に対立する概念である。貴族も蹄鉄工も農夫も彼らの社会における役割を全うするかぎり最高の幸福を獲得できる。いかに階級社会を打破しても意味がないことが理解できるであろう。

マルサスは、ゴドウィンが主張する平等社会がわずかの労働で運営されることに疑問を感じる。なぜかといえば社会の必要労働を公平に分配する方法をゴドウィンは何も説明していないという。

この世の中には実際に必要な以上に多くの労働がある、また、下層社会の人びとがみな一致するならば、働く時間を一日に六時間か七時間にしても人類の幸福に必要な財貨が今と変わらない程度に生産できる、というゴドウィン氏の説に同意することについて、私は決してやぶさかでない。しかしそういう一致ができるかといえば、それはまず不可能というべきであろう。人口の原理によれば、ある種の人びとは他の種の人びとよりも欲望が大きい。大家族を抱えている人びとはそれを支えるために、2時間位人よりも余計に働いても、いやとは思わない。そしてこのような交換を禁ずる方法はありえない。というのは、彼自身の労働を彼が自由に使うことに干渉するということを法律で決めるとすれば、それは人間の持っている第一次のそして神聖な権利を冒涜するものであるからだ。(6)

マルサスは、ペイリーと同様に階級社会を容認し、ゴドウィンのいうような階級社会の打破には反対する。階級社会を打ち破ってもまた別のもっと劣悪な社会秩序ができあがると考えられる。人びとはそれぞれの職業、身分のもとでそれぞれの役割を全うすることが幸福への第一条件である。

2 所有権制度の効用

ペイリーは、相互義務の中でも最重要なものとして所有権制度を功利の原理で再吟味する。従来のロックがいうような自然法の説明を一八〇度転換するものである。

ペイリーは、所有権制度の効用を次のように列挙する。

(1) 大地の生産物を増加させる。

土地は耕作を必要とするが、他人が自分の耕作によって得た生産物の分け前を平等に認められれば、誰も働く気がしないであろう。

(2) 土地の生産物の成熟を促す。

耕作したり、飼育したりする世話は持ち主がいてはじめて収穫に結びつく。

（3）戦争、浪費、暴動、混乱を防ぐ。
（4）生活の便宜を改善する。

分業によって文明が進歩したが、共有財産の場合よりも、私有財産制度のもとにおけるもっとも貧しい人の生活の方がよいという事例は、私有財産制度の利点を示す。財産の不平等は、一つの罪悪であるが、勤勉を促し、勤勉の対象を確かな価値のあるものにする財産制度から生じた罪悪にすぎない。その制度以外の方法で生じた不平等は、是正されなければならない。[7]

ペイリーは所有権制度をその効用によって検証し、所有権の根拠を実定法に求める。

われわれの権利の真の基礎は国法にある。土地の生産物が人の用に供されるのは、神の意図であり、この意図は所有を確立しないことには達成されることはできない。したがって、所有を確立することは、神の意志と一致している。土地は、その分割を規制するためにその国の法律に委ねるのでなければ、個々の所有に分割することができない。したがって、その法律が分割を規制するのは、その同じ意志と一致する。そこでその結果として、私がこれらの規制によって割り当てられた分け前を所有することは、「神の意志と一致し」、あるいは「権利」である。[8]

所有権制度は、ペイリーの場合、功利と神の意志のまさに一致する社会制度である。

マルサスは、ペイリーのこの平等主義批判論を基礎に置いて、所有権制度を自ら考案した人口原理によって検証し直す。彼の検証方法は、ペイリーの効用による説明ではなく、人間の生きるか死ぬかの限界状態における自然法としての証明である。

ゴドウィンがいうような平等社会が実現したとしても、低い生産力と人口原理の働きによってたちまち食料が不足する。互いに分け与える食物がある間は理想社会は成立するが、分け与えるものが不足すれば状況はどのようになるであろうか。

この話は次のような話でもある。すなわち、欠乏を訴えている人の数は、分けてやれる力を持っている人の力や数より大きい。また、欠乏があまりにも大きくて、この国の生産力ではとうてい満たしきれないので、法律を犯すものさえでてきた。また、このような法律違反のためにすでに食料の増産がさまたげられているが、何等かの方法でこれを防がないと、全社会は混乱に陥る恐れがある。そこで、もし方法があるならば、年々の生産力を増加するために万難を排する必要がある。そして、このような第一次的な、重大にして肝要な目的を達するためには、土地の分割をもっと完全にすることも、各人の財産を守るために法律の力をもっと強力にすることも、場合によっては死刑を設けることも、望ましいと。(9)

いかに平等社会が実現しても食料の不足によって理想社会は現実に引き戻される。所有権制度が復活する。マルサスは所有権の必然性を次のように強調している。

そこで、所有権こそは実定法の産物であるとはっきり認めるとしても、しかしこの法は非常に早くからかつ非常な威力をもって人類の注目を余儀なくしたのであるから、もしそれが自然法とよぶことができないにしても、それはあらゆる実定法の中でもっとも自然なものであるとともにもっとも必要なものであると考えなければならないのであるし、また、この優位性の根底となっているものこそは、一般的善を促進するところのその明瞭な傾向および それが人類における獣類の系列への堕落を阻止するという明瞭な傾向とである。(10)

マルサスはペイリーと同様に功利主義者であるが、所有権を実定法の産物と考えながらもっとも人類社会に溶け込んだ自然法であると考える。

3　結婚制度の効用

ペイリーは、結婚制度を他の非合法な性的関係から区別してその社会に与える有益な効果を強調する。その効果は、次のようなものである。

（1）結婚にともなう、とくに女性の側の喜び。この幸せが社会的幸福を増加させる。
（2）最大数の子どもを産むこと。そして子どもの教育、養育など。
（3）一人あるいは、それ以上の女性を一人の男性に割り当てることによって、共同体を家族単位に分割し、社会の統治、平和を維持する。
（4）勤勉を促す。[11]

ペイリーは結婚制度の社会に果たす秩序の維持を強調している。社会は結婚制度によって平和や安全が確保される。マルサスは、その効用を基礎に置いて、結婚の必然性、楽しさを自然法から説いている。マルサスは人間の性欲が理性によって克服しえないものと考え、次のようにいう。

結婚に関する法律があろうがあるまいが、人間は、若い時から一人の女子に思いを寄せるというのが、自然の指令であり道徳である。[12]

マルサスは性欲から結婚を導き、夫婦、そして子どもとの間の家族生活を幸福の最大の源泉であると考え、次のようにいっている。

両性間の情欲は、その直接の満足を念とする時にのみ、人類の行為に作用し影響するにすぎぬと考えるのは、非常に大きな誤りである。ある特定の人生の計画を立ててこれを着実に追求するのは、正しく、もっとも永続的な幸福の源泉の一つと考えられて来ているが、しかし私は、このような計画で、この情欲の満足の見込みと、それから生ずる子どもの養育と密接な関係のないものは、そう多くはないと考えざるをえない。夕べの食事や温かい家や楽しい炉辺も、これを分け合うべき愛する者を予定するのでなければ、その興味の半ばは失うであろう。[13]

4 『満足の理由』（一七九二年）における主張

ペイリーは『原理』の好調な売れゆきに刺激されて、『満足の理由』を出版した。その内容は平等主義批判論を中心としたものであり、出版とともに数多くの反論がパンフレットの形でなされた。無政府主義者、革命家、といった匿名の反論が貧富の差を批判した。

一部の富者と数多くの貧しい労働者の存在がある。貧者の中には過労で働けない人びとも多い。革命家は富者の富を貧者に分け与えようと主張する。しかしそんな強制的富の移転を誰ができるのか。たとえできたとしても、労働者には今以上の圧制や不安がつきまとう。ペイリーは次のようにいっている。

公共に対する侵害が平等を生み出さないで、（というのはそれは、与えられるべき適切な名前ではないので）われわれの間に階級と職業の混乱を生み出すならば、富者が失ったであろうものは明らかであるばかりでなく、またそれ以上の不幸は、富者が失ったものを貧者が得することはないであろうということである。……もしわれわれが明日境遇を交換するとすれば、すべての結果は、われわれ両者がより不幸になり、両者の仕事がより悪化するであろうということである。[14]

ペイリーは革命が成功したとしても共有財産の管理のむつかしさを強調する。誰が管理するのか。誰が分配するのかと。彼には強力な権力が集中するはずである。強力な権力と平等の概念は相反するものであり、とうてい平等な社会は実現できない。それどころか今の状態よりもいっそう悪化した社会環境にならざるをえない。

マルサスもこのペイリーの平等主義批判論をもっと具体的な事例で証明しようとしている。マルサスは平等主義のミニチュア版を救貧院の制度に求めている。救貧院では監督官の依怙贔屓《えこひいき》や圧制によって本来なら平等に扱われるはずの貧民が不自由と貧困に悩まされている。貧民の救済という福祉事業はいかに配慮をめぐらそうとも市場のメカニズムが機能しない社会であり、何らかの経済外的強制力無しには機能しないのである。この弊害は制度そのものの欠陥である。

救貧法にはある程度弊害がともなうことは避けがたい。というのは、ある階級の人びとに救助を分配するためには、どこかでその適当な範囲を決める権力、またこれに必要な設備の事務をとる権力がなければならぬからである。しかし、他人のことにあまり干渉をするのは一種の暴虐であり、またこの権力の行使はどうしても救助を乞う人びとの癪にさわりやすいものであるからである。治安判事、教区委員、監督官の圧制に対する不平は貧民の間に絶えない。しかし、この人達とて権力を握るまでは普通の人より悪い人ではなかった。だから、罪はこの人達にあるのではなく、制度それ自身の性質にあるのである。(15)

ペイリーは、平等主義の弊害がこの社会を維持する強力な権力にあることに明確には気づいていなかったが、マルサスはそのメカニズムをはっきりと解明した。この点がマルサスの新しい着眼点であった。

第5節　ペイリーの義務論における近代化理論

1　幸福計算

ペイリーは功利主義思想を基盤にして幸福の条件を次のようにいっている。

（1）幸福は社会的感情の行使に存する。妻や子ども、親戚、友人といった周囲の人びととの交流の中で幸福は増加する。

（2）取り組んだ目的を追求する際の体と心、両者の能力の行使。幸福は目標にむかって努力する過程で一番大きいと考えられる。

（3）幸福は習慣の賢い設定に存する。人間は反省によってよりも習慣によって行動するものである。だから苦痛を避け快楽を求める行動原理を習慣化してやれば最大の幸福が得られる。

（4）幸福は健康に存する。[16]

個人の幸福の度合いは彼の快楽が苦痛を上回る度合いによる。手から口への生活を送る人よりも貯金のある人の方が幸福であるといえる。個人の幸福を快苦の量によって測定することによって功利主義思想が近代化理論として定着する。しかしペイリーは周知のように人口賛美主義者である。つまり人口は国力であり、人口増加は幸福量の増加である。手から口への生活者といえどもその増加は国力の増加であり、幸福量の増加となるのである。

ペイリーは個人の幸福よりも一国の人口によって代表される幸福量の増加を優先させた。

……ある地域において生み出された幸福量（公共の英知のあらゆる努力が向けられるべき対象）は、大いにその住民の数に依存しているので、隣り合った期間を比較する場合、同一の国においては、集合的幸福はほとんどその人数に正確に比例するであろう。すなわち、２倍の住民の数は2倍の幸福量を生み出すであろう。[17]

ところが、マルサスはペイリーの功利の原理を受け継ぐが、第二版『人口論』において「道徳的抑制」という道徳律を導入してペイリーの人口賛美主義を批判する。つまり、手から口への生活者の増加は幸福の増加とはよばないという新しい考え方を提示した。人口増加による貧困の蔓延よりも人口の減少による個人の生活レベルの向上が幸福の増加であると考えられる。マルサスは従来の人口賛美主義者の思想をペイリーから借りた功利の原理によって検証し直した。

……功利の原理をもって道徳律の大規準であると認める者は、道徳的抑制、すなわち家族を養いうる境遇になるまで結婚を差し控えその間完全な道徳行為を守ることが、厳格な義務の本道であるという結論を、どうして回避しうるであろうか。[18]

ペイリーは、イギリスのような他国に比較して豊かで自由な国においては、たとえ手から口への生活者といえどもその増加は幸福量の増加であると考えた。彼の神学的功利主義思想において功利と神の意志が一致する聖書の言葉は創世記第9章第1、2、3節であった。「生めよ、増えよ、地に満ちよ」という神の言葉は当時の神学者に限らず一般的な考え方である。ペイリーは幸福の定義を快苦によって測定したが、一部の奢侈は認めるが全体の奢侈は認めなかった。

ところが、マルサスは全体の奢侈を認め人口の減少による一人当たりの幸福量の増加を積極的に主張した。マルサスは彼に流入したペイリーの神学的功利主義思想において神の意志（創世記第9章第1、2、3節）を払拭し、文字どおり近代的な功利主義思想を確立した。その意味でマルサスはペイリーを越えたといえる。

2 慈善の効用

慈善はペイリーにおいては相互の不確定義務である。ペイリーは慈善の定義を次のようにいっている。

> 慈善という言葉は、貧者に対する寄付金といった通常の意味においてではなく、またすべての人類に対する慈善行為という聖パウロの意味においてでもなく、私の目的にとってゆとりのある意味において、つまり目下われわれの劣位の人びとの幸福を促進するという意味において、これを用いる。(19)

慈善という行為は、神の意志と一致し、かつ人びとのとくに劣位の人びとの幸福を増進するという意味で、ペイリーの神学的功利主義思想の中心的命題の一つである。神の意志とはキリストの博愛主義であり聖書の各所に現れている文言である。

ペイリーは慈善を一種のまぬがれえない義務と考え、神の意志を尊重する。そして当時の救貧法の積極的擁護者となるのであるが、強制的慈善の弊害を見落とす。救貧法は救貧税によって施行されるために、与える側には不満がまた与えられる側には感謝の念が失せてしまう。慈善の効用は劣位の人びとの幸福の増加にあるが、与える側、与えられる側ににおける不満の増加の原因は救貧税や1/10税にある。

マルサスは慈善の効用をペイリーと同様に神の意志と一致した慈悲の衝動から引き出すが、経験論から慈善が強制されるとその弊害が慈善の効用を上回ると断言した。そして自発的慈善こそ人びとの幸福を真に促進するものであるという。

人生の大行路においては、最大の根拠である期待でも時には実現しないことがあり、勤労や慎慮の徳性もその正当な報償を得ないばかりでなく、いわれない災いに巻き込まれることがある。このようにして、困窮を避けようともっとも正しい努力をしたのに、予想することのできない原因から、困窮に悩んでいる人達こそが、正しい慈善の対象である。彼らを救済するのが慈悲心本来の任務なのであり、すなわち一般的法則から生ずる部分的害悪の緩和なのである。したがって慈善がこういう方向をとれば、われわれは何の悪結果も憂える必要はない。たとえ無価値の者が遥かにより甚だしく困窮していても、こうした人間は、われわれの資力に応じて、惜しまず適当に救済されるべきである。[20]

3　扶養義務

ペイリーは結婚制度に由来する相互義務の中でも家族、とくに子どもの扶養義務を強調している。

子どもにとって必要なことは誰かが子どもたちを養わなければならないということである。そこで、誰も彼の行為を他人に負わせる権利を持たないので、両親がこの責務を自分で引き受けなければならない。この明らかな推論の他に、本能であるとしても両親の子どもに対する愛情と神の存在と計画に間違いないが神が母親に代わって子どもの養育のために準備したものは、明らかに神の意志の現れである。[21]

ペイリーは子どもの扶養を両親の義務と考え、同時に母親の愛情表現の一つであると見なす。この扶養義務は神が人間に与えた賜物であり、神の意志と一致する。ペイリーは功利と神の意志に照らして扶養義務を子どもの幸福の増進にとって欠かせない義務と考える。

したがってこの義務を放棄した人びとは有罪であり、子どもの幸福は踏みにじられてしまう。

したがって、家族から逃げ出した人びと、同じことであるが怠惰や飲んだくれの結果として家族を教区へ捨てた人びと、あるいは勤勉と節約によって家族の養育費を貯えたにもかかわらず彼らを一文なしの死のふちに放置した人びとは有罪である。(22)

マルサスもペイリーの扶養義務を自己の道徳哲学体系にそのままの形で取り込むのである。マルサスの場合はゴドウィンの平等主義に対する批判論という形で展開されているが、子どもの扶養義務はペイリーのいうような功利の原理に照らしてというよりも親の子どもに対する愛情という本能によって説明されている。マルサスにとって扶養義務は自然法であり、結婚制度から派生する自然法である。

幼児は、比較的にいえば、社会にとってほとんど価値がないが、それは他の幼児が直ちにその地位を補充するからである。幼児のおもな価値は、それが人間のもっとも快い愛情の一つである父母の対象であるところにある。しかしもしこの価値を、これを感じうる唯一の人が無視するとすれば、社会はこれに代わるべき義務はなく、そしてその殺害または故意の虐殺の場合には、かかる犯罪の処罰の一般的規則にしたがう以上に、これを保護する義務は持たないのであるが、この一般的規則は、この特定の場合においてその目的が国家にとり価値があると否とを問わず、道徳の利益からいってこれを守るべき義務があるのである。(23)

ペイリーは扶養義務の放棄が犯罪であると考えるが、マルサスもその義務を両親に任せこれに代わる人はいないと断言する。この義務を守ることが人びとの幸福の増進につながる。

両親に育てられたもので、現在両親の徳行により何ものかを享受し、またはその罪により何ものかに苦しんでいない者があるのであろうか。両親の慎慮や正義や慈悲や節制によりその徳性がある程度高められ、または反対の事情によりこれを低められていない者が、あるであろうか。両親の名声や先見や勤勉や幸運によりこれを低められている者が、あるであろうか。そして、この福祉の継承に関する知識が、どれだけ道徳的努力を刺激し活気づけているであろうか。この確信に出発して、両親は、子どもに良い教育を与え世の中における将来の社会的地位に備えるために、いかに熱心不断に努力することであろう。……しかし両親の過失のために子どもが苦労するかも知れぬという考慮は、罪悪に対してすら大きな拘束力を持っている。そして、自分自身に関するかぎりではその習慣的生活方法の結果を無視するような精神状態にある多くの人も、その子どもが自分の罪悪と愚行のために苦しまないようにと非常に心配している。したがって世界の道徳的政府においては、親の罪が子どもに報いるのは明らかに必要と思われる。そしてもしわれわれの誇大虚栄心から、この法則に組織的に反対しようと努めることにより、われわれが私的社会をよりよく支配しうると想像するならば、われわれは大きな誤りを犯していることが分かると思うのである。[24]

扶養義務はマルサスにとっての自然法であり、親の因果が子に報いるのは当然のことである。イギリスの救貧法はこの自然法を無視して子どもの扶養義務を実定法に任せている。だから捨児や私生児が増え救貧院はいくら増やしてもきりがないのである。マルサスは実定法の誤りを自然法に戻せと主張する。彼は扶養義務をペイリーの功利主義思想で理解するが、同時にマルサスの自然法を導入して彼の功利主義思想を自然法によって補強するという形をとっている。これがマルサス特有の工夫であった。

4 不道徳

ペイリーの義務論は徳の実行にあり、徳に反するおこないは不幸を生む。

1　幸福な状態とは、道徳的あるいは宗教的ルールをまったく知らない人びとには期待されることはない。彼らは、徳や宗教に、直接的あるいは習慣にせよ考慮を払ってある行為を促されたり、ある喜びを抑えたと正しくいうことができない人びとである。[25]

2　幸福な状態は、ある一つの罪の習慣的実施を続け、あるいはある一つの既知の義務を無視する人びとにとっては期待してはならない。[26]

ペイリーにとって幸福は、聖書を尊敬し、過度な飲酒や姦淫といった悪徳を排除して善を実行することによってもたらされる。とくにペイリーは当時の労働者階級の間で広まった飲酒の習慣に警鐘を鳴らす。

過度な飲酒に耽る人は、素面の間や飲酒の習慣に戻るころには、精神的には意識がもうろうとして抑圧された気分に苦しむ。この気分は通常の人では耐えることができないほどのものである。これは通常は同じ過度な飲酒を繰り返すことによって短時間で取り除かれる。この気分を除くさいに、長く続いた苦痛をすべて除去するために、一度飲酒を経験した人は抵抗したくても飲酒にかりたてられる。[27]

アルコールの常習者はお酒無しでは生活できない。彼はやがて体をこわし働けなくなる。マルサスは、道徳的抑制を主張する一方で、悪徳を悪徳として認め、他山の石と見なす。

この世の創造の過程において、愛らしく生まれて来た人びとは必ず不朽の名を得るが、生まれる時に不恰好に生まれて、その精神もより純粋で幸福な生活に不適当な人びとは、叩き壊して、もう一度土に還して練り直すしかないということであるならば、そんな不合理がどこにあろう[28]。

美人もいれば不美人もいる。有徳の人もいれば不道徳な人もいる。マルサスは徳も不道徳も、ペイリーと違ってあるがままに受けとめる。彼はゴドウィンの悪徳が社会制度の弊害によって生じるという意見を批判して、次のようにいっている。

ゴドウィン氏の政治的正義に関する大著の特色は、人間の悪徳と弱点は大部分は政治的社会的制度の不正から来るものであることを示していることであると解して間違いないと、私は考える。そこでまたこういう制度をやめて、人間の知識をもう少し進めるならば、世の中には人を罪にみちびく誘惑はほとんどなくなるというのである。しかし、すでに明らかに立証せられたように（少なくとも私がそう考えるが）、この考えはまったく嘘である。そして、すべての政治的または社会的制度とは無関係に確定不変の自然法の結果として人間は、欲望その他の感情による誘惑に必ず負けるものである。そしてゴドウィン氏の人間の定義によってもそういう良くない印象やその混成物がこの世の中に浮動している以上、それがどうしてもいろいろと変わった悪人を作り出すのである[29]。

注

（1）Malthus, T. R., *First Essay on Population, with Notes by James Bonar,* Kelley, New York,1965, p. 213.『人口の原理』高野岩三郎・大内兵衛訳、岩波書店、一九六二年、一三四頁。

（2）*Ibid.*, pp. 359-60. 邦訳二〇五頁。ロックは次のようにいっている。「……すなわち、意志を決定するものは、一般に想定されているように、眺められた大きい方の善ではなくて、人間が現在置彼ているある落ちつかなさ（しかも大部分はもっともさし迫った落ちつかなさ）なのである。この落ちつかなさは、実際よばれているとおりに欲望とよばれてよい。欲望とは、現在無い善の欠けているための心の落ちつかなさである」。Locke, John, *An Essay concerning Human Understanding*, Vol. I, pp. 332-3. New York, 1957,『人間知性論』（世界の名著　27）大槻春彦訳、中央公論社、一九六八年、一一四頁。以下、傍点部分は原文ではイタリックである。

（3）Paley, William, *The Principles of Moral and Political Philosophy*, 1785（1st ed.), p. 18, New York & London, 1978.

（4）*Ibid.*, p. 61.

（5）Cf. Paley, *Principles*, pp. 19-26.

（6）Malthus, *Population*, 1st ed., pp. 298-9. 邦訳、一七六―七頁。

（7）Cf. Paley, *Population*, pp. 92-5.

（8）Paley, *Principles*, pp. 101-2.

（9）Malthus, *Population*, 1st ed., pp. 196-7. 邦訳、一二五頁。

（10）Malthus, *A Summary View of the Principle of Population*, 1830, in D.V.Glass ed., *Introduction to Malthus*, Watts, 1953, p. 177. 小林時三郎訳『マルサス人口論綱要』未来社、一九五九年、七三―四頁。

（11）Cf. Paley, *Principles*, pp.241-2.

（12）Malthus, *Population*, 1st ed., p. 19. 邦訳、一二五頁。

（13）Malthus, *Population*, 2nd ed., J.Johnson, 1803, p. 488. 吉田秀夫訳『各版対照人口論』IV、春秋社、一九四九年、一二頁。

（14）Paley, *Reasons for Contentment*, R.Faulder, pp. 19-20, 1973.

（15）Malthus, *Population*, 1st ed., p. 93. 邦訳、七一頁。

（16）Cf. Paley, *Principles*, pp. 27-33.

(17) Paley, *Principles*, p. 588.

(18) Malthus, *Population*, 2nd ed., p.504.　吉田訳Ⅳ、三一頁。

(19) Paley, *Principles*, p. 191.

(20) Malthus, *Population*, 2nd ed., p.565.　吉田訳Ⅳ、一一九—一二〇頁。

(21) Paley, *Principles*, pp. 285-6.

(22) Paley, *Principles*, p. 286.

(23) Malthus, *Population*, 2nd ed., pp. 540-1.　吉田訳Ⅳ、八九—九〇頁。

(24) Malthus, *Population*, 2nd ed., pp. 543-4.　吉田訳Ⅳ、九三—四頁。

(25) Paley, *Population*, p. 42.

(26) *Ibid*., p. 42.

(27) Paley, *Principles*, p. 321.

(28) Malthus, *Population*, 1st ed., pp. 389-90.　邦訳、二二〇頁。

(29) Malthus, *Population*, 1st ed., pp. 266-7.　邦訳、一六一—二頁。

参考文献

[1] 大村照夫『ウィリアム・ペイリー研究』晃洋書房、一九九四年。

[2] 大村照夫『新マルサス研究』晃洋書房、一九九八年。

＊ なお本論文は、『名古屋学院大学論集（社会科学編）』三九巻一号（二〇〇二年）に掲載したものである。

永井　義雄

第6章

第2版『人口論』のウェブスター、ウォーレス、フランクリン

社会原理としての人口調査・理論の開始

アレキサンダー・ウェブスター（*The Scots Magazine*, for April 1802［名古屋大学経済学部所蔵］）

はじめに

周知のようにマルサスがみずからの先行者として名を挙げた少数の思想家の中にロバート・ウォーレス[1]があった。その場合、ウォーレスは人口増加率に関して提言していたにもかかわらず、マルサスはそれに関心を払わなかった。ウォーレスはいかなる意味でマルサスの先行者であったろうか。マルサスは、ウォーレスの人口増加率をまったく無視しただけでなく、むしろゴドウィンに引きつけてウォーレスを解釈し、批判した側面を持っている。理論家マルサスにとって、ウォーレスはいかなる意味を持っていたのであろうか。またもしウォーレスを単にマルサスの先駆者としてだけでなく、独自の思想家ないし理論家として考えた場合、どのように評価できるであろうか。また彼はいかにして人口増加率を着想したのであろうか。あるいは人口増加率は、ウォーレスの中でどのような理論的役割を担っていたであろうか。

本章は、いわばマルサスの先行者の一人がどのような理論を展開し、それをマルサスがどのように摂取ないし裁断したかを見ようとする。この場合私は、ウォーレスが頼りとした友人アレキサンダー・ウェブスター師の人口調査と、さらには彼らの同時代人B・フランクリンにも目を配りたい。

第1節　ウェブスター調査とスミスの評価

ブリテンで最初のかなり正確な人口統計が取られたのは、一七五五年であった。ただしスコットランドに限られる。

いろいろな人口推計が古代以来伝えられてきたが、ローマ帝国時代以後、あらゆる国において行われた人口統計の中でも最初の科学的人口統計は、一七五五年にスコットランド教会総会議長アレキサンダー・ウェブスター師が監督した。……わが国ほど人口資料情報の豊富な鉱脈を生み出している国は世界中にない。(2)

ブリテン、というよりスコットランドが人口資料のうえで世界のどの国にもひけを取らないというこの言葉は、あながち身びいきとはいえない。たしかに一八世紀においてはイングランドよりはスコットランドがこの点では勝っていた。

アレキサンダー・ウェブスター師は、ウォーレスの年少の友人であった。友人というより同志であった。二人は、聖職者の遺族に給付を与える拠出型年金制度の実現のためにともに努力した仲であった。「聖職者遺族年金制度」制定の動議がスコットランド教会総会に提出されたのは、一七四二年が最初である。(3)提案者の一人がウェブスターであり、(4)翌年の総会にも再提出され、その時の総会議長がウォーレスであった。その年の総会で承認された後、二人は協力してその制度の実現のために、ともにロンドンに下って奔走し、議会の承認を得ることに成功した。ウェブスターたちが計画を立てた時、またその制度が実現されて彼が制度の運営に当たるようになった時、人口統計が必要であった。出生数、死亡数、結婚数、平均余命などの統計があれば、この制度の拠出金年額を定める作業が容易になる。彼はスコットランドの全長老に連絡して、その数値をえようとした。それが一七五五年である。この集計は簡単ではなかった。季節労働者をどう数えるかでさえ教区によって疑問が生じた。集計は結局翌年までかかったらしいが、一七五五年において、スコットランド全人口は一二六万五千人というのが、ウェブスター調査の結論であった。これが右の賞賛を受けた調査で、草稿は今日なお国立スコットランド図書館に保存されている。[5] この数値はかなり正確であったため、近代生命保険会社にとって資料となったといわれる。[6]

教区教会を通した調査といえば、誰しもジョン・シンクレアの『統計によるスコットランドの現況（*Statistical account of Scotland*）』（21 vols., 1791-99）を思い出すであろう。シンクレアは、ウェブスターの調査方法そのものを借用改善しただけでなく、ウェブスターの統計そのものをも利用したことはウェブスター調査に言及する人びとが例外なく指摘するところである。[7]

ウェブスターの調査の内容は、これを早くに伝達、評価したアダム・スミスの手紙によってうかがうことができる。スミスはジョージ・チャーマーズ宛の手紙（一七八五年）の中で、ウェブスター調査を二〇年後に利用したと述べている。

故ウェブスター師は、わたくしが知る人すべての中で政治算術にもっとも長《た》けており、一七五五年当時のスコットランドの人口を非常に正確に計算しました。

ここでペティ以来の懐かしい「政治算術」という表現に出会う。スミスは続ける。

師は、スコットランドのあらゆる教区における出生、埋葬および結婚の数値を収集しました。多くの教区の人数を正確に数えました。また審査適齢人口とよばれるものの表を作成した教区もありました。つまり、教区教会議でスコットランド教会の教理問答の審査を受ける該当者の表です。七歳から八歳の児童が審査適齢人口と考えられています。さまざまな住民すべての年齢を確定した教区も少なからずあります。出生、埋葬および結婚の数値しか得られなかった教区での人数の数え方は、かなりよく似た環境にあって正確に計算されている教区の人数を参考にしておこなわれています。この計算は四つ折り版のかなり大きい本になっています。

スミスはこのウェブスター調査を一七七五年ごろに利用したらしい。スミスの手紙は続く。

一〇年ほど前、わたくしはこの統計を数ヵ月間利用しました。それによりますと、スコットランドの全人口は一二五万を少し超えます。

ところがこの数字はウェブスター自身によって訂正されたとスミスはいう。

亡くなられる数ヵ月前、同師は人数をかなり少なく見積もったと私にいわれました。もっと正確な資料によると一五〇万人に上るると信じられるともいわれたのをよく憶えています。もっとも私は、口頭で述べられた情報の正確な数字にあまり自信はありません。もし彼がこの問題について何らかの書き物を残し、私がそれを入手できたら、あるいはそれの確かな説明を手に入れることができれば、すぐに貴殿にお知らせします。貴殿がご承知のように、私は政治算術に信を置いていませんし、この話は政治算術に関する私の所見を訂正するものではありません。(8)

この場合の「政治算術」とは今日の「社会統計」と考えていい。誤差の大きい当時の人口統計はあまり信憑性《しんぴょうせい》(9)を持たなかった。周知のようにスミスは、人口が基本的に生活資料によって制約されるという命題に立っていた。このかぎりでスミスはマルサスの先駆である。しかし、およそ四半世紀の間、スコットランドの人口が停滞的であったことを知るスミスは、人口増加率について語ることはまったくなかった。

ウェブスターに戻っていえば、要するに一八世紀最初の人口調査は、拠出型保険年金制度の制定と確立の基礎資料を得るためにおこなわれた。一種の職種別自主保険制度のためであった。それは、そのかぎりでスコットランドに独特のものといえる。スコットランドには自治体による生活保護法がなかったからである。イングランドでは、教区という最小の自治体が生活保護行政を担当していたから、スコットランドのような問題は行政の側からは基本的に起きなかった。ただ、マルサスのように個人の「独立」を一つの重要な価値として生き方を考える場合には、生活保護にも慈善にも頼らない人生設計として、年金計画のような自衛策が必要となる。

たとえば、マルサスが引用したから、もう一人の先行者に数えることのできるリチャード・プライスは、ウェブスターと同様な制度の設立を模索した。そのさい、ウェブスター師の名前は挙げないものの、明らかにその年金計画を賞賛した。プライスは、ロンドンおよびミドルセックスの積み立て式聖職者遺族救済基金計画に全面的に賛意を表したあと、「もう一つ特に重要な計画がある」といって紹介したのが、「議会の法令によって設立された、スコットランドの聖職者と教授との、妻と遺児を扶養する制度」[10]であった。これがウェブスターおよびウォーレスの設立した遺族年金制度であったことは間違いない。それゆえプライスの人口調査も、ウェブスターと同じ目的をもっておこなわれた。ただ、調査方法はウェブスターに劣った。ウェブスターがスコットランド教会という巨大組織を背景としたのに対して、孤立無援のプライスは誤差のはなはだ大きい税務統計に頼ったもので、あまり信頼できるものではなかった。ただ、イングランドの統計が全体として遅れていたわけではない。ヤングの調査もあれば、イーデンの統計もあった。やがて一八〇一年からはブリテン全体で国勢調査が始まる。

マルサスは第二版『人口論』[11]に至ってウェブスターの調査に言及した。マルサスは主にシンクレアによってスコットランドの人口を推計しながら、シンクレアがウェブスター調査を利用したところでは「ウェブスターの調査による」と述べている。同書第二版第一二章では、「一七五五年のウェブスター博士の調査以降、スコットランド〔人口〕の全増加はおよそ二六万人である」と述べ、それだけの農工商業の生産増加、とりわけジャガイモの耕作増加があったという（マルサスによると、ところによっては食事の三分の二がジャガイモである）。社会統計とは、近代国家がどの程度自らを形成したかの指標である。

第2節　第二版『人口論』におけるウォーレス

マルサスは第二版『人口論』の「序」で自分の先駆者の一人としてウォーレスの名を挙げている。しかし初版から六版までマルサスは、ウォーレスにあまり紙数を与えていない。マルサスがウォーレスを批判したのは、ウォーレスが「平等制度」構想において人口圧力が緊急のものであることを見落としている点を指摘するためで、それもコンドルセとゴドウィンに対する批判のほんの前座を勤めさせるためにすぎない。吉田秀夫はこの時のウォーレスの著作は『人類、自然および神慮に関するさまざまな展望』（以下『展望』）と推定している。(12)私も同意する。

しかしすでに私が推論したように、(13)初版当時のマルサスがウォーレスを知ったのはおそらくゴドウィンの『政治的正義』によってであったために、ウォーレスの人口論としてはもっと形の整った『古代近代の人口』を読んでいなかった。初版の目的にとってはそれでよかった。したがってマルサスがウォーレスの人口減少の議論を知ったのは、初版以後の読書によるであろう。マルサスはウォーレスの『古代近代の人口』に第二版ではじめて言及する。第二版の第一四章「ローマ人における人口制限について」の冒頭においてである。同じ章で奴隷の人口が論じられたさいには、奴隷の環境が人口増加に好都合であったというウォーレス説がやはり引用されている。この説は、特に『古代近代の人口』の付録において強調されたし、その付録においてウォーレスはヒュームからの批判（「古代諸国民の人口について」『政治論集』所収）に反論したのだから、マルサスはウォーレスのみならずそのヒュームとの論争も知ったはずである。したがってその論争の紹介も同章でおこなわれている。

両者の論争点は、奢侈が人口増加に好影響を与えるかどうかということと、奴隷制が人口増加に好都合であったかどうかという、二点であったといっていい。[14] マルサスはこのうち奢侈（消費需要）の問題にはまだ関心を持たなかったし、関心を持ってからは『経済学原理』で論じるから、『人口論』のどの版でも立ち入らない。第二版第一四章が論じたのは奴隷制であった。

マルサスは、奴隷の結婚奨励策についてはヒュームを正しいとする。すなわち奴隷の結婚奨励が奴隷所有者の利益になるかどうかがこの問題を考える鍵だとしつつ、マルサスはそれが奴隷所有者の利益にならないとするヒュームに賛意を表した。この理論問題のみならず、実際的にも奴隷人口の動態にも関心を払うのがマルサスの特徴である。マルサスは奴隷がローマに流入し続けたことを重視する。それでもイタリアの人口は増加しなかった。

奴隷が普及していた国ぐににおいて、この耐えざる流入以上に、奴隷の人口増加が不都合であったという強力な証拠はない。[15]

しかしだからといって、結論としてマルサスがただちにヒュームの人口増加説に賛意を表したわけではない。なぜなら古代人口は奴隷の人口で決定されたわけではないからである。まして古代人口と近代人口との問題に「決定的解答」を与えるものではないと、マルサスは述べる。マルサスにとって、時代のいかんにかかわらず、また社会制度のいかんにかかわらず、人口は「雇用し扶養しうる人数」に左右される、いい換えれば「土地が生産する食料に比例する」。ところが、古代人口論争においてはどちらも「正しい推論」を引き出さなかった。両者とも天然痘その他の流行病を人口減少の原因として重視したけれども、マルサスにとってそれは「制限」ではあっても、人口の絶対数の問題にはならなかった。道徳的原因に関しても、同様なことがいえるとマルサスは論ずる。ウォーレスは、古代における結婚奨励策を人口稠密の理由とするが、マルサスはそれをむしろ人口希少の表象と考える。ヒュームについても同様である。ヒュームは近代において独身者の多いことが人口の少ない論拠たりうると考えるが、それは絶対数について何の断定も可能にしないとマルサスはいう。マルサスはこのようにヒューム＝ウォーレス論争を概観した後、「人口に対する制限は明らかに道徳的制限、悪徳および困窮の三つとすることができる」と断言した。第二版で「道徳的制限」が付加されたことは周知であろう。

マルサスのこのウォーレス論には興味ある特徴がある。それはマルサスがウォーレスの人口増加率（三三か三分の一年で倍増）に何の興味も示していないことである。このことは何を意味するであろうか。マルサスがウォーレスを初版で論じたときのウォーレス、すなわち『展望』におけるウォーレスは、ゴドウィンにもマルサスにも近いものを持っていた。ウォーレスはやがて増加した人口が地球の食料供給能力を超えようとして限界に突き当たると考えた。人口が食料の限界に衝突するという見解においては、ウォーレスはマルサスと同陣営であったが、その時期がはるか遠い未来であると考えたという意味ではウォーレスはゴドウィンと同じ考えであった。つまりウォーレスには食料増加率の考えがないながら、人口が増大するにつれて可耕地も拡大されて食糧不足の懸念は、遠い未来までないと信じられていた。初版でのマルサスはこの点のウォーレスを批判する。しかし第二版でマルサスが論じたウォーレスは、ヒュームと論争するウォーレスで、マルサスはこのとき「制限」にしか関心を持っていなかった。それにヒューム＝ウォーレス論争の中では、人口増加率はまったく問題ではなかった。

私はおよそ四〇年前（一九六二年）にこの論争は重商主義政策論争であるゆえんを解明したが、マルサスにはこの視点はなかった。ウォーレスが政策家であり論争家であることを見なければ、その本質を見失う。しかしマルサス自身が論争家であったたし、論争を通じて訴えようとしていたことが社会改良の可否という大きな体制論争であった。フランス革命という近代史上の最大の事件に遭遇しておこなわれたゴドウィンとマルサスとの論争は、その本性においては思想論争であって、マルサスからすればウォーレスの政策視点は小さかったというべきかもしれない。

マルサスは、第二版以降、人口の等比数列的増大と食料の等差数列的増大という命題を捨ててはいないが、これらの命題が基礎とする二つの「公準」のことをいわなくなった。二つの「公準」とは、人間の生存にとって食料が不可欠であること、人間の「情念」には変化がないことである。つまり動植物にも妥当する自然科学的法則である「公準」が人口と食料との増加率という考え方の根底におかれていたが、第二版以降は、初版で人間にも妥当するとしたその「動植物」の法則を削除した。これは「公準」の否定を意味しないであろう。「公準」そのものが間違っているわけではない。ただマルサスにとって、「道徳的制限」を人口抑制に必要な要素に参入させたことが、「公準」を強調することに抵触する意味があって「公準」を退かせたのだと思われる。それはまた、ウォーレス＝ゴドウィン＝コンドルセ批判の課題が第二版で後退したこととも連動している（この課題は第五版〔一八一七年〕のオウエン批判の必要が生まれたとき復活する）。特にゴドウィンが理性によって「情念」が克服されると主張したことを想起すれば、この事情は理解されるはずである。

第3節　マルサスの誤解

マルサスは第二版『人口論』でウォーレス批判を後退させたけれども、逆に思想課題を脱ぐことによってウォーレスの視点に接近したといえる。そのため、マルサスは初版で論じなかったヒューム＝ウォーレス論争に第二版で言及するし、ウォーレスの同志ウェブスターの調査にも配慮するようになった。

ウォーレスはいったい、どんな人口論を展開したのであろうか。ウォーレス人口論はマルサスが検討した彼の二冊の書物で論じられた。私はここで自説を修正しつつ再録しなければならない。[16] ウォーレスが『古代近代の人口』冒頭において人口は三三か三分の一年で倍になり、一〇〇年で八倍になると主張したことに間違いはない。けれども彼はそういったけれども、彼がこの書物の本文（付録を除く）で力説したことは、人口が減少してきているということであった。彼がその人口増加率を用いたのは、世界人類の人口が有史以来、とりわけノアの洪水以来、その率で増加してきたと述べたところまでであった。世界人口はローマが共和制であったころまで増加してきたが、そのころを頂点として、帝政になるや人口は減少に転じたとウォーレスはいう。『古代近代の人口』の本来の主張はここからである。つまりウォーレスは、近代つまり帝政ローマ以来人口が減少し続けていること、そしてそれは、流行病などの「自然的原因」にもよるけれども、政策の誤りという「社会的原因」にもよることを訴えて、政策の転換を図ろうとした。人口減少の局面においては、人口増加率は問題になっていない。つまりこの書物の主張にとって人口増加率は主要な役割を与えられていない。

しかも特徴的なことは、この人口増加率には低い食料増加率というものがともなっていなかったから、このかぎりで原則的に「制限」の問題が発生する余地はなかった。しかし、ウォーレスが論じようとしたのは、人口が増加どころか減少しつつあるという政策問題であったから、これはマルサスの用語でいえば「制限」の問題であった。理論的には「制限」の問題は発生しないけれども、人口減少は政策体系の誤りの指標であったから、ウォーレスが証明しようとしたことは、近代すなわち帝政ローマ以後における政策的誤謬という「制限」が存在するということであった。事実ウォーレスは、「奢侈」および都市（商工業）を人口減少の原因として批判した。一言でいえば、重商主義政策体系に対する批判である。(17)

私は最初にウォーレスを取り上げたとき、彼が「奢侈」およびその温床としての都市を人口減少の原因として批判したことを重視した。それは間違ってはいなかったと今でも思うが、ここで私はウォーレスの重大な意図を見落としていた。ウォーレスは「奢侈」と商業を批判したとき、彼はバークリとともに一七二〇年の南海泡沫会社事件（バブル）に反省を加え、マンドヴィルを批判しようとしていた。したがって繰り返しいうが、政策論者ウォーレスにとって人口増加率はたいした問題ではなかった。彼は近代における人口減少を論証しようと、ローマが共和制以前には奴隷を含めて世界人口がもっとも稠密であったことと併せて、さまざまな文献から博引旁証を重ねた。ウォーレスにとっては、政策的失敗を指摘するにはこの人口動態の論証が人口増加率などという論証不可能な仮説よりも重要であった。ただ彼は近代の人口減少をいうさいには、いったん世界人口は増大したこと、ノアの箱船以来の年月から推定してそのスピードを推計しておくことが有効だと考えたのに違いない。

いわばウォーレスの人口増加率は、近代における人口減少を強調するためにのみ用いられた。食糧増加率がまったく問題にならなかったのも、そのためである。それと同時に彼は、主に奢侈とそれの温床となる都市（商業）、一言でいえば農業軽視が人口減少（不幸）の大きい原因であることを論じた。商工業を重視するヒュームはこうした論点に噛みついたのであり、マルサスはこれらがウォーレスにおける人口増加に対する「制限」であることに注目した。（ただウォーレスはこれらを含めて「自然的原因」と「社会的原因」という「制限」をそれぞれ一〇ほども数えている。これらの中にマルサスが「制限」の意味を持たないと批判したものがあることは前述のとおりである。）いずれにせよ、マルサスがウォーレスの人口増加率に注目しなかったのは当然であった。マルサスにとって人口増加率は食糧増加率とセットになってはじめて意味を持つからである。

私の以前のウォーレス解釈上、もっと重要な修正が必要なのは『展望』である。前に述べたように、ウォーレスはゴドウィンのように遠い将来に人口が食糧の限界に行き当たるとしても、かなり長い間人口は増加を続けられると考えていた。そのようにウォーレスがいったことに間違いはない。またマルサスのウォーレス解釈が違っていたわけではないと、一応はいうことができる。間違っていたのはラスキであり、私であった。

ラスキ『イングランドの政治思想――ロックからベンサムまで――』は、一八世紀イングランド思想史の優れた描写を今日なお依然として与える書物である。しかし、この中のウォーレス論だけは訂正されなければならない。『展望』は一七六一年、ルソー『社会契約』の前年に刊行された。ラスキは、このころ民衆の間に不満が蓄積されていたという観点をウォーレスにも適用する。つまりウォーレスはこの不満を代表するとされる。すこし長いがラスキを引用する。ラスキによれば『展望』は「マルサスの主要命題の先駆であると同時に、社会諸勢力の結合の訴えでもあった。諸勢力の結合によってのみ大衆は貧困から浮上できるからである」。まるでウォーレスは革命を準備しているかのようである。ラスキはそう考えているからこそ、ウォーレスに「現代的芳香」を嗅ぎ取っている。ラスキによれば、ウォーレスが見た社会の害悪は人びとが潜在的に持つ能力を十分に発揮できていないこと、「無知と労苦」を強いられていること、力を得ようとして人びとが対立し、富者に利益をあたえていることである。そしてウォーレスはこれらの害悪の根源を「私的所有と個人的労働組織」に求めた。したがってウォーレスの解決は「共同所有と教育革新」であった。

ラスキは人口問題に最後に触れる。

彼は人間の増加が土地の能力に合わせられて始めて革命が可能になると考えていた。

この論理がこれより前の議論とどう連なるのかは明らかではない。最後にラスキは、ウォーレスが民衆の間に新しい精神が誕生し、全能の立法者が現れ、「後世のオウエン式模型にもとづく入植地の有益な模範」が示されることを夢想していると述べる。私もこの指摘にしたがい、ウォーレスの「くらいユートピア」をかつて描いたことがある。(18)

結論からいえば、ウォーレスは革命を考えたこともなければ、ユートピアを構想したこともなかった。ラスキも私も完全に間違っていた。ウォーレスをゴドウィンと同列に考えたマルサスも誤っていたというべきであろうか。マルサスも誤っていたといっていい。私はこれまで、ウォーレスにユートピア構想があったかのごとくに論じてきたが、ウォーレスにはそういうものはまったくなかった。逆にウォーレスはそういう構想を立てることの無意味を強調しようとしたというべきである。マルサスが知っていたウォーレスは、遠い将来ながら人口圧力で食糧不足になり、人びとはホッブズ的混乱の中に投げ込まれ、理想社会は崩壊すると予言していた。このように予言したことは確かである。マルサス、ラスキも私もこのことは知っていた。しかしウォーレスはこの後、それゆえに理想社会構想を立てることは無意味だといっている。マルサス、ラスキそして私もここまで読むべきであった。読んではいた。しかし、これまでユートピア構想に親しんだものは、ユートピアの構想が無駄であることを論証するためにユートピア構想を論じた例を知らないから、最後のどんでん返しを読みすごした。

ウォーレスは、『展望』の「はしがき」で微妙なことを述べる。彼は、この本の目的が道徳と宗教の原理であって統治構造や社会構成ではないといい、訴える相手として「特に自由思想家〔無神論者〕」を考えていること、またしかし若い時に「論争のほろ苦さ」を経験しているので冷静に論じたい旨を書いている。事実この本は論争の書であった。彼は議論を人間社会の不完全さから始める。社会が不完全だから、人口も完全に増大していないし、古代のほうが人口は多かった。ここで『古代近代の人口』の人口論が簡潔に繰り返される。[19]もし貧困がなくなり、貧困化のおそれもなくなった場合、つまり社会が完全化した場合、なにが期待できるか。「人びとがすべて勤勉になり、労働の配分が適切公平になり、労働を協同でする」ようになる。私的所有批判がこの後に来る。そして人間世界の「最高の壮麗」が実現されるためには、「政府が大変革を受け、新しい教育原理が導入されなければならない」と主張される。ラスキがいったとおりのことをウォーレスは述べている。ところがウォーレスは「このような完全な模範的政府あるいは教育を作ることははなはだ困難」だと付け加える。

困難だといいながら、ウォーレスは、ユートピアの全貌を描くことは無理だとしても、主要な骨組みを語ることは「不可能ではない」し、「不愉快でもない」として大筋を語る。すなわち、労働時間は平均して三時間ないし六時間、余暇は勉強に用いられ、地域の直径は五〇ないし一〇〇マイル、すべての人は農業をおこない、行政の仕事を割り当てられるものもいる。結婚は男子が二四歳ないし二六歳、女子の二〇歳まえの結婚は禁止。

すべてのものの労働の成果は共同所有。すべての者が何事かをする義務があり、何人も過酷な労働を負わされない。[20]

たしかにこのかぎりでウォーレスはユートピアに近いものを語っている。しかしここでわれわれはウォーレスの意図に気づくべきであった。その理由の一つは、ウォーレスが明白にユートピアの議論、つまり近代批判は、この国の憲法あるいは国家構造に対する「尊敬」を失わせるものではないし、古代のいかなる統治よりも「一六八八年」がいいと名誉革命体制を手放して賞賛していたからである。[21]古代には所有がなく、平等が支配していたから人口は大きかったというのであるから、それに勝る名誉革命体制を別の体制に代える必要はなにもない。もう一つの理由は、ウォーレスが楽しみのためにユートピア構想を語っている点である。たしかにモアのユートピアは娯楽読み物の側面を持っている。モアはウォーレスがもっとも親近感を持って何度か言及した作家であった。だが、読者にとって楽しい読み物かもしれないが、モア自身は自分の娯楽のために『ユートピア』を書いたのではなかった。ところがウォーレスはユートピアを書くことが娯楽だという。これはつまるところ、ユートピアを構想する人を「さぞお楽しみで」と茶化しているというべきである。ウォーレスはユートピアを考える気はない。真面目にユートピアを構想するならば、再生産の仕組みをかりそめにも考慮するのが常識であるが、ウォーレスは露ほどもそのことを述べない。そして最後にウォーレスは断定する。

> このような幸福な社会構造は最後には実行不可能だと分かるはずである。[22]

つまりウォーレスがいわんとするところは、ユートピアを語ることはユートピアが失敗すると語ることであり、ユートピアを語ることに意味はないということであった。

ウォーレスのユートピア論はそれゆえ、ユートピア論者に対する巨大な皮肉というべきであり、『展望』には『古代近代の人口』の人口論が再現するけれども、ここではもはや政策批判の意義を担うのでなく理想社会構想の無駄を論証するための一つの論理となっているから、両者を連結させて理解してはならない。ウォーレスがこのとき誰を念頭に置いていたかは、先に引用した「自由思想家」以上には分からない。[23] ただウォーレスは『展望』において理想社会構想を提示したこれまでの「哲学者」に感謝し、彼らが誠実で熱心であったことを讃えた。彼が具体的に述べた哲学者は、プラトン、モア、ハリントン、ヒュームであった。ヒュームが『政治論集』においてウォーレス批判の論文「古代諸国民の人口について」を書いたのと並んで、「完全な共和国の構想」を書いていることが誰しも思い浮かぶであろう。その中でヒュームは、「このような〔完全な〕政府が不死であることは研究するまでもない」[24]と述べた。しかしウォーレスは哲学者たちに感謝した後に付け加えていった。

しかし彼らの〔理論的〕基礎は間違っていた。[25]

第4節　ウォーレスの歴史的位置

かつてシヴィック・ヒューマニズムという思想史の枠組みが作られる前、ウォーレスを「共同体国家主義者」(commonwealthman) の中に入れる議論があった。提唱者ロビンズによれば、コモンウェルスマンというのは、ミルトン、ハリントン、シドニなどの共和思想啓蒙家の系譜をひく人びとのことである。ただしハノーヴァー朝下では王政を承認し、保守的な側面さえ持つ「真のウィグ」である。一八世紀には三世代が数えられ、「この中期のもっとも急進的な考えは、ロバート・ウォーレスの説教と『さまざまな展望』(一七六一年)、すなわち形式においてユートピア的ではあるが、当時の状況を非常によく考察した書物にある」。ロビンズは今なおみごとな一八世紀ブリテン思想史研究において、ウォーレスをこのようにとらえた。

ラスキと同様にロビンズも『さまざまな展望』をユートピア構想の書物と誤解した。ロビンズは数頁にわたって彼女がユートピアと考えるものの輪郭を描いたが、ついに崩壊するユートピアの意味を取り違えたままであった。したがってロビンズが「ウォーレスはこれらの論考において友人ヒュームの考えを変えようとして『さまざまな展望』を書いていたのであろうか」といったとき、彼女は私の推論した意味でいっているのではない。それに続けてロビンズはいう。

あるいは彼は、ルソーとモーペルテュイが最近広めた政治体制よりももっと素晴らしい体制を同国人に提示するために書いていたのであろうか。

訴える対象がヒュームであれ大陸思想家であれ、ロビンズはウォーレスが「素晴らしい体制」構想を提示したことを前提として問題提起をしている。ロビンズ自身の解答は後者を示唆するが、彼女はウォーレス論の最後にこう述べた。

同時にウォーレスの著作はスコットランドに急進思想が存在した証拠を提供している。[26]

ラスキと同様にこの解釈の根拠もなくなった。

ロビンズ解釈を踏まえ、いわゆるシヴィック・パラダイムの中でウォーレスを捉えたときのイストヴァン・ホント[27]は、ウォーレスが七年戦争初頭に当たってブラウンに対してブリテンの国力を誇示しようとした『グレート・ブリテンの政治的現状の特徴』(一七五八年)をもっぱら用いた。ウォーレスはこのとき、奢侈批判の論調を薄める。銀行券の流通に賛成もしている。ウォーレスのいわば発展理論はこの著作に一番顕著である。ホントは問題を経済の領域に求めたため、人口と政治体制という人口論から微妙にずれることとなって、ラスキ=ロビンズの誤りを踏襲しなかった。ただしウォーレスは、依然としてヒュームの裏側に位置づけられている。マルサスはまだ、こうした問題に取りかかっていなかった。

むすび

第二版『人口論』は、初版とは別の「新しい本」として生まれただけに、ウォーレス論の内容も変化し、ウェブスター調査への言及もなされた。特にマルサスがウェブスター調査に言及したことは、初版『人口論』がもっぱら「公準」と「命題」からなり、例証が乏しかったのに比べると、「命題」は保持されたものの格段に例示が増加したことを反映している。ただ「命題」は残った。そしてウォーレス＝ゴドウィン説も後退したにせよ残った。本章は、ウェブスター調査の概要を述べるとともに、マルサスによるウォーレス解釈に誤りが含まれている点を指摘した。

第二版「まえがき」は、初版以後に学んだ人として何人かを挙げたが、その中の一人がベンジャミン・フランクリンである。フランクリンの人口論文[28]は、一七五一年執筆という古いものとはいえ、ウォーレスの『古代近代の人口』より二年早いだけである。短いが、多くの問題を提示していた。第二版『人口論』で付け加わった第一編第一章の冒頭近くで、マルサスがまず言及したのは、フランクリンの文中であまり重要でない発言、すなわち動植物には生存手段に対する相互干渉以外に限界がないという、マルサスがもっとも同意できる命題であった。第八章におけるフランクリンの引用、すなわちアフリカが数百年にわたって奴隷を輸出し続け、「アメリカを半分黒くした」にもかかわらず、アフリカに「空隙」ができたとは思われないというフランクリンの指摘も、ほぼ同じ趣旨であった。しかも二つの引用は、フランクリン論文では順序が逆であるが、近接している。第二篇第六章における言及は、フランクリンの人口増加率（一夫婦から八人が生まれ、半分が成人する。二〇年で倍加）は早すぎるという批判である。

マルサスのフランクリンに対する言及はほぼ以上に尽きる。しかしじつはフランクリン論文は短いけれども、家族の扶養の難易、都市と農村、植民地と需要、人口減少の六つの原因（被征服、領土喪失、貿易の衰退、食糧喪失、所有の不安定、奴隷の導入）、奢侈品の輸出入、移民などが簡潔に論じられていた。マルサスは、彼が言及した文章だけからでなく、これらすべての諸問題が人口問題に付随していることを学んだであろう。第二版『人口論』の「はじめに」がジェイムズ・スチュアート、ヤング、タウンゼンドを挙げていることからだけでも、そのことは推察できる。『経済学原理』のマルサスへの道を、この第二版が歩み始めたのは確かである。

注

（1）ウォーレスの伝記としては、永井［2］第七章が述べた三つの他に、［16］（pp. 238-247）がある。ただし、ラムゼーに新しい情報はあまりない。

（2）［10］p. 9. ついでながら一七〇七年の合邦当時のスコットランド総人口はおよそ一〇〇万を越えたくらいという推計がある。［20］p. 258. スマウトもウェブスター調査が「われわれの最初の明確な数字」（p. 259）と評価した。スマウトによればまた、「ウェブスター調査が持つ最大の衝撃的特徴の一つは、非常に幼い子どもの非常に大きい死亡率である」（p. 268）。

（3）永井［2］第七章参照。

（4）*DNB*, qv. なお、この辞典によれば、一七五五年以前にサー・ロバート・シボールドが一六八二年に人口調査を企てたが、未完に終わったという。この辞典の「シンクレア」の項には、シボールドのほかケイムズ、キャンベル、スメリーがウェブスターとともにシンクレアの先駆として述べられている。ウェブスターの著作としては、［23］の他、この主題に関連しては、*Calculations, with the Principles and Data on which They are instituted relative to the Widows' Scheme*, Edinburgh, 1748. も注目される。なお、草稿が国立スコットランド図書館に所蔵されているという情報は、この辞典を初めウェブスター調査に言及した人がたいていい触れている。

(5)［6］は、政府の要請という「直接の証拠」は見つからないとする。〈*Ibid*., p. 58.〉ただこの本の 3. Webster's private census（pp. 58-64）はウェブスターの人口統計のもっとも詳細な評価を与えている。

(6) *DNB*, Webster, Alexander.

(7)［13］p. 124.「ウェブスター博士の調査はシンクレア調査より正確で完全であった」。

(8)［17］p. 288.To George Chalmers, 10th Nov. 1785. ウェブスターが死の少し前にスコットランド全人口推計を訂正したことについては、スミスは、ジョージ・チャーマーズ宛の別の手紙で、ウェブスターの後継者たちと話した結果、どうやらウェブスターの一時の気の迷いだったと報告している。スミスはこの後、彼らの推計では、商業都市圏における人口増加とハイランドなどの過疎地の人口減少とが相殺しあって、一七五五年と一七七九年とでスコットランド総人口は「ほとんど同じ」であろうという。［17］3 Jan. 1786, pp. 290-1.

(9)［19］I, viii, 39-40. スミスにとってマルサスの「制限」に当たるものは、ただ「貧困」というのみで、マルサス初版『人口論』のように「悪徳」と「困窮」に特定されていない。

(10)［15］1773, p. 88.

(11)［12］I, pp. 281, 290-1.

(12)［3］五三頁。

(13)［2］六八―九頁。

(14) 後にマルサス批判家として登場するエンソーは、奴隷制にしか注目しなかった。「ウォーレス氏は主に古代奴隷の多数を論拠として古代人口が多かったとする議論を述べた。」［5］p. 57.

(15)［12］I, p. 143.

(16)［1］第一章および［2］第七章。また、ウォーレスはかならずしもあらゆる点でバークリの追随者であったわけではなく、随所で商業あるいは奢侈の効果を限定的ではあるが認めたことを付記しておきたい。なお、本節での私の所見は、もともと次の書物のために二〇〇〇年八月に書かれたものの一部である。Sakamoto, Tatsuya and Tanaka, Hideo (eds.), *The Rise of Political Economy in the Scottish Enlightenment*, London, 2003.

(17) ウォーレスをシヴィック・ヒューマニズムと共和主義に引きつける解釈がある。もしこの解釈が共和制ローマをウォーレスが人口の最大時期と述べたことに根拠を置くとすれば、私はウォーレスがローマに奴隷制を認めていたことを考慮してこの解釈を留保する。同時にウォーレスの奢侈批判もそれに関連して指摘されることがあるが、ヒュームを考慮してやはり留保したい。ただもし *A View of the internal Policy of Great Britain*, London, 1764. がウォーレスの作であれば、その第五章が明白に王政よりも共和政のほうが「国民の必需品消費が大きい」と述べているから、晩年のウォーレスを共和主義者と解することができる。

(18) ［1］第一章。

(19) ウォーレスはヒュームとの論争を回顧し、それは「もっとも深い政策」と密接に関わっていたという。農業と工業とのいずれを奨励すべきかが問題であったともいう。［21］pp. 6-8.

(20) ［22］Prospect II, especially p. 46.

(21) ［22］Prospect III, pp. 94-5.

(22) ［22］p. 29. Cf., ibid., p. 114.「完全な形の政府は、最後には人類をきわめて深い困惑、いたるところでの混乱に巻き込まずにはおかない」。なぜなら人口増加が土地生産力の限界に衝突することに対する施策は、結婚の抑制、幼児遺棄などの「不自然で非人間的な」(p. 118) ものしかありえなかった。

(23) ウォーレスのいう「自由思想家」は、「自由思想家への忠告」と題するProspect XIIにおいて輪郭を辿ることができる。一言でいえば政治と宗教との領域における「はみだし者」であるが、きわめて多様とされる。［22］pp. 387-406.

(24) ［9］p. 303. ヒューム『政治論集』について「疑いもなく一般にマルサス以前に人口動態について書かれたもっとも優れた労作である」と絶賛したのは、ドイツのフォン・モールであった。［14］Band III, s. 424. cf., s. 397.

(25) ［22］Prospect IV, p. 123.

(26) ［17］pp. 14, 163, 167, 178, 199-211, 278, 380, 384.

(27)［8］pp. 290-1.

(28)［7］参照。この論文は一七五五年にはじめて公表されるが、それも別の著者による書物の付録であり、その後も単独で出版されず、何かの付録として何度か出された。

参考文献

［1］永井義雄『イギリス急進主義の研究』お茶の水書房、一九六二年。

［2］永井義雄『自由と調和を求めて』ミネルヴァ書房、二〇〇〇年。

［3］吉田秀夫『各版対照マルサス人口論』I、春秋社、一九五〇年。

［4］*Dictionary of National Biography*.

［5］Ensor, George, *An Inquiry Concerning the Population of Nations, containing a Refutation of Mr.Malthus's Essay on Population,* London, 1967 (originally publised in London 1818).

［6］Flinn, Michael, *Scottish Population History from the 17th Century to the 1930's,* Cambridge, 1977.

［7］Franklin, Benjamin, *Observations concerning the Increase of Mankind, Peopling of Countries, etc.,* in *The Writings of Benjamin Franklin,* collected and edited with a Life and Introduction by A. H. Smyth, vol. III, pp. 63-73, New York, 1907.

［8］Hont, Istvan, The 'Rich Country — Poor Country' debate, in Hont and Ignatieff (eds.), *Wealth and Virtue : the Shaping of political Economy in the Scottish Enlightenment*, Cambridge, 1983.　大友敏明訳「スコットランド古典経済学における「富国＝貧国」論争」水田洋・杉山忠平監訳『富と徳――スコットランド啓蒙における経済学の形成――』未来社、一九九〇年。

［9］Hume, David, *Political Discourses*, London, 1752.

［10］Kyd., J. G., The Facts about Scotland's Population, in A. M. Struthers (ed.), *Scotland's Changing Population*, Edinburgh, 1931.

[11] Laski, Harold Joseph, *Political Thought in England, from Locke to Bentham*, II, London, 1950 (first published 1920).『イギリス政治思想Ⅱ——ロックからベンサムまで——』堀豊彦・飯坂良明訳、岩波書店、一九五八年。

[12] Malthus, Thomas Robert, *An Essay on the Principle of Population*, edited by Patricia James, Cambridge, 1989.

[13] Mitchison, Rosalind, *Agricultural Sir John, the Life of Sir John Sinclair of Ulbster 1754-1835*, London, 1935.

[14] Mohl, Robert, *Die Geschichte und Literatur der Staatswissenschaften,* Band III, Graz, 1960 (erst erschienen in 1858).

[15] Price, Richard, *Observations on Reversionary Payments, on Schemes for Providing Annuities for Widows, and for Persons in old Age ; on the Method of Calculating the Values of Assurances on Lives; and on the National Debt.……*, the third Edition, London, 1773.

[16] Ramsay, John Esq., *Scotland and Scotsmen in the Eighteenth Century, from the MSS. of John Ramsay, Esq. of Ochtertyre*, edited by Alexander Allardyce, Edinburgh and London, 1888.

[17] Robbins, Caroline, *The Eighteenth-Century Commonwealthman, Studies in the Transmission, Development and Circumstance of English Liberal Thought from the Restoration of Charles II until the War With the Thirteen Colonies*, Cambridge , 1959.

[18] Smith, Adam, *Correspondence*, Oxford, 1977.

[19] Smith, Adam, *Wealth of Nations*, Oxford, 1976.

[20] Smout, T. C., *A History of the Scottish People 1560-1830*, London, 1969.

[21] Wallace, Robert, *A Dissertation on the Numbers of Mankind in Ancient and Modern Times*, Edinburgh, 1753.

[22] Wallace, Robert, *Various Prospects of Mankind, Nature and Providence*, London, 1761.

[23] Webster, Alexander, *Account of the Number of People in Scotland in the year 1755*, as James Gray Kyd (ed.), Scottish History Society, Edinburgh, 1952.

第二部

マルサス『経済学原理』の歴史的形成

遠藤　和朗

第7章

スミスとマルサス

人口法則と労働維持基金および資本蓄積

アダム・スミス（Painting by John kay in National Galleries of Scotland）

はじめに

マルサスは、初版『人口論』において、自分が提示しようとする諸原理の基礎はアダム・スミスにあるとして、次のように述べている。

私が提示するもっとも重要な論議はたしかにあたらしいものではない。それが基礎とする諸原理は、一部はヒュームにより、またそれ以上にじゅうぶんにアダム・スミス博士により、説明されたことのあるものである[1]（*EPP, Works*, Vol.1, p.7. 訳二〇頁）。

マルサスはいかなる意味でこのように述べたのであろうか。『人口論』の基礎的原理は、人口増加率が食糧増加率をはるかに上回るが、現実の人口は食糧の水準まで抑止されるという人口法則にほかならない。だが、このような人口法則は素朴な形で、すでにスミスの『国富論』のなかに見ることができる。また人口法則は、文明社会においては労働雇用の形であらわれることや、労働賃金の高低を規定する労働需要が労働維持基金にもとづくことも、スミスとマルサスには共通しているのである。マルサスは、特に初版『人口論』第一六章において、スミスにおける国富の増加と労働維持基金との関連を取り上げ、労働者の境遇改善に関するスミスの所説を批判しつつも、さらに『人口論』の後続諸版や『経済学原理』においても、この問題を批判しながらも継承・発展させている。そして『経済学原理』において彼は、一国の富の増大と労働維持基金の増加には、資本によって雇用される生産的労働者と収入によって雇用される不生産的労働者との適正な割合が重要であると説き、富の生産と資本蓄積に関しても、スミスとの共通の認識を示している。したがって、マルサスは、『人口論』と『経済学原理』の両著書において、スミスの経済学の体系を継承したものと思われる。

それゆえ、本章では、人口法則と労働維持基金および資本蓄積に関するスミスの所説とマルサスの所説とを比較検討して、マルサスがいかなる点でスミスに負うているのか。そして、マルサスは、スミスの所説をどのように継承して自分の学説を展開したのかを具体的に考察することにしたい。

第1節　スミスの人口法則と労働維持基金および資本蓄積

1　人口法則

スミスは『国富論』において、あらゆる種類の動物の増殖と生活資料との関連を次のように述べている。

あらゆる種類の動物は、その生活資料に比例して自然に増殖する。そして、どんな種類の動物も、これを超えて増殖することはできない。だが、人類の文明社会では、生活資料の乏しさが人間種族の増殖に限界を設定しうるのは、低い階層の人びとの間だけのことであって、しかもそういうことができるのは、彼らの多産的な結婚から生まれる子どもの大部分を死亡させるという方法以外にはないのである[2]（WN, Vol.1, pp. 97-8. 訳I、一三五頁）。

このように、スミスによれば、人間を含めるあらゆる動物は、生活資料に応じて増殖するが、その生活資料を超えて増加することはできない。人間の場合には、生活資料の限界が下層階級に貧困をもたらし、子どもが多数死亡するという形であらわれるというのである。

ところが、下層階級の労働者に豊かな報酬が支払われる場合には、子どもたちによい衣食を与えることができるので、多数の子どもの養育が可能となり、人口増殖に対する限界は自然に拡大することになる。この豊かな報酬は、労働に対する需要が必要とする程度に応じるものである。

もしも、こうした需要がたえず増加するならば、労働の報酬は必然的に労働者の結婚と増殖を刺戟して、たえず増大する需要を、たえず増大する人口によって満たすことができるようになるにちがいない。もし報酬が、この目的に必要な大きさよりも少なければ、かならずや人手の不足はまもなく報酬を引き上げるであろうし、また労働の報酬が右の大きさよりも多ければ、彼らの過度の増殖はかならずやまもなく、報酬をその必要な率にまで引き下げるであろう。市場は一方の場合には、労働がそれだけ供給不足であり、他方の場合にはそれだけ供給過剰であって、この過不足は、社会の事情が必要としている適当な率にまで、労働の価格をまもなく引きもどすであろう。このような仕方で、人間に対する需要は、他のすべての商品に対する需要と同じように、人間の生産を必然的に左右する（WN. Vol.1, p. 98. 訳Ⅰ、一三六頁）。

こうして、スミスにおいては、商品価格の決定と同様の原理でもって、つまり労働に対する需要・供給によって労働価格が決定されるのであり、下層階級の賃金の高低を規定する労働需要の程度如何が、社会における人口増加を左右することになる。「世界のすべての国々において、すなわち北アメリカにおいて、ヨーロッパにおいて、シナにおいて、人間繁殖の状態を左右し決定するものは、人間にたいするこの需要なのである」（WN. Vol.1, p. 98. 訳Ⅰ、一三六頁）。スミスによれば、労働に対する需要が不断に増加している北アメリカのグレート・ブリテン植民地では、労働の報酬がよいために人口が増殖し、「住民は二〇年ないし二五年のうちに二倍になる、ということが明らかにされている」（WN, Vol.1, p. 88. 訳Ⅰ、一二〇頁）のであった。

2　労働維持基金とグレート・ブリテンの高賃金

それでは、労働需要は何に依存するのであろうか、スミスは次のようにいう。

賃金によって生活する人びとに対する需要は、いうまでもなく、賃金の支払に当てられる基金の増加に比例するよりほかには増加しようがない。こうした基金には二種類あって、第一は、生活維持に必要な部分を超える収入であり、第二は、親方の業務に必要な部分を超える資本である（WN, Vol.1, p. 86. 訳Ⅰ、一一七頁）。

スミスによれば、労働に対する需要は、賃金の支払いのための基金の大きさに依存するというのである。そしてその基金は、生活維持に必要な部分を超える収入と親方の業務に必要な部分を超える資本にもとづくのである。資本によって雇用されるのは、賃金労働者、すなわち生産的労働者であり、収入によって雇用されるのは家事使用人、すなわち不生産的労働者である。スミスのいう不生産的労働者の中には、家事使用人だけでなく、主権者、官吏、兵士、聖職者、法律家、医師なども含まれ、スミスはこれらの人びとが何ら物的生産物を生産しなくても、社会にとって「もっとも尊敬すべき階級」の労働で有用であるといっている。むろん国家の収入によって雇用される不生産的労働者数が多くならないように、スミスは財政支出の節度を説いてはいるが、彼にとって問題だったのは、当時の社会で相当数の人口割合を構成していた家事使用人の存在なのであった(3)。

さて、スミスによれば、労働者に対する需要は、労働維持基金の増加、すなわち一国の資本と収入との増加、つまり国富の増加によって増加することになる。

賃金で生活する人々に対する需要は、あらゆる国の収入と資本が増加するにつれて必然的に増加するのであって、それなしにはとうてい増加しえない。収入と資本の増加は国民の富の増加である。それゆえ、賃金で生活する人々に対する需要は、国民の富が増加するにつれて自然に増加するのであって、それなしにはとうてい増加しえないのである（WN, Vol.1, p. 86-7. 訳Ⅰ、一一八頁）。

こうして、労働に対する需要は、国民の富、すなわち一国の「生活必需品と便益品」の増大とともに増大することになる。しかも、労働者の状態が幸福で快適であると思われるのは、国民の富の現実的な大きさではなく、富が不断に増加しているという、社会が発展的状態にあるときである。つまり、労働に対する需要がその供給をつねに上回る発展的社会においては、労働者と労働者の家族の生活は幸福で快適であった。スミスは、当時のグレート・ブリテンの賃金が継続的な労働需要増大の結果、名目的にも実質的にも高賃金であったことを次のように述べている。

大ブリテンにおける労働の貨幣価格は、たしかに今世紀を通じて上昇した。しかしこれは、ヨーロッパ市場での銀の価値の減少の結果というよりも、むしろグレート・ブリテンのほとんど全般的ないちじるしい繁栄から生じた労働需要の増大の結果であると思われる。……グレート・ブリテンでは、すでに述べた通り、労働の実質的報酬、つまり労働者に与えられる生活の必需品や便益品の実際の量は今世紀を通じてかなり増加した。……大ブリテンという特定の市場での、この国の格別に恵まれた事情からくる労働の真の価格の上昇の結果であったと思われる（WN, Vol.1, pp. 218-9. 訳Ⅰ、三二八—九頁）。

このように、グレート・ブリテンにおける労働者の賃金は、「労働者がその家族を養えるのにちょうど必要な大きさを明らかに上回って」おり、「普通の人道にかろうじてかなっている程度の低さ」のところはどこにもなかったのである。マルサスの時代とは異なって、スミスの時代の大ブリテンでは、労働に対する継続的な需要の増大があって、労働供給の過剰は問題にならなかったのである。

スミスにとっては、高賃金は、社会の進歩の徴候であるとともに、人口の増殖を刺戟し、庶民の勤勉を増進させるものであった。このようなスミスの高賃金の思想は、輸出奨励を重んじる重商主義者の低賃金思想とは対照的に、政治社会の大部分を構成する労働者や家事使用人の境遇を改善することが、その社会にとって不都合と見なされるはずは決してないとして、社会的公正の観点からも主張されるのであるが、スミスは、高賃金による商品価格の上昇が、需要の減少と内外市場の喪失につながる心配はないというのである。

労働の賃金が上昇すると、賃金となる価格部分が増加し、多くの商品の価格が必然的に高まる。そしてそれだけ、国の内外におけるこれら商品の消費は減ることになる。けれども労働の賃金を引き上げるのと同一の原因である資本の増大は、労働の生産力を増進させ、より少ない量の労働でより多い量の製品を生産させる傾向がある。……それゆえ……労働の価格の騰貴を相殺してあまりあるほどになるのである（W.N. Vol.1, p. 104. 訳I、一四七頁）。

つまりスミスは、高賃金をもたらす資本の増大が労働生産性を高め、価格を引き下げ高賃金を相殺するから、内外市場での需要の減少を心配するにはおよばないというのである。そのうえ彼によれば、資本の増加は、競争の作用によって利潤を引き下げるから、「多くの商品の価格の面で、労働の高い賃金を相殺する」のであった。

3　富の生産と資本蓄積

スミスにおける労働者は、一国における資本と収入に雇用される生産的労働者と不生産的労働者に分類できるが、生産的労働者と不生産的労働者の割合は、資本と地代や利潤の形での収入の割合に依存することになる。

生産的労働者と不生産的労働者との割合は、どこの国でも、年々の生産物のうち、土地または生産的労働者の手から出てくるやいなや資本の回収に当てられる部分と、地代または利潤のかたちで収入に当てられる部分との割合に依存するところが非常に大きい。この割合は、富んだ国と貧しい国とでは著しく異なっている（WN, Vol.1, pp. 333-4. 訳Ⅰ、五二二頁）。

このように、スミスは、生産的労働者と不生産的労働者の雇用の源泉を明らかにしたのであるが、この双方の労働者を維持する基金の割合が、住民が勤勉であるか怠惰であるかの性格を支配して一国の豊かさを決定することになるという。

これら二つの基金の間の割合は、あらゆる国において、その住民の一般的性格が勤勉であるか怠惰であるかを必然的に決定するものである（WN, Vol.1, p. 335. 訳Ⅰ、五二五頁）。

資本と収入の比率は、どこでも、勤勉と怠惰との比率を左右するように思われる。資本が優勢なところでは勤勉が広がり、収入が優勢なところでは怠惰がはびこる。それゆえ、資本が増減するたびに、勤勉の実際の量、すなわち生産的労働者の数は自然に増減する傾向があり、またしたがって、その国の土地と労働の年々の生産物の交換価値、その国の住民の真の富と収入は、自然に増減する傾向がある（WN, Vol.1, p. 337. 訳Ⅰ、五二八頁）。

このように、スミスにおいては、結局、勤勉な生産的労働者の雇用こそが一国の富裕のために重要なのであった。つまり、一国民の富を生産するのは、資本によって雇用される生産的労働者であるから、生産的労働者を多く雇用し、不生産的労働者を雇用することを少なくすればするほど社会は富裕になるというのであった。「年々の生産物の全体は、大地の野生の産物を除けば、すべて生産的労働の成果」なのである。

かくして、一国の富＝生活必需品と便益品を増大させるためには資本の蓄積をおこない、勤勉で、真面目な生産的労働者を増加させなければならない。スミスは、その方法を節約に求めたのであった。ここでの節約の担い手は資本家である。[4] スミスにおいては、資本家が節約し貯蓄するものはすべて資本蓄積に向かうものと把握され、節約（貯蓄）＝資本蓄積（投資）が強調される。

> 節約は、生産的労働者の維持に当てられる基金を増加させることによって、その労働が投下される対象の価値を増加させる労働者の数をふやすものである。したがって節約は、その国の土地と労働の年々の生産物の交換価値を増加させる傾向がある（WN, Vol.1, p. 337. 訳I、五二九頁）。

それゆえ、年々の生産物を浪費することなく節約し貯蓄しなければならない。節約によって資本を蓄積し、それによって、家事使用人のような不生産的労働者を生産的労働者に転換して、社会の富を増大させねばならないというのであった。換言すれば、スミスは、当時の貴族や地主または富裕階級がかかえていた多数の家事使用人を農業・工業・商業に従事させることによって、一国の富＝生活必需品と便益品の増大をはかろうとしたのであった。そして、それは同時に労働需要が増大して高賃金が保証され、労働者階級が富裕になることを意味するものであった。

第2節　マルサスの人口法則と労働維持基金および資本蓄積

1　人口法則と道徳的抑制

マルサスによれば、自然は、動植物界に対して寛大に生命の種子をまきちらしたが、それらを養うための空間と養分については吝嗇であった。したがって、動植物は、強力な本能によって増殖しようとするが、すべてを支配する自然法則のもとに制限され、種子の浪費、病気、および早死にからまぬがれることはできない。人類もその例外ではなく、理性による努力によってもこの自然法則からのがれることはできない。すなわち、優勢な増加力を持つ人口が生活資料の水準にまで押しとどめられなければならないことから、人間社会においては不幸と悪徳が生じるというのである。

マルサスは、このように自然法則を説明するのであるが、現実の文明社会においては、スミスと同様に、人口は労働雇用に対する労働者数の増減としてあらわれるとする。彼は、労働に対する需要・供給によって規定される労働価格の高低にもとづいて人口が変動する様を、次のように説明する。いまある国において、生存手段と人口数とがちょうど釣り合っているところから出発しても、人口増加に対する不断の努力が、生存手段が増大する前に人口を増大させると、「労働者の数もまた市場における仕事の割合を超えるから、労働の価格は低下の方向にむかわなければならないし、他方、食糧の価格は、同時に上昇する傾向があるであろう。それゆえ、労働者は、前と同額をかせぐために、さらにいっしょうけんめい働かなければならない。この困窮の時期の間、結婚に対する支障と、家族を養う困難さとは、ひじょうに大きいので人口は停滞している」（*EPP, Works*, Vol.1, pp. 14-5. 訳、三二一三〇頁）。だが、この時期には、依然として労働者は豊富であり労働の価格は安価であるから、耕作者を刺戟して多くの労働者を雇用させ新しい土地を開墾させることになる。そうすれば生活資料が増産され、生存手段と人口との比率が改善される。この過程において、労働需要が供給に比して増大し、賃金も上昇するから労働者の生活は安楽になる。すると人口増加に対する抑制はゆるみ、再び人口は増加しはじめることになる。こうして、人口増加に関する振動は、労働に対する需要と供給との関係および労働価格の高低に依存することになるのである。マルサスは、第二版『人口論』の改訂においては、次のように述べている。

……人口の正確な尺度は、実際食物の分量ではなくして——蓋《けだ》しその一部分は輸出されるから——仕事（employment）の量である。……この仕事の多少は、必然的に下層階級の人民の食物獲得力が依存する労働の労賃を左右するであろう（*EPP*, James, I, p. 434. 訳Ⅲ、三五二頁）。

このように、マルサスは人口と雇用量との関連を強調するのである。むろん、人口を支えるのは食糧なのであるから、彼においては人口と雇用量、そして国内の食糧の量は一体化されて捉えられているのである。そのうえで、労働雇用と労働価格との関連において人口振動が把握されている。このことは、農工併存制度を主張する第五版『人口論』においても同様である。なお彼は、人口増加に関する振動の時期は、多くの攪乱要因の作用により一般の人びとには分かりにくいと述べているが、なかでも、特に教区法などによる労働市場の自由の欠如や労働の名目価格と実質価格との相違などに言及している。

さて、労働価格の上昇をはかり労働者の境遇を改善するための方策が、人口増加を抑制し労働供給の調節を可能にする「道徳的抑制」である。スミスの時代のグレート・ブリテンでは、つねに労働需要が労働供給を上回り、労働供給の調節は問題にならなかったが、マルサスの時代には労働供給の過剰が問題になったのである。そこでマルサスは、第二版『人口論』において、「徳の道は永久的幸福に導く唯一の道」であるとして、「道徳的抑制」を強調したのである。この「道徳的抑制」が、人類にふりかかる不幸と悪徳からわれわれを解放し、労働者の境遇を改善する「唯一の道徳的方法」なのである。それを体得するためには、マルサスは、スミスが提案したものと類似の計画にもとづく教区学校によって、幸福と窮乏は自分自身にかかっているということを教えるほかに、謹厳、勤勉、独立および慎重の習慣と、宗教的義務の適切な履行を教育することが重要であると主張するのである。

このように、マルサスは、教育の重要性を指摘して「道徳的抑制」を強調するのであるが、それは具体的には第一に、労働供給を抑制して労働価格の上昇をはかり、生産物の分配を改善することを意味する。第二に、下層階級の間に慎重の習慣と独立心、適度の自尊心、清潔感を育成し、生活の便宜品や奢侈品への嗜好を習慣づけることによって、「困窮標準」(standard of wretchedness) を引き上げることになる。「その点以下では、結婚し子孫を殖やし続けられない」とする「困窮標準」の引き上げは、下層階級が生活水準を向上させることを意味している。マルサスによれば、奢侈の拡大は「困窮標準」を引き上げる最善の手段の一つであった。したがって、「国民的富からいっても国民的幸福からいっても、もっとも有利と思われるものは、人民大衆の間に奢侈が普及することであって、少数者における過度の奢侈ではない」(*EPP*, James, II, p. 193. 訳Ⅳ、一七四頁)。

以上のように、マルサスが第二版『人口論』で主張した「道徳的抑制」は、下層階級の境遇改善と幸福の増進のために、過剰人口から生ずる不幸と悪徳の救済策として不可欠であった。

2　労働維持基金と賃金

マルサスは、初版『人口論』のなかで、労働需要を左右し労働者の境遇を規定する労働維持基金について、次のように述べている。

貧しい労働者の安楽が、労働の維持に予定されている基金の増大に依存するものであり、そして、この増大の運動にきわめて正確に比例することは、ほとんどあるいはまったく、うたがいの存在しえないことである。このような増大が引き起こす労働需要は、市場での競争を作りだすことによって、必然的に労働の価値を騰貴させるに違いない……（*EPP, Works*, Vol.1, pp. 107-8. 訳一七七頁）。

マルサスによれば、労働者の境遇は、労働需要の大きさによって、つまり労働価格の高低を規定する労働維持基金の増大に依存するというのである。それでは労働維持基金は何にもとづくのであろうか。彼はまず、「人民の最下層階級にまで広く富裕がゆきわたる」と主張したスミスの富裕の体系が、国富の増加をすべて労働者の境遇を改善する労働維持基金の増加と見なしたことで、間違っていたと指摘する。

アダム・スミス博士は、社会の収入あるいは資財のすべての増加がこれら基金の増加であると考えていることで、まちがっている。……社会の資財あるいは収入の増大の全部、あるいはすくなくとも大部分がそれに比例した量の食糧にかえられないかぎり、追加労働者数の維持のための真実かつ有効な基金ではないであろうし、またそれは、その増加が労働の生産物からだけ生じたのであって、土地の生産物から生じたのではない場合には、食糧にかえられるものではないであろう（*EPP, Works*, Vol.1, p. 108. 訳一七七―八頁）。

このように、初版『人口論』においてマルサスは、労働維持基金を食糧と考えていたから食糧の生産を重視し、社会の資財あるいは収入の増大、すなわち一国の富が増大しても食糧が増加しないかぎり、労働者の境遇は改善されないと考えていたのである。このような労働維持基金＝食糧であるとする考え方は、基本的には『人口論』諸版を通じて堅持されているが、マルサスは、第二版の改訂においては、国民経済の基礎は農業にあるとする農業主義的見解を中心にしながらも、前述の「困窮標準」の引き上げのためには、労働者が便宜品や奢侈品への嗜好を強めることが必要であると主張したり、また、「もしそれ（商工業）が引続き我が農業に対して同一の相対的比率を維持していたならば、それは明らかに我国の耕作の改良につれ不断に増大し続けたことであろう。……かかる制度には何らの衰退の萌芽も見られず、また理論上、それは今後数千年間富と繁栄とにおいて増進し続けないという べき理由は、存在しないのである」（*EPP*, James, I, p. 400. 訳Ⅲ、一二一頁）と述べて、一国におけるあるべき産業構造が適正な比率での農工均衡にあるという見解を示したり、さらには、第三版の改訂において、農業のみをおこなう国の労働階級は、全体として工業国における労働者よりも貧しいという記述を付加したりして、第二版『人口論』の改訂以降においては、農業主義を基本としながらも商工業の存在意義をかなり重く受けとめていたようである。そして周知のように第五版『人口論』の改訂にいたっては、彼は、明確に下層階級の境遇改善のためには、下層階級が便宜品や奢侈品のような工業製品をも享受できるようにすることが重要であると指摘し、さらに、最大の国民的繁栄をもたらす産業構造は、農工併存の制度にあることを強調しているのである。(5) ここには、初版『人口論』段階におけるマルサスのスミス批判は影をひそめ、第二版で主張した「道徳的抑制」による下層階級の境遇改善の方策に自信を深めて、人間の幸福が生活必需品だけでなく便宜品や愉楽品に対する支配にも存するとするマルサスを見ることができる。

富の急速な増加は、なるほど、それが主として生活資料の増加にあると便宜品および愉楽品の在庫増加にあるとを問わず、他の事情にして等しいかぎり、つねに貧民に対し好ましい影響をおよぼすものである……（*EPP*, James,

II, p. 86. 訳Ⅲ、三三三頁）。

このようなマルサスの労働者の境遇改善に関する見解の変更は、第五版『人口論』の改訂を契機に『経済学原理』に継承されることになる。彼は『経済学原理』の中で、労働者の境遇が、労働に対する需要の大きさとともに、便宜品や愉楽品の消費を含む生活習慣に依存することを強調するのである。

社会の労働階級の状態は、一部分は労働の維持のための基金と労働に対する需要とが増大しつつある比率に、また一部分は食衣住に関する人民の習慣に、明らかに依存しなければならない[6]（*PPE, Works*, Vol.5, p. 182. 訳（下）、一二頁）。

さて、いま慎重の習慣が労働者階級に普及して、「道徳的抑制」によって労働供給が調節され、ある一定の生活習慣を保つことができるようになっている社会においては、労働者の境遇を主として規定する賃金は、労働需要の大きさ、すなわち労働維持基金の大きさに依存することになる。

急速な人口の増大にとって本質的に必要なものは、労働に対する大きな且つ継続的な需要である。そしてこれは、資本から生ずるものであろうと収入から生ずるものであろうと、現実に労働を維持するために使用される基金の分量と価値とが増大する比率に比例する。……労働に対する需要は、どのような形の資本の増大にも比例せず、また、私がかつて考えたように、年々の全生産物の交換価値の増大にさえも比例しない（*PPE, Works*, Vol.5, p. 190. 訳（下）、二五頁）。

このように、マルサスによれば、労働需要は、実際に労働を維持するために用いられる基金の分量と価値とに比例し、その基金の源泉である一国の資本と収入の増大、すなわち年々の全生産物の交換価値の増大とは必ずしも比例しないというのである。つまり、年々の総生産物の価値のうち、労働維持基金として準備される分量と価値の大きさに労働需要は依存するというのである。マルサスは、初版『経済学原理』では、労働に対する需要は、一国の資本と収入の全価値が増加するにつれて、また、年々の総生産物の価値が増加するにつれて増加すると主張して、スミスの労働維持基金に関する所説を受け入れていたのであるが、第二版『経済学原理』では、初版での労働維持基金の源泉に関する見解を厳密に設定し直したのである。(7) そして彼は労働維持基金を次のように定義する。「こうした基金は主として、生活必需品に、または社会の労働階級の食衣住および燃料を支配する手段にもとづいている」(*PPE, Works*, Vol.5, p. 190. 訳(下)、二六頁)。ここでは明らかにマルサスは、労働維持基金には、食糧だけでなく工業製品も含まれることを宣言しているのである。

ところで、マルサスによれば、労働維持基金は、その分量と価値との両面から捉えられなければならない。

> 労働を維持するために特別に予定された全基金の価値の形成においては(その全基金の増加率が労働に対する需要を調節するのだが)、一部分はかかる基金の一定部分の価値に、また一部分は現物でのその額に依存している。換言すれば一部分はその価格に、また一部分はその分量に依存している(*PPE, Works*, Vol.5, p. 194. 訳(下)、三一頁)。

何ゆえに、労働維持基金を分量と価値の双方から捉えなければならないかというと、分量の増大をともなわない価値の増大は、貨幣賃金の上昇をともなない労働に対する需要を引き起こしえないし、他方、分量だけが増大して供給過剰になった場合には、全体の価値が減少し利潤率が低下して、労働者に対する需要も不足することになるからである。したがって、マルサスは次のようにいう。

> この分量と価格との増大が、労働を維持するための基金の価値をもっとも確実に増大し、労働者に対する最大の需要を創造し、最大量の勤労を刺戟し、かつ最大の人口増大を一般に引き起すものである(*PPE, Works*, Vol.5, p. 195.

訳（下）、二三一頁）。

マルサスは、このように労働維持基金を捉えるのであるが、これは、次節で検討するように、富が有用な物質物であるだけでなく、その富には正当な価値が必要であるとするマルサスの富の定義、すなわち富を量と価値の両面から捉えることからの帰結であった。そして、マルサスによれば、労働維持基金の分量と価値の双方の増大を保証するためには、一国経済において生産的労働者と個人的奉仕者（初版『経済学原理』では不生産的労働者）との適正な割合が必要なのである。つまり、労働維持基金の源泉を一国の資本と収入に存するとするマルサスにおいても、スミスと同様に、労働者には生産的労働者と個人的奉仕者（不生産的労働者）の双方が含まれていたのであるが[8]、それらの適正な割合が富の増大と労働維持基金の分量と価値の増大にとって重要であるというのである。すなわち、マルサスによれば、労働維持基金の価値の増大が、労働で測定された全生産物の交換価値の増大に厳密に比例するものではないが、「通常の時とか、個人的奉仕が生産的労働に対して持つ比例に何ら大きな変化が起きていない時とかには、かかる交換価値の増大は、一般に労働に対する需要の増大をともなうものである。というのは、その通常のそして自然的な結果は、労働を維持するために予定された基金の価値を増大する」（*PPE*, *Works*, Vol.5, p. 192. 訳（下）、二二八頁）というのである。こうして、マルサスによれば、生産的労働者と個人的奉仕者（不生産的労働者）との間に適正な割合が保たれている場合には、一国の富の増大は労働維持基金の価値を増大させるのであった。何処《どこ》かに「富の増大と労働に対する需要とが極大であるような適切な中間」（*PPE*, *Works*, Vol.5., p. 194. 訳（下）、二三一頁）が存するのであった。そして、富と労働需要の増大を可能にするための論理を展開しているのが、次節の富の生産と資本蓄積なのである。

3　富の生産と資本蓄積

マルサスの経済学は、スミスの「富の性質と諸原因に関する研究」を継承して、まず富の厳密な定義と、その富の交換と分配、そして富増進の原因を求める資本蓄積論から構成されている[9]。

さて、スミスは、一国の富が年々の労働の生産物、すなわち「生活必需品と便益品」からなるとし、国民の貧富は、このような「生活必需品と便益品」の享受しうる程度に依存すると述べている。

マルサスは、経済学を「経験にもとづき、かつ経験の結果を知らせることのできる実証科学」たらしめるために、増減を正確に測定しうる物質的なものに富を限定することを強調する。「私は富を、個人または国民が自発的に占有するところの、人間にとって必要であり有用でありあるいは快適である物質的なものだと定義したい」(*PPE, Works*, Vol.5, p. 28. 訳（上）、四六頁)。さらにマルサスは、富の価値評価を重視し、「……富の程度を評価する方法は、それらの諸物の各々の交換価値を以て表示される」(*PPE, Works*, Vol.5, p. 242. 訳（下）、一一六頁）と述べて、富の量的評価には、その富に正当な価値を与えてくれる条件が必要であるとする。というのは、有用な物質物でも絶対的に過剰ならば、交換価値を失うばかりでなく、その一部は富の性質を失うことになるからである。それゆえマルサスは次のようにいう。

> 一国の富は、一部分はその労働によって獲得される生産物の分量に依存し、また一部分はそれに価値を与えるように思われるような、現存の人口の欲求および能力に対してのこの分量の適応に依存するということが分かる(*PPE, Works*, Vol.5, p. 243. 訳（下）、一一八頁)。

すなわち、マルサスによれば、「現存の人口の欲求および能力」を満たすように生産された有用な物質物だけが適正な価値を持ち、富を形成するというのである。そしてこの場合、その生産物の供給量と、それらを獲得しようとする「現存の人口の欲求および能力」、すなわち「有効需要」がつりあう時には、「労働およびその他の物品の総ての前払いを返済するばかりでなく、さらに同じ様にこれらの前払いに対する通常利潤を支払う」ことを保証する自然価格または必要価格に等しい価値が実現し、その富の継続的生産が可能になるというのである。

どのような種類の富でも、社会のある部分がその自然価格あるいは必要価格に等しい価値をその富にあてがうのでなければ、またその富を獲得するためにこの範囲までの犠牲を払う能力も意思をも持っているのでなければ、引続き市場にもたらされ得るものではない（*PPE*, *Works*, Vol.5, p. 244. 訳（下）、一二〇頁）。

こうして、マルサスにおいては、富が継続的に生産されるためには、その富が自然価格＝必要価格に等しい価値を持つことが不可欠であった。

次にマルサスは、当時の不況を念頭において、生産能力があるにもかかわらず、「富の増進を実際上妨げ、かつそれを停止させ、あるいはそれを緩慢に進行させる」原因を求めて、「何が富を継続的に創造し増進するのにもっとも直接的な、かつもっとも効果的な刺激」なのか、という問題の研究にむかう。彼は、富増進の原因を富の供給面と需要面との双方から考察している[10]。ここでは、スミスとの関連において供給面では資本蓄積を、需要面では不生産的消費者[11]の役割について取り上げることにする。

さて、マルサスは、スミスには考えおよばなかった資本蓄積にともなう全般的供給過剰の可能性について論じる。すなわち彼は、一国の資本を節約によって増加しても、必ずしも一国の年々の総生産物の価値を増大させるものではなく、生産そのものの誘因を破壊することも起こりうることを指摘する。換言すれば、年々の収入の中から節約して貯蓄し、それを資本に転化することによって、スミスのいうように富の増大はもたらされると考えられるが、このことはつねに正しいわけではない。貯蓄が過度にわたるときには、生産量の増大に対して社会の消費が不足し、生産への誘因が破壊されて富の減少が生じるというのである。マルサスの仮定においては、資本家も土地所有者もともに節倹家であり、労働者数は一定であるから、過度の貯蓄＝蓄積がおこなわれると、その結果生じる供給増大分に対応する「有効需要」の増加がないので、富の継続的な増大は阻害されるというわけである。

仮定された場合においては、以前には個人的奉仕に従事していた者が、資本の蓄積によって生産的労働者に転換させられたために、異常な分量の総ての種類の貨物が市場に明らかに存在するであろう。ところが労働者の数は全体から見て同一であるのであり、また地主および資本家の間での消費のために購買しようとする能力と意思とは仮定によって減少されているのであるから、利潤を極めて著しく引き下げ、かつ暫らくの間ヨリ以上の生産を妨げるように、貨物は労働と比較して価値が必然的に下落するであろう。しかしこれがまさしく供給過剰という用語によって意味されることであり、そして供給過剰は、この場合においては、明らかに全般的であり部分的ではないのである（*PPE, Works*, Vol.6, p. 254. 訳（下）、一三八頁）。

マルサスによれば、富の継続的増大は、生産物に対する有効需要の継続的増大によって、はじめて可能になるのであった。そこで彼は、有効需要を資本家と生産的労働者(12)さらに地主の消費のほかに、不生産的労働者の消費に求めかつその必要性を強調する。

また、もし前の二つの階級の支出に加えうるに地主の支出をもってしても生産されたものの価値を維持し、かつ増大するに足りないことが見出されるならば、アダム・スミスの不生産的労働者の間以外に、われわれは必要な消費を何処に求めるべきであろうか（*PPE, Works*, Vol.6, p. 324. 訳（下）、二五七頁）。

不生産的労働者には、個人によって雇用される家事使用人のほかに租税によって雇用される政治家、兵士、裁判官、官吏などが存し、彼らも「生産に適当な刺戟を与えるのに必要な有効消費を保証する」が、課税は濫用されがちで政府支出の拡大による生産阻害も懸念されるから、マルサスは、政府支出に対しては節度を要請している。したがって、マルサスが不生産的労働者として注目するのは家事使用人である。

召使は、社会の上流階級および中産階級の財力（resources）を物質的生産物に対する需要に有効ならしめるために絶対的に必要である、ということを述べるのもまた極めて重要である（*PPE, Works*, Vol.6, p.325. 訳（下）、二五九頁）。

以上から明らかなように、マルサスにおいては、国民の富は節約にもとづく資本蓄積によって増大するが、過度の貯蓄＝蓄積は生産量の増大に対する有効需要の不足をもたらし、生産そのものを破壊するのであった。したがって、資本蓄積によって一国の富が増大するためには、生産的労働者と不生産的労働者との間の適正な割合が必要とされ、不生産的労働者の消費が重要視されたのである。有効需要の確保があってはじめて生産物の継続的供給が可能になるのであった。要するに、「多数の不生産的消費者の特殊な用途は、国民的勤労の結果に対して最大の交換価値を与えるような平衡を生産額と消費との間に維持することによって、富に刺戟を与えることであるということができよう。もしそのような消費者が優勢を占めているならば、市場にもたらされる比較的少量の物質的生産物は、分量が足りないために、全生産物の価値をいつまでも下がったままにしておくだろう。もし他方において生産的階級が過剰であるならば、全生産物の価値は供給過剰によって下落するであろう。したがって、両者の間には、最大の価値を生み出しかつ引き続き最大分量の労働を支配するところの、一定の比率が存在する」（*PPE, Works*, Vol.6, p. 329. 訳（下）、二六五頁）のであった。

かくして、マルサスにおいては、一国経済において、生産的労働者と個人的奉仕者（不生産的労働者）との割合が適正に保たれている場合、つまり、それは同時に個人的奉仕者を主として雇用する地主階級の農業と商工業とが適正な割合を保っていることを意味するが、そのような場合には、一国の富の生産と増大が保証され、労働維持基金も増大するのであった。

むすび

以上われわれは、人口法則、労働維持基金および資本蓄積に関するスミスとマルサスの所説を比較検討してきたが、両者の間には、経済学上の体系的な共通の認識が存することが明らかになった。マルサスは、スミスの所説を継承しつつも、彼の時代の特有な問題、すなわち人口過剰による貧困と全般的供給過剰＝有効需要不足による不況という新たな課題に対応するために、スミスの学説の補完と修正とをおこなったのであった。まさに、マルサスはスミスの忠実な弟子であったといえる。

注

（1）Malthus, Thomas Robert, *An Essay on the Principle of Population*, 1798, in the *Works of Thomas Robert Malthus*, edited by E. A. Wrigley and David Souden, William Pickering, Vol.1, p. 7, 1986. 永井義雄訳『人口論』中公文庫、一九七三年、二〇頁。『人口論』の引用にあたっては、文中に *EPP* と略記し、初版は全集版を用い第二版以降の版の引用は、P. James 編の The Variorum Edition (Cambridge 2vols, 1989) を用いる。初版訳は前掲書、第二版以降の版の邦訳は、吉田秀夫訳『各版対照・人口論Ⅰ—Ⅳ』春秋

社、一九四八―四九年による。なお、『人口論』諸版の刊行年は、初版一七九八年、第二版一八〇三年、第三版一八〇六年、第四版一八〇七年、第五版一八一七年、第六版一八二六年である。

（２）Smith, Adam., *An Inquiry into the Nature and Causes of the Wealth of Nations*, Glasgow Edition, 2 vols, Vol.1, pp. 97-8, 1976. 大河内一男監訳『国富論Ⅰ』中公文庫、一九七八年、一三五頁。『国富論』の引用については、文中に *WN* と略記し、邦訳の頁数も示す。

（３）小林昇『国富論体系の成立』未来社、一九七三年、一八四―五頁、参照。

（４）小林昇「アダム・スミスにおける賃金」『小林昇経済学史著作集Ⅱ』未来社、一九七六年、一四〇頁、参照。

（５）羽鳥卓也「マルサスの農工併存主義」『熊本学園大学経済論集』第四巻第三・四合併号、一九九八年、参照。

（６）Malthus, Thomas Robert, *Principles of Political Economy* (1st. ed., 1820), in the *Works*, Vol.5, 1836, p. 182. 依光良馨訳『経済学原理』春秋社、（下）、一九五四年、一二頁。『経済学原理』の引用にあたっては、文中に *PPE* と略記し、邦訳は前掲書（上）（下）、一九四九―五四年によるものとする。

（７）羽鳥卓也「マルサス賃金論の展開」『熊本学園大学経済論集』第六巻第三・四合併号、二〇〇〇年、一〇八―九頁、参照。

（８）マルサスは次のように述べている。「労働は生産的労働と個人的奉仕との二種類に分類されうる。……これは名称は異なるけれども、本質的にはアダム・スミスの学説である」（*PPE*, *Works*, Vol.5, p. 30. 訳（上）、四八頁）。

（９）中村廣治「マルサスにおける『富』と『価値』」『熊本学園大学経済論集』第四巻第三・四合併号、一九九八年、参照。

（10）マルサスは、供給面には、①人口増加、②資本蓄積、③土壌の肥沃度、④労働節約的機械の発明をあげ、需要面には、(a)交通・運輸手段の発達、(b)土地所有者階級全体の消費性向を高めるための土地財産の分割、(c)内国商業および外国貿易による有効需要の増大、(d)不生産的労働者の使用、または適正な比例の不生産的消費者の維持をあげている。

（11）マルサスには、不生産的労働者と個人的奉仕者のほかに不生産的消費者という表現があるが、これらは同義であると考えられる。渡会勝義「マルサスの経済理論――一般的供給過剰の理論を中心として――」平井俊顕・深貝保則編『市場社会の検証』ミネルヴァ書房、一九九三年、所収、一一八頁、参照。

（12）マルサスは、社会の大部分を占める労働者階級を改善することは大衆の幸福のために望ましいとして、労働価格の上昇を歓迎するが、賃金は生産費を構成するものであるから、利潤率が低下するほどの高賃金は資本蓄積を阻害することになるという見解を示している。つまり賃金の上昇には限界があるというわけである。「労働階級が十分に支給されるということは、富と関連しうるいかなる理由よりも遥《はる》かにヨリ以上重要な理由、すなわち社会の大衆の幸福という理由のために、極めて望ましいことである。しかし労働階級の間の消費の大きな増大は、生産費を大いに増大せねばならぬのであるから、それは、農業、製造業および商業がまだ相当な程度の繁栄に到達しないのに、利潤を引き下げまた蓄積しようとする動因を減少しあるいは破壊するに相違ない」(*PPE, Works*, Vol.6, pp.322-3. 訳(下)、二五五頁)。

参考文献

[1] 赤澤昭三「T・R・マルサスの『人口の原理』に関する一考察――『道徳的抑制』と『有効人口』の議論を中心に――」『東北学院大学論集経済学』第一三〇号、一九九五年。

[2] 大村照夫『マルサス研究』ミネルヴァ書房、一九八五年。

[3] 近藤加代子「マルサスにおける労働者――『人口論』と『経済学原理』――」『経済科学』第三七巻第二号、名古屋大学、一九八九年。

[4] 近藤加代子「マルサス『人口論』と『経済学原理』」『経済科学』第三八巻第一号、名古屋大学、一九九〇年。

[5] 近藤加代子「『人口論』と『原理』の整合性」『マルサス学会年報』第二号、一九九二年。

[6] 高島善哉『原典解説・スミス「国富論」』春秋社、一九七一年。

[7] 中西泰之『人口学と経済学』日本経済評論社、一九九七年。

[8] 羽鳥卓也「マルサス『人口論』における労働貧民の状態」『熊本学園大学経済論集』第五巻第三・四合併号、一九九九年。

[9] 森茂也「マルサスの賃金論」『アカデミア』第三九号、南山大学、一九六三年。

［10］柳田芳伸『マルサス勤労階級論の展開』昭和堂、一九九八年。

［11］横山照樹『初期マルサス経済学の研究』有斐閣、一九九八年。

［12］渡会勝義「マルサスの『一般的供給過剰』の理論」『経済研究』第八一号、明治学院大学、一九八八年。

［13］渡会勝義「マルサスの経済思想における貧困問題」*Study Series No.38*、一橋大学社会科学古典資料センター、一九九七年。

［14］Collard, David, 'Malthus, Population, and the Generational Bargain', *History of Political Economy*, Vol. 33, Winter, 2001.

［15］Gilbert, Geoffrey, 'Economic Growth and the Poor in Malthus' *Essay on Population*', *History of Political Economy*, Vol.12, Spring, 1980.

［16］Hollander, Samuel, *The economics of Thomas Robert Malthus*, Toronto 1997.

［17］Rashid, Salim, 'Malthus' model of general gluts', *History of Political Economy*, Vol.9, Fall, 1977.

［18］Rashid, Salim, 'Malthus' *Principles* and British economic Thought, 1820-1835', *History of Political Economy*, Vol.13, Spring, 1981.

［19］Winch, Donald, 'Poverty and Pauperism:From Smith to Malthus',『熊本学園大学経済論集』第四巻第三・四合併号、一九九八年。

菊池　壮蔵

第８章

地代論における
アンダソンとマルサス

地代論の系譜に関する一考察

ジェームズ・アンダソン（James Anderson, L.L.D., F.A.S., &c. from *Gent.Mag.* May 1809. Pl. I. p.401.）

はじめに――問題の範囲――

貢納とは区別された地代範疇の把握は、「レンテ」と区別される利潤範疇の把握とともに経済学の成立にとって枢要な意義を有する。アダム・スミス『国富論』第一篇第六章には、収入として見た場合の利潤・地代・賃銀の区分について次のような表現が存在する。

これらの三つの異なる種類の収入は、異なる人たちに帰属するときは容易に区別されるが、同一人に帰属するときは、少なくとも日常の用語では、相互に混同されることがある（WN 1-6, p. 55)。

自分自身の所有地の一部で農業経営をおこなうジェントルマン、自分で耕作労働をおこなう普通の農業者、自前の製造業者、自作の園芸家などを例に、スミスは地代・利潤・賃銀の未分離にもとづくこれら諸範疇の混同を指摘している。これは、小生産者的または地主的農業経営においてしばしば見られる「混同」であって、マルクスが『剰余価値学説史』のなかで、ポンメルンの地主ロートベルトゥスがリカードウの地代論をまったく理解できていないことを批判した場合にも同様にあてはまる事態である（*Werke* 26-2, S.237）。経済学が古典的に成立する過程――特に、その理論的基礎範疇の確立過程――の中では明らかに、歴史的・社会的な、いわゆる「三分割制」（地主・資本家・賃労働者の三階級分立）の成立がその経済社会分析の前提とされている。したがって、たとえば地代が商品とりわけ穀物の価格に対してどのように関連しているのかという理論上の問題は、穀物価格政策などに関連する諸階級の利害関係と直結するという様相を呈することになる。こうして、たとえば19世紀初頭に穀物法をめぐって論争したリカードウとマルサスは、その論争の中で「地代論」を含む諸経済理論を練り上げざるをえなくなるともいえるのである。

ところで、古典的なマルサス評伝を記したボナーは、「マルサスは、正当に地代に関する経済学説の英国に於ける最初の明解者だと考へられて居る。アダム・スミスと同時代の人たるジェイムズ・アンダアスン博士は、疑ひもなく、この論題に関する彼れの見解に於いて、彼れの時代に先だつ」（Bonar, *Malthus and His Work*, *London*, 1885; 堀經夫・吉田秀夫共訳『マルサスと彼の業績』改造社、一九三〇年、三〇七頁）としている。そのさいにボナーは、その典拠としてアンダソンの『国民的産業』（*National Industry of Scotland*, 1779*sic.［Dublin 版］）および、マカロック編纂の『国富論』への編者による注記とに言及している。このような、地代論に関するマルサス（およびリカードウ）の先駆としてのアンダソンという理解は、そこに挙げられているマカロックを始め、その後のマルクス、ブレンターノらの指摘を通じて今日では周知のところではある。わが国においても、戦前のブレンターノ［11］→福田徳三［9］を経て、戦後の西山久徳［8］、久留島陽三［4］、加用信文［2］、安達新十郎［1］らの諸研究が繰り返し明示してきた（その研究史の概略については、菊池［3］）。だが、ここであらためてその研究史の中に見られる「ある種の系譜」を要約しておくことも行論との関係で無駄ではないと思われる。というのは次のような問題がそこに含まれるからである。

まず第一に、後述するアンダソンの広範な著作活動の中から、彼の地代論がマルサスやリカードウに先立つというまさしくその点において発掘・評価されることになるのは、少なくともマルサスやリカードウと同時代以降のことであるという、いわれてみればきわめて単純な事実がある。しばしば語られてきたように、アンダソンが地代について論じたのは「付随的に」だったにすぎない、ということもまた定説であるといえる。このことは、裏を返せば、一七七〇年代から三〇年以上にわたる彼の広い著作・実践活動の中から、彼の死後、その地代論にかぎって取り出された「評価の伝承」がいわば一人歩きして流布されてゆく歴史が存在するということでもある。この点を再確認しておく必要があるだろう。

第二に、ボナーが「時代的に先立つ」といったとしても、単なる時間的な前後関係にとどまらず、アンダソンとマルサスとの間に直接・間接的な影響ないし継承関係が存在するかどうかという問題が存在している。もしあったとして、それがいかなるかたちを取ったかという問題も当然そこに付随することになるであろう。さらには、その関係を従来の研究者たちがそれぞれどのように押さえてきたのかという問題がかぶさる。じつは、このような視点からの研究は、すでに西山久徳によってある程度与えられている。西山は、アンダソンからのマルサスへの影響について、後の経済学者たちがどのように理解または誤解してきたのかという視角から、その代表的見解について独自の観点から整理をおこなっている。それは一九世紀前半のマカロックからマルクス、ブレンターノ、キャナンらを経て二〇世紀中葉のシュンペーターに至るまでの相当に広範囲にわたるものである。彼以降の研究で、追加されるべき新たな研究はさほど多くないように思われるが、ことがそれほど単純ではないという事実、アンダソン→マルサス関係の解釈それ自体にもさまざまな偏差が存在していたという事実、をそれによって再確認しておこうと思う。

第三。だが、ひるがえってアンダソン研究の側から見れば、彼の「地代論文献」の範囲と年代との確定も重要である。その場合、「先駆」としてのアンダソンが、どのような歴史的文脈のもとで他ならぬその先駆性を発揮しえたのかという、当該理論の成立事情の探究をも要請することになるであろう。加用信文は、すでにこの点についての緻密な書誌的研究のなかからアンダソン「地代論文献」の年代確定を試みている（加用〔前掲〕）。それによれば、従来までの定説的な三つの地代論文献、すなわち、（１）一七七七年の『国民的勤労の精神振興策』、（２）同年『穀物法の性質』、（３）一八〇一年の『レクリエーション』誌に掲載された「穀物価格への地代と十分の一税の影響」の論文の三つの他に、他では論及されていないけれども、マルクスがそこに地代論が含まれていることを指摘＝発掘した（４）一七九六年の『農業と農村事情』第三巻、が加えられるべきこと、さらに一八〇一年の論文が、実際には（3a）一七九〇年に『蜜蜂』誌に発表された論文の再録であることから、その発表は、（１）（２）（3a）（４）（３）の順番になることを主張している。加用はこれによって、アンダソン自身の地代論展開過程を跡付けている。

だがそれにしても、「地代論」だけにとどまらないアンダソンの活動範囲は、まだ十分に知られているとはいえない。その伝記的諸事実や歴史的背景についても概略にとどまっているにすぎないのである。

本章では、紙数やその他の都合もあってこれらの課題を充分に深く展開することはできないが、できるかぎり簡潔に上記の諸問題を課題提起の形で提示したいと思う。

第1節　「アンダソン＝地代論先駆者」論のはじまり

アンダソンの死にともなって、一八〇八年一二月号の *Gentleman's Magazine* に「ジェイムズ・アンダソン博士の略歴」（Sketch of the Life of Dr. James Anderson）が掲載された。そこには、一七三九年にエディンバラ近郊ミッドロウジアンのハーミストンで生まれてから一八〇一年一〇月一五日に六九歳で亡くなるまでの主な活動歴と、ほぼ

「完璧な彼の著作目録」（a very correct List of his Works）とが掲載された。この記事が、おそらくは後世のアンダソンの伝記的叙述の出発点となる。

わが国では現在に至るまで、アンダソンの伝記的記述を調べようとするとき、まず参照されてきたのは、ブレンターノ〔11〕の「序」であった。門下生の福田徳三による紹介は当然だとしても、その他大方の研究者も結局はブレンターノの記事に依拠する他なかったのである。たしかに、ブレンターノは、この「序」を「……*Gentleman's Magazine* 第七八巻の追悼記事によれば……」と書き始めている。だが、地代論先駆者としてのアンダソン像を明示しているこのブレンターノの叙述は、少なくともわが国においては、これまで *Gentleman's Magazine* のオリジナル記事にまで遡って検証されることはなかったように思われる。

筆者は、先ごろアバディーン大学図書館において、この *Gentleman's Magazine* の当該記事を入手する機会を得たのだが、その叙述を読んださい、やや軽いショックを受けた。それは次のような理由からである。

この追悼記事は匿名であった。が、一七七三年にエディンバラで刊行された初版『ブリタニカ百科事典』（*Encyclopaedia Britannica*, Edinburgh, 1773）の中の Dictionary, Winds and Monsoon, Language, Sounds の項目（これは匿名である）がアンダソンの筆になること、また、同じハーミストン村の出身で幼なじみかつ生涯の友人でもあった同姓同名のジェイムズ・アンダソンという人物がいて、現在インドのマドラスで内科医・将官職についていることなど、ブレンターノ経由の伝記的記述には現れていない内容を含んでいたからである。その内容からみて、この記事は明らかに相当身近にいた人物によって書かれたものと推測される。だが、現代のわれわれの眼から見ればなおいっそう奇妙なことに――しかし当然といえばまた当然のことではあるが――そこにアンダソンの「地代論」への言及などはまったく存在していなかったのである。

さらに、これよりほぼ半世紀後の版ではあるが、スコットランドの著名人についての伝記的記述を載せた『スコットランド偉人伝辞典』（*A Biographical Dictionary of Eminent Scotsmen*, London, 1855）に見られるアンダソンの項目を参照してみたが、彼の著作の概要については一八〇九年の *Scots Magazine* を参照することを求めているものの、これまた、アンダソンが地代論に関わっているという記述がまったくない。さらに、政府の求めに応じてスコットランド西部の島嶼とその漁業に関する調査・報告や後年の『蜜蜂』（*The Bee*）の雑誌編集者としての活動などの紹介はあるものの、今日では彼の主著とされている『国民的勤労精神』や『穀物法の性質の研究』への言及もないのである。同書の一八六四年版も、まったく同様の内容のままであった。ちなみに、この辞典の項目のなかにおいて参照を求めている *Scots Magazine*, 一八〇九年の当該号の記事は、前年に刊行されていた *Gentleman's Magazine* の記事の再録であり、まったく同一の内容である。

しかし、一九〇七年版（一八八二年初版）の『国民人名辞典』（*Dictionary of National Biography* 以下 D.N.B.と略記）を見ると、そこには、アンダソンの略歴に続いて彼の地代論についての記述が登場してくる。その記述はこうである。

　彼はとりわけて一七七七年に『スコットランド向け穀物法の性質の研究』（'*An Inquiry into the Nature of the Corn Bill proposed for Scotland*'）と称する小冊子を刊行したことで注目に値する。それはリカードウ流に一般化していえば地代理論の完璧な表明を含む。その一節はマカロックの『経済学文献集』（*Literature of Political Economy*）に収録されている。同理論は『レクリエーション』（'*Recreations*', v.401-28）のなかで展開されている。マカロック編のアダム・スミスを見よ。

ここで論及されている『経済学文献集』は一八四五年にロンドンで刊行されており、内外の重要な経済学文献を分野別に整理しつつその主要な論点を要約したものである。この文脈は重要である。そのことは、地代理論におけるアンダソンの先駆的表現を発掘し、広めたのがマカロックであった可能性を示唆するからである。〔２〕、

［3］を参照）

アンダソンの伝記的記述は、最初から「地代論の先駆者として有名」というものではなかったのである。ブレンターノの記述に存在する、J・ベンサムとの交流・仲違い（Bentham's *Works*, X. に書簡が収録されている）についても当初の *Gentleman's Magazine*（および *Scots Magazine*）には登場していない。それはD.N.B.から登場するのである。ブレンターノが穀物法に関わるアンダソンの三つの論文――これがアンダソンの地代論文献として以降定説化される――をドイツ語訳し、伝記を加えて編集出版したのは一八九三年のことであるから、このD.N.B.を参照している可能性もあるものの、逆に彼自身がその項目を執筆したという可能性を否定できるものでもない。いずれにせよ、一般向けのアンダソンの伝記的叙述に当初から「地代論の先駆者」としての評価が存在していたわけではないという事実を、ここであらためて確認しておかなければならない。

第2節　アンダソンとマルサスの関連はどう理解されてきたか

前述の西山久徳［8］は、「マルサスはアンダァスンの差額地代論の影響を充分受けていた」（三五五頁）ことを冗長な論述の結論として定置している。そこに至る過程で氏は、アンダソンの地代論文献を定説的な三文献としたうえで、一七七七年時点での地代論と、一八〇一年時点でのそれとに相違が見られることを強調する。すなわち、両方の地代論とも「土地の資本・労働の外延的投下にもとづく収穫漸減の法則を基礎前提としている」が、後者については「地代の増大命題の基礎前提の一つに『歴史的な条件の変化にもとづく収穫漸増の法則』が付加されている」（三四五―六頁）点で同一のものとはいえないとする。この点を従来の研究者は充分認識しておらず、アンダソンの地代論を一括りに捉えていると批判するのである。しかし、西山のこのような主張は、やがてすぐに明らかにするように、文献史的には誤りである。とはいえ、とりあえず、この指摘の意味するところは、こうである。すなわち、そのような理論構造をとることによって、「収益法則本来の収穫漸減法則……且《かつ》またその意味における収穫漸増の法則」も「一般的差額地代の形成・運動の原理には完全に必要でないという事実を証明する論述展開に成功している」と。そして、ただ「つねに劣等地へ向かって耕作の引入れが進行する」という仮定のもとで、「土地そのものの制限性と土地の生産性の自然的人為的差異に基礎をおく資本・労働の生産力の自然的差異」があれば地代の説明に十分である。そして、「このような理論構造または理論の仕組みは、マルサスの差額地代論にも充分に見うけられる」と（三四六、三四八頁）。

ちなみに、ここに指摘されている「収穫逓減」と「収穫逓増」との理論的関連は、一見やや理解しづらい面をもっている。実例として、『経済学史小辞典』（一九六三年）と『経済思想史辞典』（二〇〇〇年）に収録されている「アンダソン」についての、辞典項目ならではの短い論評で対比してみよう。

本書〔『穀物法の性質』一七七七年〕は、……地代は農産物の実際価格と内在価格との差によって決まるが、さらに前者は最大生産費によって、後者は実際の生産費によって決定される。それゆえ、地代は価格の原因ではなくてその結果であるとする。彼の地代論は、スミスをとびこえてむしろリカードウにつながるものであるが、ただリカードウとは反対に収穫漸増の立場をとっていた（『経済学史小辞典』八―九頁）。

……アンダーソンは差額地代の発見者として著名である。この点でウェスト、マルサス、リカードウの先駆者であるが、彼らが差額地代論を収穫逓減法則と結び付けたのに対して、アンダーソンはその差額地代論を、穀物法のもとで最劣等地の優等地への以降を含む収穫逓増と結び付けた。……（『経済思想史辞典』一三頁）

前者では、やや曖昧さを残しているが、後者の表現は慎重である。「収穫逓減」は「法則」だが、「収穫逓増」は法則という表現をとっていないことに注意。もう一つ、これら両者よりもやや長く書き込まれた『資本論辞典』（一九六六年）の記述を参照してみよう。

アンダースンはウェストやリカードのように、自己の見解を学説としては樹立しなかったが、彼の地代論はリカードの差額地代論の源泉であり、彼は差額地代論の本源的発見者である。……リカードが一七七〇—一八一五年の穀物価格騰貴という経済現象にとらわれて、差額地代論を収穫逓減法則と結びつけたのにたいし、アンダースンは一八世紀のはじめから半ばまでの小麦価格低下と半ばから終わりまでの騰貴をみつめながら、地代理論と穀物価格騰貴あるいは収穫逓減法則とを結びつけなかった。アンダースンは、〝土地は化学的影響と加工とによってますます改良されうる〟（“A Calm Investigation ……” (1801)）ゆえに、劣等地から優良地への移行は相対的（リカードウにあっては絶対的）なものであることを指摘した。また、農業生産力は合理的農業経営のもとでは、一定の期間——その期間はなんら限界を示しえない——毎年向上することを説き、マルサス的な人口論の反対者でもあった（四七〇—一頁）。

この記述によって、アンダソンの「収穫逓増の立場」が、「収穫逓減法則」との二者択一の存在ではないことがややはっきりする。この点を自らの理論的立場に則して明確に再確認したのは、後述するシュンペーターであるが、そこにいたるまでのアンダソン地代論とマルサスとの関連についての研究史を、とりあえず主として西山の整理に依拠しながら概観してみよう。「地代論におけるマルサスへの影響」と「マルサス的な人口論の反対者」という、両者の気になる論点はやがて（本章一九〇頁引用文を参照）明らかになるであろう。

1　マカロック——アンダソンからリカードウへの流れ

アンダソンが地代論の先駆者であることを最初に顕彰したのがマカロックであったことは、今日までほぼ疑いえない。加用［2］も推定しているように（二九—三一頁）、マルクスもそこから出発し、さらにマカロックが示した文献以外にもアンダソンの地代論があることを発掘したのである。その端緒たる、マカロックによるアンダソン地代論の抄録（［13］pp. 68-70）は、一七七七年の『穀物法の性質の研究』からの抜粋であって、加用によれば、その長い脚注の後半二頁分が省略されており、そして、そこには農業における技術改良によって土地豊度の人工的増進が述べられている（一一頁）。マカロックは前半部分の抽象的地代命題のみに着目し、それをもってリカードウ地代論の先駆とみなしたとされる。じつは、西山の先に紹介した論点は、この論証によって脆くも崩壊することになる。その前半部の定式のみで判断するかぎり、アンダソンはリカードウに直結するという解釈が生まれるからである、と加用は述べる。いずれにせよ、マカロックはリカードウ地代論への先駆としてアンダソンを発掘しているのであって、当然ながらマルサスとの関連は無視される。西山によれば、この論点はベレンズ、ジェヴォンズにそのまま引き継がれ、イングラムにいたってはマルサスもリカードウも一七七七年のこの論文を知らなかったとすら述べていることを紹介している。

2　ブレンターノとキャナン——マルサスのアンダソン認知

これに対して、ブレンターノはその翻訳『アンダソン穀物法・地代論三論文』（［11］）の「序」において、マルサスがアンダソンの他の地代論文献を知っていたはずである、との指摘をおこなっている（ix）。さらに、キャナンは『生産と分配の理論史』の中で、マルサス『人口論』の第二版において、アンダソン『食料不足事情の洞察』

(*A Calm Investication*..., 1801) に論及していることを示した。この点は、シュンペーターも指摘している。ここに至って、アンダソンの名前は単にリカードウの先駆としてばかりではなく、マルサスの名前とも結び付けられることになる。

3 マルクス——マルサスの剽窃

周知のようにマルクスは、マルサスがアンダソンを知っていてかつ利用していたことを指摘し、これを剽窃とみなしている。マルクスはマルサスに対し、とりわけその『人口論』に敵意を抱いており、その著作集 (*Werke*) に登場するマルサスの名前のほとんどがそちらに関連したものである。リカードウの地代論に対してとった態度と対比するならばマルサス地代論に関する内容的検討は皆無に等しい。先の『資本論辞典』の引用からも明らかなように、彼はアンダソンの地代論をむしろリカードウへの系譜のなかで位置付けているからである。マルサスは剽窃しているとしながらも、マルクス自身はその膨大な著作のなかにマルサス地代論の具体的検討を提示することはついぞなかった。

4 シュンペーター——アンダソン地代論の最初の誤解者マルサス

『経済分析の歴史』([16]) において、シュンペーターは、アンダソンの「収穫逓増」命題が、「収穫逓減法則」の否定であるとの解釈が存在することを示している。そしてそのような意味において誤解した最初の人物がマルサスであると述べる (p. 263. 訳、五五〇頁)。シュンペーターは、アンダソンの力点が生産物 (product) ではなくて土地の生産性 (productiveness) であったことを強調して、その「収穫逓増」の概念は自らが定義した意味での「歴史的な報酬漸増」だったのだといい、したがって「収穫逓減法則」とはなんら矛盾することなく両立しうるのだという。彼は、「地代の存在を説明するのには、土地の生産性と希少性以外の何ものをも必要としない」という立場から、それが収穫逓減とは無関係であるとし、「リカードウはアンダソンと同様に、収穫逓減がなければ地代も存在しないと考え、収穫逓減と土地の希少性とを混同していたようだ」という。シュンペーターからみれば、一八〇一年のアンダソンの地代論にあらわれている「地代が異なる豊沃度の土地における農業経営の利潤を平均化する」という表現も、「平均利潤率の法則」の強調であってこの面でもリカードウの先駆をなすということになる。だから、「地代理論」に限っていえば、アンダソンとリカードウ、さらにアンダソンとウェストとの間になんら相違はないとまでいい切るのである（p. 266. 訳五五四―五頁）。

第３節　スミスとマルサスへのアンダソンの影響――近年の一研究

ここで、西山、加用らの後、一九八〇年代後半に発表された、アンダソンのマルサスへの直接的影響についてのモノグラフに触れておこう。ベルファスト・クイーンズ大学経済学部のプレンダーガスト（〔15〕）は、彼らのあいだにもっと直接的継承関係があったことを論証しようとしている。彼は、二〇世紀初頭にジョンズ・ホプキンス大学が復刻した経済学論文集のうち、一八一五年のマルサスの論文「地代の本質と発展」（〔12〕）への序論のなかで、編者の同大学経済学準教授のホランダーが明示している、マルサスへのアンダソンの影響について、マルクスを除けば、他のだれよりも強調していたことに注意を喚起している（pp. 388-389）。

たしかに一九〇三年の段階において、ホランダーは、その序論のなかで、キャナンの『生産と分配の理論史』中の文章（pp. 145-146, 220-221, 372n.）および、自身のモノグラフ（“The Concept of Marginal Rent”, (*Quarterly Journal of*

Economics, Vol.IX, January, 1895, pp. 175-187）とを示しながら、次のように述べていた。

近年の批判的研究によって、リカードウの地代法則の真の作者としてしばしば強調されているジェイムズ・アンダソンが、集約的耕作（intensive cultivation）のもとでは収穫逓減ではなく、逓増の法則が支配するということを力説していたということが明らかになってきた。マルサスの初版『人口論』（London, 1798）には収穫逓減の法則の明示的表現は含まれていない。しかし、一八〇三年に第二版『人口論』が公刊される前に、マルサスは、アンダソンの『英国における現下の穀物不足をもたらした諸事情の洞察』*A Calm Investigation of the Circumstances that have led to the Present Scarcity of Grain in Britain*（London, 1801）を読んでいた。……そこには、増加した人口はつねに相対的生産増加を結果するという特徴的な想定が示されていた。人口は食料を陵駕する傾向にあるとのマルサス自身の理論に対する根源的な批判であるゆえに、無視することができなかった。それで『人口論』の第二版はアンダソンに反論する長文の注釈（p. 473）を含む一方で、『人口論』の本文はそれ以降、収穫逓減の法則を誤解の余地のない術語として明示することとなった。われわれはマルサスがアンダソンの著作で、地代を外延的な耕作費用の相違の結果によるものであると明確に説明しているような他の著作に精通していたかどうか、またそういう知識にマルサスの考えがどこまで影響されていたかを知るすべを持っていない（pp. 4-5）。

マルクスによる剽窃説を揶揄してシュンペーターがいっていたように、マルサスに対するアンダソンの影響をどこまで論証可能かといえば、たしかに難しいかもしれない。

しかし、プレンダーガストは、この論文において、マルサスの輸出奨励金（bounty）と地代に関する考え方が一八〇三年（第二版『人口論』）から一八一五年（『地代の性質と発展』）へと発展してゆく経過を跡付けることによって、アンダソンがマルサスに与えた影響を示すことは可能であるという（p. 389）。

彼はまず、(1)アンダソンの穀物法論を検証し、その穀物価格の維持機能、つまり凶作年でも国民への食料供給可能な収量を平年時に確保するためには、生産される穀物の内在価値の高い劣等地でも農業経営が成り立ちうる穀物価格を維持するという機能を見ており、優等地における低廉な内在価値と穀物価格との差＝プレミアムこそが地代なのだ、という考え方が含まれていることを確定する。そして、⑵スミスの穀物輸出奨励金論と、⑶それへのアンダソンの批判、⑷その批判に対するスミスの対応を紹介し、そのうえで、⑸第二版『人口論』に登場する穀物法に関するマルサスのスミス批判を対比して、アンダソンのスミス批判のロジックとの類似性を指摘している。さらに、⑹一八〇八年と一八〇九年の *Edinburgh Review* に掲載されたアイルランド論、⑺一八一五年の『地代の性質』と検討を続け、最終的には、その論理構成や叙述の内容的比較から見た場合、マルサスのアンダソンへの類似性がきわめて高いという結論に達する。マルクスが具体的な根拠も示さずにマルサス剽窃説を展開したのは、まさしく両者を読み比べた時に出てくる確信によるものなのだ。著者は、このモノグラフ全体のなかで、スミスとマルサスに対するアンダソン経済学のただならぬ影響について語り、経済思想史家としては、彼のような独学の士がどうしてここまで到達できたのかを問いたいものだと結んでいる。

第４節　アンダソンの歴史的基盤について――補遺

近年、もっぱら地代論の先駆者としての側面から捉えられてきたアンダソンが、非常に多才な人物で、同時代における欧米をまたいだ知的交流の中に生きていたし、影響力を持っていたという、彼の全体像を明らかにしようとするモノグラフも出てきている。たとえば、C・F・マレットの「村のアリストテレスと諸利害の調和：モンクス・ヒルのジェイムズ・アンダソン（1739-1808）」（A Village Aristotle and the Harmony of Interests: James Anderson（1739-

1808) of Monks' Hill, "*Journal of British Studies*, 1968.) などは、その一例である。実際、アンダソンは英国内のみならず、ヨーロッパ大陸の各種学会員でもあり、ベンサムとの関係、ジョージ・ワシントンとの書簡のやりとり、ピットに委嘱されたスコットランド漁業の実地調査、ジョン・シンクレアが取りまとめて英国初の国勢調査の原形となった『統計によるスコットランドの現況』への協力など想像を絶する広い世界に人生を送ったのである。

このような懐の深さは、正確なアンダソンの書誌を十数年にわたって追求しつづけた加用信文の手になる緻密な「James Anderson 書誌」(東京農大『農村研究』三〇号、一九六九年:加用〔2〕二九三—三二六頁) ですら確証しきれなかったほどである——たとえば漁業調査、アメリカ植民地に関する著作などは、同名異人の可能性があるとしてリストからはずされた——アンダソン研究はまだその一面に取りついているにすぎないのである。

それにしても、これまで「アンダソンの地代論」についての研究史の中から見えてきたように、彼の理論的枠組みは、同時代の中でも、古典派の先駆けのような印象をすら与えている。その背景には、何があったのだろうか。

マルクスは『剰余価値学説史』の中でアンダソン (およびリカードウ) の地代論の本質を理論的には、次のように整理している。

アンダソンの場合には、地代は、生産物の市場価格がその平均価格〔すなわち生産費プラス・平均利潤〕を越える超過分に等しい。……したがって、土地の豊度の特殊な低さの結果として、この土地の生産物の平均価格がその生産物の市場価格と一致するとすれば、この超過分はなくなる。いい換えれば、地代を形成する財源は存在しない。アンダソンは、最終耕作地は地代を生むことができないとはいわない。彼はただ、次のようにいうだけである。すなわち、もし諸費用 (生産費・プラス・平均利潤) が大きいために生産物の市場価格とその平均価格との差額がなくなるということが『起こる』とすれば、地代もまたなくなる、と。アンダソンは、有利さの違う生産条件のもとで生みだされる等量の生産物についての一定の等しい市場価格が、この地代形成のための前提であると明確に述べている。……つまり一般的な市場価格が前提されているとすれば、そうであるというのである（Werke., 26-2., S.142）。

このような想定は、「理論的」な推論のために必要であることは当然であろう。しかし他方、このような理論的前提は、時と場所を超越して普遍的に想定されるわけではない。それは、次のようにマルクスが述べているところからも容易に理解されるであろう。

……この二人［アンダソン、リカードウ］はともにヨーロッパ大陸では非常に奇妙だと思われる次のような見解から出発している。すなわち、(1)土地への任意の資本投下を拘束するものとしての土地所有は存在していないという見解。(2)優等地から劣等地へ進むという見解……。(3)資本は、すなわち農業で充用されるための適当な資本量は、つねに存在する、という見解（*Werke*., 26-2., S237）。

実際、上記のような「理論的前提」は、その理論を産み出す当該社会の歴史的諸条件に規定されるのである。一般的にいえば、それは妥当な理解といえるであろう。マルクスはそれを以下のように説明している。

優等地から劣等地への進行……［中略］……という前提は、ただイギリスのような、相対的に非常に狭い領土のなかで資本があれほど容赦なく荒らしまわって農業のあらゆる伝統的な諸関係を何世紀も前から冷酷に自分に適合させようとしてきた国においてのみ、発生することができたのである。……［中略］……最後に、資本が産業部門から産業部門へと絶えず流動しているという前提、このリカードウにおける根本前提の意味するものは、発展した資本主義的生産の支配という前提以外のなにものでもない。この支配がまだ確立していないところには、この前提は存在しない。ポンメルンの一地主は、たとえば、リカードウもどのイギリスの著述家も、農業に資本の不足が生じうるという可能性を一度も感じたことがない、ということをおかしいと思うであろう。イギリス人は、資本に比べての土地の不足を嘆くことがあっても、土地に比べての資本の不足を嘆くようなことは決してない（*ibid.*, SS.237-238）。

われわれは、経済学発祥の地が、ほかならぬ英国であったことを一般的に説明する場合にしばしばこうした手法をとる。すでに触れておいたように、たとえばシュンペーターは、アンダソンのなかにリカードウに先行する「平均利潤率の法則」があると語っていた。農業経営者は、その農業経営のなかでこの「平均利潤」を確保できなければ耕作を放棄して資本を他へ移動するということを想定しているのである。もし、そこに伝統的な土地所有またはアイルランドのようなラックレント（搾出地代）的状況もしくはアンシャンレジーム下の日本の寄生地主制のような状況が存在し、それが一般的であったならば、差額地代論のフレームワークはそもそも決して生じえないはずである。

では、アンダソンの背景には「資本が容赦なく荒らし回って、土地所有が存在しないかのような」場が存在していたのだろうか。アンダソンよりわずか一六歳年上にすぎないアダム・スミスは、周知のように『国富論』のなかで、なお強力に残存している「限嗣相続制度」を批判していたはずである。そこで、理論的抽象の世界ではなく、今日のわれわれが、彼の生きたその時代をより具体的にイメージできるような事例を最後に挙げてみよう。

あのジャコバイトの反乱からほぼ三〇年、若僭称王〔ボニー・〕チャールズ・エドワードは、まだ「海の向こう（over the ocean）」に生存している。一七四五年にそのチャールズがエディンバラを占領していた時期、サー・ジェイムズ・ステュアートはその地で王子に謁見し、そのことが彼をして長い亡命生活を余儀なくさせた直接の原因となったのであるが、まさにその時、エディンバラ城をはるか北に望むことのできる、ミッドロウジアンのハーミストン村で、アンダソンは父を欠いた六歳の少年時代を送っている。アダム・スミスはオックスフォード大学で帰国を延期した。時代と場はそのように交錯していた。

親を早く失ったジェイムズの叔父にあたるアレキサンダー・アンダソンが、借地権の相続人である幼い彼を後見する代理人として、幾世代かに渡って耕作してきた農地の地主であるリッカートンのクレイグに支払った地代受領書が、現在アバディーン大学特別歴史資料館に残されている。この受領書は、ジャコバイト反乱の年を間にはさんだ一七四二年から一七五五年までのものである。紙数の限られている本章において立ち入った分析をする余裕はないが、一七五五年五月七日付けの受領書の場合、一七五三年の収穫に対して貨幣地代額は、二〇ポンド一六シリング八ペンス・スターリング、現物地代分について、大麦二五ボル、小麦八ボルの記載がある。他年のものには、このほかに一二羽の家禽が記されている例もある。これは近代的土地所有といえるであろうか。

このような具体的な地代の支払形態を目の当たりにした時、アンダソンの地代理論とのギャップの大きさを思わざるをえない。だがしかし他方、一七八七年九月八日付けのモンクス・ヒルの農場売却に関するアンダソンからシム大佐宛の書簡には、年率約一％増加を想定した一八六〇年（！）までの地代額の予測計算が記されている（MS 2787/4/1/11）。ここでは、地代増加は疑う余地もなく思考の大前提である。

こうして、これまでほとんど利用されていなかった直接的第一次資料の利用によって、今後のアンダソン研究がさらに深化することを期待するほかはない、というのが現状である。

むすび

以上のことは、われわれが研究対象とする経済学者を、その特定の思想——ないし一定の理論や学説に対するその貢献の度合い——に応じて評価したり・位置付けをおこなうという作業が、研究者の眼を限定された範囲に押し込めてしまう可能性を孕むものなのだ、ということを示しているように思われる。つまり、「差額地代論の先駆者」アンダソンという評価について見てきたように、ある特定の時空のなかで生起している社会・経済事象に対する分析の道具、ならびに実践の指針を与えることを当面の目標として編み出された理論が、時空を越えて継承される際には、避けがたい「一面化」をともなうのだということ。このようにして生じた一面化は、時として、その人物に対する固定的イメージないしレッテルの独り歩きを許すこととなり、本来的に彼が同時代の中で生き、思考し、実践したダイナミズム——いかにしてその理論、学説に辿り着くことができたのか・生み出しえたのかという知的生産のプロセスそのもの——を捨象しているのだということ。この方法的自覚を自らの思考過程のなかに据えておくことの重要性が改めて了解されるのである。

参考文献

［1］安達新十郎『地代論史の研究』多賀出版、上、一九七八年、下、一九八〇年。
［2］加用信文『イギリス古農書考』御茶の水書房、一九七八年。

［3］菊池壮蔵「アンダソン『考察』のスミス批判と『国富論』増訂問題」早坂忠編『古典派経済学研究』Ⅲ、雄松堂出版、一九八六年。

［4］久留島陽三『地代論研究』ミネルヴァ書房、一九七二年。

［5］経済学史学会編『経済思想史辞典』丸善、二〇〇〇年。

［6］小林昇編『経済学史小辞典』学生社、一九六八年。

［7］資本論辞典編集委員会編『資本論辞典』青木書店、一九六六年。

［8］西山久徳『差額地代論の研究――アンダァスンの地代論研究とその理論のマルサスへの影響について――』博文社、一九六八年。

［9］福田徳三『続経済学研究』同文舘、一九一三年、二三一―二七五頁。

［10］*A Biographical Dictionary of Eminent Scotsmen*, in 4 vols., Originary edited by Robert Chambers, Blackie and Son, London, 1855, Vol.1, pp. 56-8, 1864.

［11］Brentano, Lujo Hg., *James Anderson. Drei Schriften ueber Korngesetze und Grundrente*, Leipzig, 1893.

［12］Hollander, Jacob H., Introduction（to A Reprint of Economic Tracts, *Thomas Robert Malthus on The Nature and Progress of Rent 1815*, Baltimore 1903）.

［13］M'Culloch, *The Literature of Political Economy: A Classified Catalogue of Selecte Publications in the Different Departments of That Sciende, with Historical, Critical, and Biographical Notices*, London, pp. 68-70, 1845.

［14］Mullett, C.F., A Village Aristotle and the Harmony of Interests: James Anderson（1739-1808）on Monks' Hill, *Jounal of British Studies*, 1968.

［15］Prendergast, Renee, James Anderson's Political Economy — His Influence on Smith and Malthus, *Scotish Journal of Political Economy*, Vol.34, No.4, Nov.1987.

［16］Schmpeter, Joseph, *History of Economic Analysis*, London, 1954.『経済分析の歴史2』東畑精一訳、岩波書店、一九五六年）。

[17] *The Dictionary of National Biography* founded in 1882 by George Smith, edited by Sir Leslie Stephen and Sir Sidney Lee, Vol.1, Smith, Elder, & Co., London, 1908 (London, Oxford University Press, 1917, [1937-8]).

[18] *The Works of Jeremy Bentham*, rpt.1962 (X.127, 254, 258).

柳沢　哲哉

第9章

タウンゼンドの救貧法批判

飢餓とインダストリー

ジョウジフ・タウンゼンド（Peter Fryer, *The Birth Controllers*, London, 1965.）

はじめに

イングランドの救貧制度は一八世紀後半から救済の制限を次第に緩和する方向にむかう。一八世紀前半まで救貧法による救済はワークハウス内での救済に限定されていたが、一七六〇年ごろから院外救済が広まっていく。救貧法の「人道主義化」ともよばれるこの状況は、一七八二年に院外救済を原則とするギルバート法を生み出し、生活費の不足分を救貧税から補塡する賃金手当制度（allowance system）――後にスピーナムランド・システムと総称される――の契機となる。[1] こうした状況の中で、ジョウジフ・タウンゼンドは、救貧法廃止の立場を明確に打ち出した『救貧法論』（一七八六年）を刊行する。それは一四節からなる小冊子で、教区牧師としての経験にもとづく救済の弊害の指摘や、人口メカニズムを用いた原理的な救済批判、既存の救貧法制度に代わる代替案の提示などを列挙したものである。[2]

吉田が指摘したように、断片的な廃止論の主張はデフォーやウィリアム・テンプルにも見られるし、たとえば、労働可能者に対する救済を廃止すべきとしたトマス・オルコック『救貧法の欠点の考察』（一七五二年）は、救済が貧民に独立心を失わせ、怠惰を助長するという道徳的な批判をおこなっている（［6］）。したがって、タウンゼンドが最初の廃止論者というわけではない。タウンゼンドの新しさは、廃止の理由に人口メカニズムを用いたところにある。[3] 『救貧法論』はプライスらが展開した後期人口論争の時期と重なっているが、タウンゼンドにとって論争の焦点である人口減退の懸念は過去のものであり、「人口減退の合理的なおそれなどあるのだろうか？」（[18] p. 55）、と簡単に済ませることができた。『救貧法論』のねらいは次の一文によく示されている。

われわれの救貧法が不正義で、抑圧的で、不得策であり、またそれが意図していた目的にとって不十分となっているのは偶然であるだけでなく、世界の本質と構造の中ではまさに実行不可能なものを達成しようと公言しているがゆえに、不条理な原理を遵守しているのである（[18] p. 37）。

ここでいう「世界の本質と構造」を端的に示しているのが「フェルナンデス島の寓話」である。センセーショナルな描き方をしたこの寓話は『救貧法論』のエッセンスを示すものとして、多くの論者が着目してきたところでもある。そこでまずこの寓話の解釈を検討しながら、タウンゼンドの議論全体の中でそれがどのような意味を持っていたのかを検討していくことにしたい(4)。

第1節　フェルナンデス島の寓話

「フェルナンデス島の寓話」は救貧法の原理的な批判のために用いられた次のような寓話で、山羊と食物とのバランスの話と、山羊と犬とのバランスの話の二つからなっている。豊富な牧草に恵まれたファン・フェルナンデス島に、一つがいの山羊が放たれた。小さな島を満たすまでは飢えを知らずに山羊は繁殖した。しかし、増殖が続くと飢餓が発生し、もっとも弱いものから滅んだ。そして、その数が増えると欠乏に見舞われ、減ると豊かさを享受した。常にというわけではないが、食料の量とほぼバランスを維持した。この均衡（equipoise）は、疫病や難破船の到着によって時おり破壊された。しかし、生き延びた山羊は、もはや飢饉のおそれもなくなり、必ず元の数を回復した。彼らはみな幸福で、満足な状態となった。こうして、「山羊たちは幸福と悲惨との間で振動した（fluctuated）」。「不幸と見なされたものが、安楽の源であることが判明した。少なくとも、彼らにとって、部分的な悪は普遍的な善であった」（［18］pp. 37-38）。次に、山羊を絶滅させるために一つがいのグレイハウンド犬がスペイン人によって持ち込まれた。敏捷な山羊は岩場に逃げ込むことで助かり、活動的な犬だけが山羊を捕食できた。こうして新しい種類のバランスが生まれた。

両方の中でもっとも弱いものが自然の負債を支払うために最初に犠牲になった。もっとも活動的で活力のあるものが生命を維持した。食料の量こそが人類の数を規制するのである（［18］p. 38）。

こうしてタウンゼンドはフェルナンデス島の寓話を人間社会の話に直結させていく。

生存競争や食料と個体数の均衡を含むこの寓話は、『救貧法論』の核心部分としてしばしば取りあげられてきた。マカロクは寓話は下等な動物にはそのまま適用できるが、「人間が山羊でもなければ犬でもないこと、そして動物を支配している動物的本能だけに人間が支配されているのではないことが、タウンゼンドには思い浮かばなかったように思われる」と『救貧法論』を否定的に評価した（［12］p. 283）。人口学者ランドリもマカロク同様にこの寓話をもってタウンゼンドを批判する。人口と食料が生活様式という媒介項抜きで機械的に直結されている点に、タウンゼンドの欠点があると指摘する。だから、その人口論は原始社会にしか妥当しえないと解釈される（［11］p. 179）。マカロクもランドリも、食料と人口との均衡において生物学的な意味で最低限の生存水準をイメージしているといってよい。それゆえ、生物学的な解釈ということができる。

経済人類学者ポラニーもまた寓話を重視する。ただしポラニーは寓話に近代社会における秩序形成を読み込もうとする点で、マカロクらとは異なっている。しかしながらポラニーが強調するのは、むしろタウンゼンドが人間の営みに「自然法則の概念」を導入した点である。タウンゼンドは後のリカードウやマルサス、あるいはダーウィンへと連なる系譜の源流とされ、「人間主義的基盤」に立つアダム・スミスから「自然主義」への転換点と評価される。すなわち、スミスは物理的な意味での「自然」を富の問題から排除して、経済学を「労働の熟練の程度および社会における有用な人間と怠惰な人間との比率」(［4］一五三頁)という人間的諸要因だけの問題にした。これに対してタウンゼンドは「人間の生物学的本性」により政治的秩序ぬきでの社会秩序の成立原理を発見したとする(［4］一五七頁)。

ファン・フェルナンデス島には政府も法律もなかったのに、山羊と犬との間には均衡が存在したのである。……タウンゼンドは人間が実際に獣であること、そしてそれゆえにこそ、最小の政府しか必要としないのだと主張した(［4］一五六頁)。

こうしてポラニーは、フェルナンデス島の寓話から食料と人間との均衡だけでなく、財産所有者と労働者との均衡をも引き出すのである。(5) ポラニーの解釈は魅力的であり、モンタギューらによっても支持されている(［13］p. 13)。しかし、スミスからの転換という構図を強調するあまり、『救貧法論』の中にある「人間的諸要因」を軽視しているように思われる。また、寓話を過度に重視することで、かえって『救貧法論』全体の中での寓話の持つ意味が検討されずに済まされている。そこでまず、救貧法批判のベースになっている「自然のコース」から検討してみたい。

第2節　自然のコース

タウンゼンドは「自然のコースは容易にかき乱されるかもしれないが、人間はその法則を覆すことは決してできない」（[18] p. 39）として、人為的な救貧法を廃止して「自然のコース」へ復帰すべきことを説いた。そこにはアダム・スミスの自然的自由の体系が念頭に置かれていたといってよいだろう。事実、タウンゼンドはスミスに何度か言及している。しかしながら、「自然のコース」を描いたフェルナンデス島の寓話は、過剰人口と飢餓を必然的にともなうペシミスティックな描かれ方をしている。一見すると、人口有害論を展開しているようにさえ見える。ところが、『救貧法論』の五年前に刊行された『政体論』（一七八一年）では、人口数をもって経済的な繁栄や軍事力の指標とする重商主義的な人口観を展開しているのである。『政体論』は自由な政体と専制とを歴史的に比較しようとするものであり、ヒューム＝ウォーレス論争の影響下にあるといってよい[6]。そのねらいは混合政体の擁護である。「われわれの政府のような混合政体以外には自由な政体はありえない」（[17] pp. 17-19）としており、宗教的自由がないところ、あるいは権力者により恣意的な課税がかけられるところでは、経済は発展せず、難民が生まれて人口は減少する。これに対して、法律なしでは権力者も命令を下すことができず、財産の安全が守られている自由な政体のもとでは人口は増加すると論じる。

どんな国でも住民の数は、夫婦が生存手段を獲得できる容易さと、その国の政府が与える個人の安全に比例するであろう。勤勉なものならば誰でも生活手段を獲得することができる。農業、技芸、製造業が刺激されているならば、それらは自由な政体のもとで刺激され、繁栄しているのである。政府が自由であれば、最大の個人的安全もある。それゆえ、自由な政体のもとでは住民の数はもっとも豊富になる（［17］pp. 166-167）。このようにきわめて楽観的な人口観に立っている。『政体論』でも「女性の多産、奢侈の習慣、あるいは課税」が原因で、人口に対する生産の不足が生じることを認めてはいる。しかし、過剰人口の問題に焦点が当てられることはない。生産の不足についても、「たとえその国が絶対的に不毛であっても、自由な政体のもとにあるならば住民の数は豊富であろう」（［17］p. 167）として、自由な政体を擁護する議論に利用されてしまい、食料制約の問題が強く意識されることはない。『政体論』と『救貧法論』とで人口観が対照的であるのは、両著作の間にあるギルバート法の制定や院外救済の拡延といった外的状況が、タウンゼンドの人口観を変化させたということで説明できるようにも思われる。しかしながら、単なる人口数をもって一国の繁栄の指標とすることは退けられたものの、『救貧法論』において必ずしも人口指標が完全に否定されたわけではない。

人口の主題についてわれわれは熱い論争をおこなってきた。あるものは人口が減少していると嘆き、他のものは人口は急速に増大していると確信をもって自慢した。誰もが一国の富は住民の数からなっているということに同意しているように思われる。インダストリと倹約が人口と歩調を合わせる時に、あるいはむしろ人口がこれらの結果である時に、一国の力と富とは市民の数に比例するだろう。しかし、人口の増加が不自然で強制され、財の共有（community of goods）から生ずる時には、人口の増加は貧困と弱さに向かう（［18］pp. 47-48）。

タウンゼンドの力点は、「財の共有」すなわち救貧法が存在する社会での人口増加のマイナス面に置かれている。[7] 救貧法がない状態での「インダストリと倹約」に結びついた人口であるならば、指標としての人口はその地位を必ずしも失ってはいないのである。ここに人口論争に対するタウンゼンドの批判的なスタンスを見い出すことができる。それでは「自然のコース」における「インダストリと倹約」と結びついた人口についてどのように考えていたのであろうか。人口増加のメカニズムから検討していこう。

寓話では食料とのバランスに力点を置いたために、人口増加のメカニズムにほとんど言及していない。「食料が十分にあるかぎり、増加し増殖し続けるであろう」（［18］p. 40）というシンプルな説明があるにすぎない。しかし、マカロクやランドリのように文字どおり動物と人間を等置していたとするのは乱暴である。寓話の中に登場する、「もし理性を授けられていたならば、彼ら〔山羊たち〕は飢饉の窮地を理解していたにちがいない」（［18］p. 37）という叙述は示唆的でもある。別の箇所で人口増加力について次のように説明している。増加の根源は「差し迫った欲求（urgent appetite）」（［18］p. 50）に求められている。この欲求が無制限に作用してしまえば、食料よりも早く人口が増大してしまう。しかし、「自然のコース」にあれば、「差し迫った欲求」は規制されると見ている。

独身については、事物が自然のコースに委ねられている場合には、ある情念がもう一つの情念を、より強い欲求がより弱い欲求を規制する、と述べてよいかもしれない（［18］p. 50）。

いかなる情念や欲求が独身を選択させるのか、あるいは独身中の振る舞い方についての言及もないが、おおよそはマルサスの道徳的抑制に相当するといってよい。抑制の契機となるのが飢餓である。「飢餓は適切なバランスである」とタウンゼンドはいう。注意すべきことに、当事者にふりかかる直接的な飢餓のおそれではなく、むしろ「彼の直接の子孫にとって予見され、懸念される飢餓」（［18］pp. 50-51）という子孫の飢餓の予見が問題とされている。タウンゼンドはこの抑制を「慎慮」（［18］p. 51）にもとづくものとも表現しており、きわめて理性的な判断にもとづく妨げと見なしている。(8) 抑制の捉え方はマルサスとの相違点と見ることができる。マルサスはゴドウィンとの論争から情念不変論を前面に押し出す必要に迫られていたが、タウンゼンドの場合には情念を別の情念で抑え込むという単純な議論が可能であった。それゆえ、労働需要に対する人口という角度からではあるが、次のようにも述べている。

もし事物がその適切なチャンネルに流れ込むようにさせておくのであれば、その結果として、世界の現在の構造に応じるかぎり、人口はもはや不自然で強制されるものではなくなり、労働の需要に応じて自らを規制するであろう（［18］p. 91）。

実際に救貧法のないヨーロッパ大陸では道徳的抑制が普及していると見ていた。救貧法の弊害を強調するために、「自然のコース」を意図的に楽観的に描いていたということもできるであろう。タウンゼンドが主張したかったことはこの逆の事態、すなわち救貧法によって人口抑制のメカニズムが破壊されてしまう事態にある。救貧法は単に人口を増やすだけではない。一方では、「より慎慮があり、注意深く、勤勉な市民の多くが苦しめられ、結婚を控える」（［18］p. 55）のに、他方では怠惰なものが人口を増やすことになる。こうして勤勉な者の比率が低下してしまうことを懸念していたのである。

第3節　タウンゼンドの視角

タウンゼンドが救貧法批判のためにしばしば引き合いに出した状態は、人口が食料の上限に、あるいは「諸資源を使い尽くした……究極の限界（utmost limits）」（［18］p. 50）に到達した均衡状態である。しかし同時に、今述べた道徳的抑制に加えて、「農業の改良、生活の悪化、労働の増加、領土の拡張、商業の増加」などの要因によって、均衡の到達が遅れることも認めていた（［18］p. 48）。「商業の増加」などは自然的要因ではなく、明らかに特殊歴史的な要因である。それでは近代社会特有の歴史的な視点をタウンゼンドは有していたのであろうか。この問題を考えるうえで、「この坊さん〔タウンゼンド〕はその説の大部分をサー・ジェイムズ・ステュアートから借りてきたのであるが、しかし彼はステュアートを歪めている」とするマルクスのタウンゼンド評価は示唆的である（［5］二三巻b、八四三頁）。明示的にステュアートに言及することのなかったタウンゼンドが、実際にスチュアート『原理』を利用したかどうかという点はここではさしあたり置くとしよう。ステュアートの表現を用いれば、人口増加の「物理的不可能」と「社会的不可能（moral incapacity）」の相違をタウンゼンドが認識していたかどうかという点だけを問題にしたい。(9) 雇用の点からこの問題を考えていくことにする。

寓話の直後で、農業人口の比率に対する総消費者の過剰というケイムズ『人間史素描』に登場する議論を取り上げて、肥沃な土地が最後の一片まで耕作しつくされれば、農業人口比率など問題ではなく、食料の絶対量に人口は制約されるという批判をおこなっている（［18］p. 42）。ステュアートの場合には農業人口と非農業人口との比率の問題は、剰余生産物の交換や有効需要の議論を導出し、「社会的不可能」を展開する出発点となっている。これに対してタウンゼンドのケイムズ批判は、意図的に「社会的不可能」の議論を閉ざして、「物理的不可能」の議論に収斂させようとしているように思われる。しかし、ヒューム＝ウォーレス論争をよく知っていたタウンゼンドは、最大可能な住民数を維持するためには、奢侈工業に労働人口を割くべきではないとするウォーレスのような考えを支持するものではなかった。タウンゼンドは奢侈的な工業をも含んだ分業体制が不可欠であることを認識していた。(10) 寓話の直後にはきわめて簡潔ではあるが、野蛮段階、放牧段階、農業段階という発展段階論があり、富を持つものと持たないものへの分化、あるいは農業、工業、商業への分業の展開が語られている。

時間が経つと完全な分業が生じるであろう。そして農夫だけでなく、芸術家、製造業者、商人、金持ち、土地財産を所有するジェントルマン、兵士そして文筆家、彼らはみなサーヴァントとともにいるが、さまざまな商品と労働を大地の生産物と交換する（［18］p. 42）。

生産物の交換が成り立つ条件を分析しようとすれば、ステュアート同様に特殊歴史的な人口法則の問題を、いい換えればポリティカル・エコノミーの世界を展開していくことになるであろう。タウンゼンドは、食料に対する人口の上限と、「トレードに用いられる資本」に対する人口の上限を区別しており、後者を「利潤を生み出す雇用」として把握し、前者よりも低いことを認識していた（［18］pp. 57-58）。しかし、利潤の発生メカニズムを分析することはなかった。『スペイン旅行記』では、人口増加を妨げる第三の要因として「インダストリを促す商業とその生産物の剰余のための市場の不足」（［19］vol. 2, p. 363）をあげている。剰余に対する需要の不足が人口の制約となることを漠然とは意識していたものの、そこから先へ分析を進めることはなかった。タウンゼンドの関心は救貧税が製造業の発展を阻害するというところで終わってしまう。(11)

われわれの現行のシステムによって、われわれはそれら〔製造業〕の導入を阻害し、進展を妨げ、没落を早めている。もし教区の地代が貧民を増加させるために支出されないことになれば、土地を所有しているジェントルマンはみなその土地の生産物を消費するために、領地に製造業者を定着させるのに熱心になるだろう（［18］p. 21）。

救貧税による産業構造の歪みは雇用不足を生み出すはずである。事実、タウンゼンドが製造業に言及する時は、おもに貧民の雇用に関心が置かれていた。またすでに引用したように、労働需要に対する人口という視角を明確に持っていた。しかし、労働需要の問題を深化させることはなかった。救貧法の弊害の指摘に関心がむいているからである。救貧法が労働需要に与える第一の弊害は、賃金上昇による製造業の撤退である。救済により働かないものも食料を需要することで、食料価格の上昇が起き、それにより労賃が上昇する。その結果、製造業は撤退し、労賃の安いところへ移動してしまう（[18] pp. 26-27）。第二の弊害は、労働者の道徳的悪化による雇用の喪失である。雇用関係は、後で詳しく見るように第一に主人とサーヴァントの関係として把握されている。救済によりこの「自然な紐帯」は破壊され、雇用されるのに必要な貧民の「上品さと礼儀、従順と服従」といった特性が失われてしまう。この議論の裏側には、良き特性さえあれば雇用が存在するという前提が置かれている。換言すれば、雇用の問題はマクロ的な経済の問題としてではなく、主人とサーヴァントとの関係の中へと解消されてしまうのである。

良いサーヴァントは仕事の不足を心配する必要はない。もし、ある主人が彼を仕事から解雇するとしても、別の主人が彼を喜んで雇うであろう（[18] p. 21）。

救貧法を廃止してしまえば労働需要に対する過剰人口は発生しないというインプリシットな想定は、すでに見た労働人口の自動調節という認識によって強化されているともいえよう。だから、労働需要の大きさを分析することはないし、雇用の喪失を問題視することなく、「立法は土地のエンクロージャーを人びとの裁量に委ねるようにして、共有地を個別保有地にするのを容易にすべきである」（[18] p. 94）とエンクロージャー推進を政策提言として主張できたのである。

財に対する欲求の多様化は、生活水準を向上させようとする刺激となり、新たな努力や労働を引き出すという図式をタウンゼンドも受け入れている。「インダストリと節倹（frugality）が国家繁栄の唯一の基礎」（[18] p. 17）としており、インダストリを刺激するという観点から奢侈の役割を肯定的に見ている。

もし奢侈という言葉で道徳性と矛盾する何らかのものを含めるのであれば、われわれは彼［マンドヴィル］の結論を是認できないだけでなく、前提も容認できない。奢侈の観念に生活の安楽品と便宜品だけを含めるものとするならば、奢侈の嗜好はインダストリと徳を生み出すに違いないし、個人の幸福を増大させ、国家の福祉を刺激するに違いない。……一般に、人間のインダストリは彼の現実のあるいは想像上の欠乏（wants）に比例する（［18］pp. 30-31）。

『救貧法論』の基調となっている「飢餓こそがインダストリを刺激する」という議論が、ここでは「欠乏」という表現を用いてインダストリにつなげられている。「欠乏が増加するにつれて、主人はより多くの労働者（workmen）を雇用しようとするし、労働者自身は不断の労働に甘んじる」（［18］p. 31）。こうして剰余の生産に労働者が携わる理由が示される。こうした議論もスチュアートと類似している。[12] しかし、奢侈がもたらす雇用の増大という問題も十分に分析されることはなかった。救貧法批判に直結させてしまうからである。

少なくとも現在執行されているような現行の救貧法システムでは、労働貧民の間でインダストリを刺激するという、奢侈から生まれる利益は失われている（［18］p. 32）。

特殊歴史的な人口の制約である「社会的不可能」の存在をタウンゼンドは認識していた。しかし、それを十分に展開することはなかった。こうした限界の主な理由は何といっても『救貧法論』の時論的な性格にある。そのために、第一に救貧法批判が急なあまりその弊害を指摘することに関心が向けられ、第二に救貧法が貧困をなくしえないことを理論的に説明するために、「物理的不可能」の状態がたえず引き合いに出されてしまったからである。

第4節　貧民観

救貧法の弊害を強く主張したタウンゼンドは、救貧法さえ廃止されれば多くの問題が解決されると見ていた。救貧法批判のために「自然のコース」を楽観的に描いたという側面もあるが、その背後にはスミス同様に自然的自由の体系に対する信頼があったといえなくもない。事実、権威ある著作としてスミス『国富論』に言及している。しかし、スミスとは大きく異なる点もある。一つは低賃金の経済論で、もう一つが主人＝サーヴァントとしての階級関係の把握である。

貧民が生活水準を上昇させていく可能性も示唆しており、インダストリを刺激するかぎりでは「洗練の習慣」は個人と社会の両方にメリットがあるとしている。しかし他方では、賃金が低くなければ貧民はめったに勤勉に働かないという立場を崩してはいないのである（[18] p. 24）。大まかにいえば、タウンゼンドは低賃金の経済論の枠内にいる。さらにいえば、すべての貧民が生活水準を上昇させることを必ずしも望ましいとは考えていなかったのである。階層ごとに異なる行動の動機とふさわしい仕事があるというのがその理由である。

貧民がある程度洞察力を欠いている（improvident）こと、そして社会の中にはたいへん卑屈で、たいへん下劣で、たいへん不潔な仕事を遂行する人間が必ずいることは自然法則のように思われる。人類の幸福のストックはそれによっておおいに増大する。そしてより繊細な人を骨折り仕事から免れさせ、彼らを悲惨にする臨時の仕事から解放するだけでなく、彼らのさまざまな性質に適していて、国家にとってもっとも役に立つ天職を中断することなく自由に追求できるようにする。最下層の貧民についていえば、習慣からもっとも卑しい職業、もっとも骨の折れる仕事、もっとも危険な職業に甘んじている（［18］pp. 34-35）。

タウンゼンドは次のように考えている。兵役のような危険かつ骨の折れる仕事につかせる動機は、飢餓を満たすという動機以外にはありえない。最下層の人間はパンを求めるためにはどんな仕事でも喜んでおこなう。だから、たえず飢餓にさらされる最下層の人間がいることが必要なのであり、それを満たすように貧民が「洞察力を欠いている」のが「自然の法則」である。タウンゼンドはインダストリを破壊する飲酒の習慣を強く非難しているが、「節酒や精励（diligence）が普遍的に広まれば」、危険な兵役につく人間もいなくなるであろうと、やむをえぬものとしてその存在も一部認めているのである（［18］p. 35）。注意すべきは、下層貧民が存在する社会の方が、全体の「幸福のストック」を高めるという考え方を示していることである。(13)下層の生活水準の上昇よりも、既存の階層秩序の維持の方が幸福を増大させるといい換えてもよいだろう。スミスは下層の引き上げが可能であるし、それを望ましいとしていた。可能性はともかくとして、マルサスもそれを望んでいた。しかし、タウンゼンドはそうした考え方をとらなかったのである。

タウンゼンドは貧民の労働を引き出す飢餓の役割を強調した。「一般的には、飢餓だけが彼ら〔貧民〕を労働へと駆り立てさせることができる」（［18］p. 13）。「飢餓」というペシミスティックな表現をとってはいるものの、それは労働市場を通じた近代的な労働者の形成という考え方といい換えてもよい。「飢餓は単に平和的で、静かで、絶えざる圧力であるだけではなく、インダストリと労働へのもっとも自然な動機でもあるので、もっとも力強い努力を呼び起こす」（［18］p. 14）。飢餓を怠惰な貧民を自立的な労働者にする唯一の手段と見ている。だから、その機能を妨げる救貧法は廃止すべきであり、「賢明なる立法者」は飢餓という「自然的なサンクション」に干渉してはならないということになる（［18］p. 20）。後に見るように、救済だけではなく、自立を妨げるワークハウスも廃止の対象となる。飢餓、すなわち労働市場には、道徳的陶冶の役割をも担わせている。

飢餓はもっとも獰猛な動物をも従順にさせる。それはもっとも凶暴なもの、もっとも頑固なもの、もっとも道理に反するものに、上品さと礼儀、従順と服従を教える（［18］p. 20）。

労働市場を通じて形成されるのは、近代的な資本賃労働関係における労働者というよりも、主人＝サーヴァントの関係に置かれるサーヴァントと把握されている。こうした主人＝サーヴァント関係は単なる表現上の問題ではない。すでに見たように、貧民が「上品さと礼儀、従順と服従」を持っているならば、必ず雇用が保証されると考えていたが、その背景にはこうした主人＝サーヴァント関係がある。さらに、タウンゼンドは救貧法による強制的慈善に代えて自発的慈善に期待しているが、こうした主人＝サーヴァント関係が富者の「慈悲心」を育《はぐく》むと考えていたからである。

彼〔賢明なる立法者〕は法律のサンクションによってこの〔人間と人間とを結びつける〕関係を強化することを目的として、その関係から生ずる自然の義務を研究するであろう。この関係の第一は主人とサーヴァントに対する関係である。サーヴァントに必要とされる第一の義務は、すばやく、快活な、心からの従順である（［18］p. 19）。

第5節　自発的慈善

タウンゼンドの政策提言を見ていこう。「第一に、インダストリ、節約、服従を促進しないいかなるシステム、第二に労働需要によって人口を規制しないシステム、これらが適切ではないことは明らかである」（［18］p. 84）ことを主張する。まず提案されるのが、救貧税の漸次的減額である。救貧税を減額させて不足がもたらす「圧力」を増大させることで、インダストリと節倹の習慣を育成すべきだと主張する（［18］pp. 85-87）。教区ごとに毎年固定した比率で減額すれば、九年間で十分の九を減額できるとしている。もし全廃できるならばそれが望ましいとする。さらに勤勉な貧民や放縦な者の子どもたちのために、各教区に「ワークショップ」を設置することを提案している。それはあくまで職業への適応と、自らの努力で生活することを学ばせるのが目的である。だから、道具や原材料は公的なファンドから支出され、日給も支払われるが住まいや食事を提供することはない（［18］p. 88）。このワークショップの提案はワークハウス政策とは異なるものである。タウンゼンドは自由を奪った人に仕事を強制させようとするワークハウスを失敗した政策であると厳しく批判している（［18］p. 70）。

貧民自身の救済組織として、既存の相互補助のためのフレンドリー・ソサイエティも評価しており、それを普遍的な組織にして、健全な規制のもとに置くべきことを提案する（［18］p. 89）。現行のフレンドリー・ソサイエティは拠出額が一律であること、受け取り額に対して拠出額が少ないことなどの欠陥があり、また加入が完全に任意であったために衰退している。そこで非加入者には教区のファンドからの救済を受け取る資格を与えないことで加入に誘導したり、独身者と子どものいる者との拠出額に格差をつけることを提案している。フレンドリ・ソサイエティには単なる救済組織という役割よりも、飲酒、怠惰、浪費に代えて、「節酒、インダストリ、節約、当然の服従が再度復活するであろう」（［18］p. 90）と、むしろ道徳的な役割が期待されていた。[14]

こうした積極的提言に加えて、救貧法廃止には富者の自発的慈善を促進する効果も期待されていた。それは神学的文脈という問題にも関連している。キリスト教と救貧法廃止論との整合性はマルサスをはじめとして多くの論者が論じた問題でもあるので、それを最後に確認しておきたい。

一七八〇年代には福音主義あるいはメソディズムを手がかりにして、高位聖職者が階級の存在を容認しはじめたといわれている（［16］p. 65）。このような状況とタウンゼンドの階級必然論とを直結させるわけにはいかないが、タウンゼンドがカルヴァン派的メソディストに共感を抱いていたことは思い起こしてよいだろう。[15]なぜならば、予定調和論は既存の階層秩序の維持に適しているし、富は神の恩寵、貧困は道徳的怠惰の印とするカルヴァン派の教義は、タウンゼンドの主張と整合的でもあるからだ。救貧法が破壊しようと意図しているのは「神と自然が世界に創り出した」社会の均整（symmetry）と秩序であるとタウンゼンドは表現している（［18］p. 36）。救貧法は神がデザインした階層秩序への無謀な挑戦ということになる。マルサスをはじめとしたその後の多くの論者は、貧困の発生を契機としたインダストリの涵養や技術進歩による文明の進歩を説くことで、人口原理を用いた弁神論を展開した。タウンゼンドは明示的に発展段階と神学を結び付けようとはしておらず、階級の存在と私有財産制擁護に聖書を用いているにとどまっている。階級必然論には『申命記』からの引用が使われている。乳と蜜の流れるカナンのような豊かな土地でさえも数多くの貧民がいたと指摘し、「貧しきものがあなた方の間からいなくなることはない」（15:11）という一節を引用している（［18］p. 44）。共有制批判のために『使徒言行録』が引用されている。原始キリスト教時代の使徒たちによる共有制の試みを引き合いに出して、「みなが心と魂を一つにして、すべてのものを共有に」（4:32）しようとしたけれども、結局それは失敗に終わった（5:4）。こうして、共有制が神の是認を受けなかったことは聖書からも確認できるとし（［18］pp. 78-79）、人間の心情について完全な知識を持っていた使徒たちでさえ失敗した共有制を、イングランドで実行することは不可能であると論じた（［18］pp. 45-46）。

もっとも巧みに聖書を利用したのが、救貧法による強制的慈善を批判する箇所である。本来、キリスト教の慈善は法による強制ではなく、自発的なものでなければならない。

福音の積極的な命令は明確ではっきりしており、忘れ去られるべきではない。『各人は不承不承ではなく、強制でもなく、自らの心に決めたことにしたがって与えなさい。神は喜んで与える人を愛するからである』（『コリント人への第二の手紙』（9:7））。……キリスト教の摂理（dispensation）は溢れ出る慈悲を最高に刺激する。しかし同時に施す施さないの自由を各人に与えた……（［18］p. 78）。

このように自発的な慈善は肯定されているが、それは無差別な慈善の肯定を意味するものではないとする。『テサロニケの信徒への第二の手紙』から「われわれは何もせずにパンをめぐんでもらったことはない。働かないものは、食べてはならない」（3:8.9.10）という一節を引用しながら、慈善のあるべき姿を説明する。自発的慈善であろうとも、それに値する人から先に食べ物を与えなければならない。「怠惰で悪徳な者にインダストリから生まれたパンを与えることほど平等と矛盾するものはない」（［18］p. 81）。こうして自発的慈善には、選別されることを通じて受け手のインダストリを涵養することが期待されたのである。さらに、慈悲心や尊敬の念による富者と貧者の精神的紐帯を強める役割も与えられている。

自発的な寄付で貧民を救済することは賢明で、思慮があり、公正であるだけではなく、また理性と啓示（revelation）に適っているだけでもない。それは悲惨を避けるのにもっとも効果的であり、憎悪や悪意や争いの代わりに、その対極でもっともりっぱな人間の心の内にある愛情を育て、富者の中に哀れみや憐憫や慈悲心を育て、貧者の中に愛情や尊敬の念や感謝の念を育てるがゆえに、それはそれ自体でもっとも卓越している（［18］p. 98）。

あるべき慈善の復興という神学的観点から見た救貧法廃止の積極的な側面は、マルサスやチャーマーズへと継承されていく。マルサスは第二版『人口論』から「慈善の指導について」という章を設けたが、それはタウンゼンドをベースにしたものといってよく、『救貧法論』末尾部分（［18］pp. 97-98）を肯定的に引用している。しかし、

「富者の友情を育てる義務が貧者にある時には、貧者の困窮を救済しようとする気持ちを富者が欠くことは決してないであろう」（［18］p. 98）という『救貧法論』の最終センテンスは、マルサスの引用から外されている。すでに述べたように、タウンゼンドは主人＝サーヴァント関係を社会の第一の紐帯としていた。この点がマルサスと大きく異なる点である。だから、タウンゼンドは救貧法廃止によりこの紐帯が強化されることで、富者の自発的慈善が容易におこなわれるようになると楽観的な展望を抱けたのである。

むすび

タウンゼンドは人口増加の上限として、食料生産の絶対的な上限と近代社会特有の歴史的な上限との相違を認識していた。しかし、経済学として展開されるであろう後者の分析はきわめて不十分であったといわざるをえない。フェルナンデス島の寓話はいくつかの解釈が可能である。したがって、ポラニーが述べたように寓話を社会秩序成立の説明とすることも不可能ではない。しかし、「人間主義的基盤」を軽視して「生物学的本性」だけから『救貧法論』全体を理解するとすれば、それは単純化しすぎているといわざるをえない。救貧法廃止による貧民の道徳的な向上こそがタウンゼンドのねらいであり、その意味ではむしろ「人間主義的基盤」を重視していたといえるからである。

注

(1) 救貧制度の変質と救済の量的増大がきっかけとなって、一八世紀末になるとイーデン、ベンサム、ピットらによる活発な救貧法論争が展開されていく。救貧法を巡る論争といっても、救済の是非、セツルメント規制の是非、ワークハウスの運営方法、さらには貧民の特性や神学的な社会観等々と論点は多岐にわたっているが、公的救済の是非に焦点を絞れば、渡会［7］が整理しているように三つに分類できるといってよいだろう。すなわち、救貧法を擁護し貧民の救済を受ける権利を認めるペイリーに代表される立場、公的救済を認めるが、効率的な貧民管理を追求するベンサムに代表される立場、救貧法廃止を主張するタウンゼンドやマルサスに代表される立場である。

(2) A Well-Wisher to Mankind という匿名で刊行された。翌年第二版が、救貧法批判が強まった一八一七年に第三版が刊行されている。タウンゼンドはロンドンで商人の子として生まれ、ケンブリッジのクレアホールで教育を受け、エディンバラで医学を学んでいる。晩年までヴィルトシャーのピュージーで教区主任牧師（rector）を務めた。

(3) よく知られているように、マルサスは第二版『人口論』序文において、初版刊行時点で未読であった論者の一人としてタウンゼンドの名前をあげている。マルクスのように初版『人口論』をタウンゼンドらからの剽窃とする論難は別にしても、『人口論』初版執筆時に『救貧法論』の内容を間接的に知っていたはずだとする見解がある。推測の域を出るものではないが、タウンゼンドとマルサスとの間接的な接点として、アレヴィはコンドルセを、モンタギューは父ダニエル・マルサスをそれぞれあげている（［10］p. 229,［13］p. 10)。

(4) 本章の主要なテーマはタウンゼンドの救貧法批判の枠組を再検討することにあり、救貧法に対する具体的な代替案は簡略に触れるにとどめる。その詳細については、タウンゼンドを主題的に扱った唯一の邦語文献と思われる［2］を参照されたい。

(5) スミスからの転換点としてのタウンゼンドというポラニーの位置づけには、［9］から異論が提出されている。ロバート・ウォーレスが論じた過剰人口による共有社会崩壊論を、救貧法批判に転用したことこそがタウンゼンドの特徴であるとディーンは述べる（［9］p. 75)。ディーンは以下のスミスによる人口の定式化のうちにタウンゼンドの議論は先取りされているとする。「あらゆる種類の動物は、生活資料に比例して増殖する。……しかし、人類の文明社会では、食料の不足が人類の増殖の制限となるのは、下層階級だけである。それは多産な結婚から生まれた子どもを多く餓死させるという方法による以外にはない」(『国富論』第一篇第八章)。

(6) 自由な政体と専制という分類は、モンテスキューがおこなった共和制、君主制、専制の政体三分類のうち君主制と専制を「専制」として一括し、共和制を「自由な政体」にしたものと説明している。タウンゼンドは宗教的、経済的自由の擁護という点でモンテスキューを評価しているが([17] pp. 137-140, p. 214)、モンテスキューの人口減退論についての言及はない。主にタウンゼンドが依拠しているのはヒュームである。

(7)『救貧法論』では救貧法システムをしばしば「財の共有」と表現している。直接には、ウォーレスの表現を念頭においたものといってよいが([21] p. 110)。原始キリスト教の使徒たちの試みや、トマス・モアのユートピアに由来する表現でもある。救貧法は一部の財にとどまるものではなく、「救貧法が普遍化させる財の共有」([18] p. 45)という考え方をタウンゼンドは表明している。救貧法の弊害を誇張した表現と言わざるをえないが、『政体論』で説いた、「自由な政体」のもとで財産の安全が守られている社会と、自ら生み出した財に対する所有権が守られない専制社会という構図に救貧法問題を載せようとした意図的なものである。

(8) この箇所は[15]などでも取り上げられている(p. 31)。しかし、救貧法批判の文脈であることが軽視されている。タウンゼンドは潜在的な人口増加力をきわめて高いものと考えていた([19] vol. 2, pp. 360-361)。

(9)「現にヨーロッパでは極限まで耕作が進んでいる国はないし、それどころか耕作が、したがって増殖が停止している国もまだ多いのである。こういう国民は増殖についても一種の社会的不可能の状態にあるものと私は考える。どのような手段をもってしても食物増産の実現が事実上不可能であれば、不可能は物理的だということになろう」([1] 二八頁)。「物理的不可能」は食料の絶対的な制約で超歴史的な人口法則であり、「社会的不可能」は近代社会特有の歴史的な人口法則ということができる。ステュアートの人口論については[3]第一章を参照されたい。

(10) イングランドを「農業、技芸、製造業、商業がもっとも発展していて、そのすべてがお互いに相互的な関係を持っている」

（［18］p. 28）と見ている。『政体論』では、自由な政体のもとでは農業と他の産業との相互依存関係があり、「農業はかなりの程度、技芸、製造業、商業に依存しており、それらとともに発展し、没落する」（［17］p. 162）と述べている。

(11) 農業についても救貧法の弊害を指摘している。救貧税負担があるためにイングランドの土地所有者は、荒蕪地の開拓や施肥をおこなわないので、農業の改良や進展が阻害されている（［18］pp. 27-28）。

(12) 「フリー・ハンズがその労働によって自己の欲望を充足すべき手段を獲得してしまえば、彼らの願いはかなえられる。農民が自分たちの欲望を満足させるために必要な剰余を生産してしまうとすぐに、彼らはもはやそれ以上には働かない。……これを第一編でわれわれは人口増加の社会的不可能と呼んだのである」（［1］一六六頁）。

(13) 「幸福の総量」という表現もある。「もし財の共有が導入されて、同時に誰もが自由に結婚できるようになれば、人口はすぐに増えるが、彼らの幸福の総量はそうではない」（［18］p. 41）。

(14) フレンドリー・ソサイエティへの加入を誘導していても強制加入ではない。マルサスは強制加入型のフレンドリー・ソサイエティを批判した。ここにあげた以外にタウンゼンドは、セツルメント規制の撤廃、エールハウスへの課税（［18］p. 90）や、効率の悪い馬に代えて牛を耕作に用いるべきこと（［18］p. 92）、救貧行政組織の改善として教区会（vestry）の命令に従うこと（［18］p. 90）などを提案している。

(15) タウンゼンドの経歴に関する代表的な資料である『ジェントルマンズ・マガジン』の記述は「カルヴァン派的メソディストの間で説教師として有名であった」となっている。DNBは「ある時期、カルヴァン派的メソディストに強い共感があった」と記述している。したがって、ウェズリ派ではなく予定調和を重視するホイットフィールドらに共感をよせていたのであろう。タウンゼンドについて［2］では「non-conformist の牧師」としているが（七四頁）、［8］では国教徒としている（p. 6）。メソディストの国教会からの正式な分離は一七九五年であるから、両者の見解は必ずしも矛盾するとはいえないが、おそらく国教会に留まったものと思われる。

参考文献

［1］スチュアート『経済の原理第一・第二編』小林昇監訳、名古屋大学出版会、一九九八年。

［2］高野史郎「J・タウンゼンドの救貧法廃止論について」『社会学・社会福祉学研究』三八号、明治学院大学、一九七三年。

［3］田添京二『サー・ジェイムズ・ステュアートの経済学』八朔社、一九九〇年。

［4］ポラニー『大転換』吉沢英成他訳、東洋経済新報社、一九七五年。

［5］マルクス『資本論』大月書店、一九六五年。

［6］吉田秀夫『黎明期の経済学』巌松堂書店、一九三六年。

［7］渡会勝義「デイヴィド・リカードウの救貧論と貯蓄銀行」*Study Series*, No.45、一橋大学社会科学古典資料センター、二〇〇〇年。

［8］Cowherd, Roymond,G., *Political Economists and the English Poor Laws : A Historical Study of the Influence of Classical Economics on the Formation of Social Welfare Policy*, Ohio, 1977.

［9］Dean, Mitchell., *The Constitution of Poverty : Toward a Genealogy of Liberal Governance*,London,1991.

［10］Halévy, Elie., *The Growth of Philosophic Radicalism*, translated by M.Morris, Boston, 1960.

［11］Landry, Adolphe, *La révolution démographique*, Paris, 1934.

［12］McCulloch, John.R., *The Literature of Political Economy*, London, 1845.

［13］Montagu, Ashley, "Foreword", in J., Townsend, *A Dissertation on the Poor Laws*,California, 1971.

［14］Poynter, John R., *Society and Pauperism : English Ideas on Poor Relief, 1795-1834*, London, 1969.

［15］Smith, Kenneth, *The Malthusian Controversy*, London, 1951.

［16］Soloway, Richard A., *Prelates and People : Ecclesiastical Social Thought in England 1783-1852*, London, 1969.

［17］Townsend, Joseph, *Free Thoughts on Despotic and Free Governments*, London, 1781.

［18］Townsend, Joseph, *A Dissertation on the Poor Laws*, London, 1786.

［19］Townsend, *A Journey Through Spain in the Years 1786 and 1787, London, 1791.*

［20］Wallace, Robert., *A Dissertation on the Numbers of Mankind in Ancient and Modern Times*, Edinburgh, *1753*, rpt.,New York, 1969.

［21］Wallace, Robert., *Various Prospects of Mankind, Nature and Providence*, Edinburgh, 1761, rpt., New York, 1969.

柳田　芳伸

第 10 章

クラムプとマルサス

両者のアイルランド分析の一比較

アーサー・ヤング（Defries, A., *Sheep and Turnips*, Methuen, 1938.）

はじめに

マルサスが『人口論』をイギリスで公刊した一七九八年、アイリッシュ海を隔てた隣国のアイルランドではフランス革命から多くを学んだ統一アイルランド人協会（The Society of United Irishmen，一七九一年一〇月二四日にベルファストで結成された）軍がダブリン出身でプロテスタントの青年弁護士トーンによって先導、組織され、革命的なアイルランド共和国の樹立のため武力蜂起を企てた（五月二三日～一〇月一二日）けれども、強大なイギリス軍の前に惨敗を喫した。(1) この機会に乗じて、イギリスの首相ピットはダブリン総督であったコーンウォーリス侯爵に命じて、ダブリン議会の過半の議員を買収させたり、人事権を利用して巧みに懐柔させたりして、(2) ようやく一八〇〇年六月七日に併合法（An Act for the Union of Great Britain and Ireland, 39 & 40 Geo. III, c.67）案を賛成一五八票、反対一一五票（下院定数は三〇〇）で可決させ、一八〇一年一月一日、晴れて「グレートブリテンおよびアイルランド連合王国」を実現させた。(3)

これを転機にして、後進地アイルランドの経済のイギリスへの依存がいっそう加速化し、綿、鉄、ガラス、陶器といったイギリス製造品の余剰がぞくぞくとアイルランドに流れ込む一方で、アイルランド産の農作物および畜産物のイギリス向け輸出が増加の一途を辿っていった。(4) この結果アイルランドは麻製造業を除く工業化への道をほぼ絶たれたばかりか、イギリスに対する食糧と兵卒との給源地としてしっかりと組み込まれていったのである。

こうした中で、併合後のアイルランドの経済の振興を図っていこうという立言もしばしばなされてはいた。たとえば、W・ピット自身が併合を契機としたイギリスからアイルランドへの資本投入による生活水準の向上を想定していたし、[5] 併合を支持した当時のパンフレットも少なくとも一億ポンドほどのイギリス資本のアイルランドへの流入を予測していた。[6] しかしこうした所論の中で、マルサスの第二版『人口論』(一八〇三年)以降の著作にみられるアイルランド分析はひときわ異彩を放っていると位置づけされている。[7] 以下では、これをマルサス自らが「優秀な論文であり、多くの〔一八〇七年の第四版では『もっとも多くの』と変更されている〕情報を含んでいる」(［3］Ⅳ、一三四頁、ただし括弧内引用者)と評し、そのさいの好個の手引書としていたクラムプの『アイルランド人民へ雇用を給する最善策』(一七九三年―以下、『最善策』と略記)における議論と勤労階級の創出の論理という観点から対比しながら、整理、考察して、これまでまったくといっていいほど顧みられることのなかったマルサスの思索の一源泉に多少なりとも照射してみたい。

そのための糸口として、まずは次節において、両者が参照している(［1］pp. 40, 211, 239, 312, ［3］Ⅳ、一四〇頁注、［6］pp. 34-5, 40-1)ヤングの全2巻の『アイルランド旅行記(一七七六―一七七九)』(一七八〇年)に依拠しながら、不在地主制(absenteeism of land)のもとでのアイルランド下層民の窮状を描出することから始めたい。それは、ヤングが一七七六年の六月中旬から七八年の十二月上旬にわたって、キングスバラ卿の領地管理人(年俸五百ポンド)として、軽装馬車に乗ってアイルランドをくまなく巡回していたことや、[8] クラムプがエディンバラ大学で医学を修めたリマリック(Limerick)在住のアイルランド人の医者で、アイルランドの実情に明るかったことと比べて、マルサスの方は一八一七年の六月下旬から八月上旬にかけて家族連れのアイルランド小旅行をなしはしたけれども、その範囲はほぼ南部に限られていて、アイルランドの状況に関しては生半可な知識しか有していなかった[9]

と推測されるからである。

第1節　ヤングのアイルランド貧民観[10]

当時のアイルランドでは、仲介借地人（Middleman）がプロテスタントの場合三代（three lives）にわたって、またカトリックであるなら二一年または三一年という長期のリースで、[11]ロンドン、バース、ダブリン、あるいはパリやローマに居を構える不在地主[12]（［15］II, pp. 114-8）から土地を借り、これを短期の契約で又借小作人に又貸ししていき、最終的には小屋住農（cottars）にジャガイモ畑と小屋（図1を参照）として賃貸された（［1］p. 166）。その地代はエーカーあたり一ポンド前後[13]であり（［15］I, pp. 29, 39, 190, 276, 340, 412）、その一エーカーの土地から通常およそ八二バーレルのジャガイモ（その市価は大体一〇—二〇ポンド、［15］I, pp. 22, 316, 414）が収穫され（［15］II, pp. 40, 46）、かつ六〇バーレルのジャガイモ（バーレルあたりの原価は二シリング七ペンス半）によって六人家族が一年間扶養されえた[14]。また一頭あたり約一ポンドで購入された牝牛（［15］I, pp. 204, 455）は一エーカー半の牧草地を必要としたけれども（［15］I, p. 190）、「週に四～六ポンドの牛乳をもたらし」（［15］I, p. 23）、さらには二シリング七ペンスの経費で（［15］I, p. 91）「週に七ポンドのバター」

図1　18世紀中頃のアイルランドの典型的な小屋（高さは通常5から6フィート）

（出典）A. Young, *Tour in Ireland*, ed., by A. W. Hutton, vol. II の口絵より。

〔[15] I, pp. 204, 208〕を産み出した。そのほかに小屋住農は年間六ヵ月ほどは六ペンスないしは六ペンス半の日当で日雇労働に従事して（[15] I, pp. 316, 340, II, pp. 278, 308, 310）、地代を支払い、また残余の期間は「ジャガイモを必要とする分だけ自分のために働」（[15] II, p. 37, また I, p. 428も参照）いた。こうして小屋住農はジャガイモと牛乳とを主食とし⑮、（[15] I, pp. 151, 161, 214, 391, II, pp. 41, 42, 43）、たとえば一年のうちの「一〇ヵ月はジャガイモと牛乳で、残りの二ヵ月はジャガイモと塩」（[15] I, p. 428）とで空腹を満たしていたのである。

視点を小屋（cabbins or hovels）に移せば、壁の粗材がワラを混ぜ合わせた泥で、ジャガイモの茎、もしくはヒースで屋根をふいただけの小屋の建造費は三―五ポンドで（[15] I, pp. 24, 34, 42, 79, 117, 214, 329, 447）、石やスレート造りの「良い小屋」（[15] I, p. 419）の建築には一四―四〇ポンドを要したと概説されている（[15] I, pp. 68, 79, 206, 211, 217, 329, 381, 438, 457）。ついでにその小屋内の様子をのぞけば、家具は「ジャガイモを煮立てる〔鉄製なべ〕⑯」、小卓、一、二脚の壊れた腰掛だけで、ベッドさえも一般には見られない。一家は牝牛や子牛、それに豚と一緒くたにざこ寝してい」（[15] II, p. 48, ただし括弧内引用者、また II, p. 40も参照）た⑰。

表1　アイルランド人口の推移

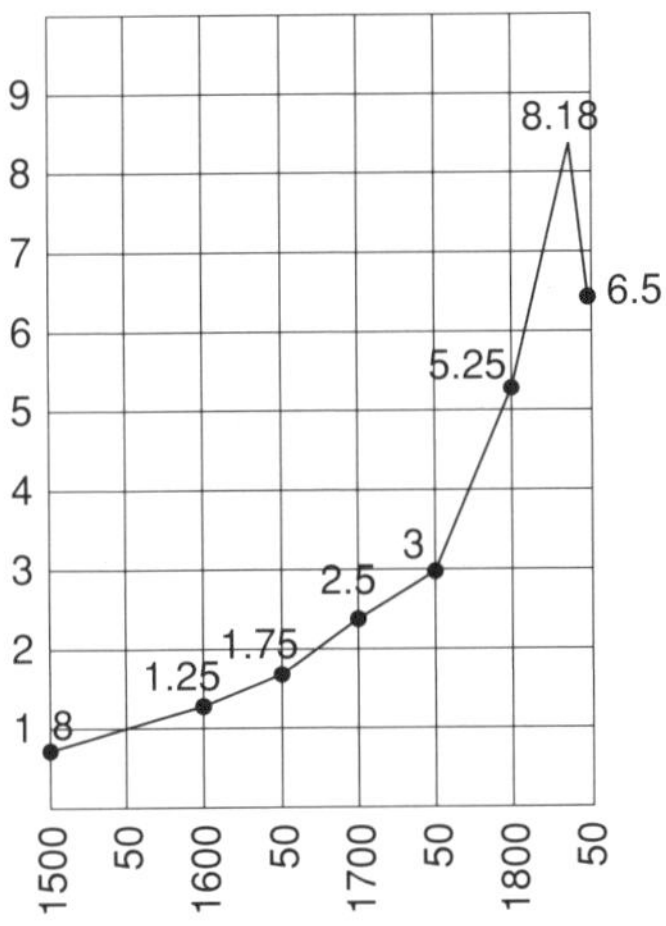

（注）人口数のひと目盛りは100万人、西暦年のひと目盛りは50年。
（出典）小野修『アイルランド紛争』152頁より。

ヤングによれば、こうした住居や常食としてのジャガイモにもとづいたアイルランド小屋住農の目先の「幸福や安楽は概して子ども数に比例し……早婚を助長し、ひいては人口を増大させる」（[15] II, p. 120）と把握される（表1を参照）。別言すれば、ヤングはアイルランド下層民における「慣習的生活水準の維持以上に労働しない状態」⑱に心を痛め（[15] I, p. 213）、小屋住農の一般的性質（character）である棍棒以外の何ものにもおそれない「怠惰、下品（dirtiness）、無関心」（［15］I, p. 429）を憂慮していたのである。『北部旅行記』（一七七〇年）の中で、いみじくも「いかなる国もたんなる人口によっては富むこともなく、強くもならない。王国を強大たらしめるのは勤労者（the industrious）のみである」（［12］IV, p. 413）と記しているように、ヤングはヒュームの影響下に（［14］pp. 116, 119）「怠惰な人口」（［15］I, p. 234）を指弾しつつ（［15］II, p. 44）、人口の約四分の三を占めるカトリック[19]のアイルランド貧民（図2を参照）が「勤労の精神」を身につけ（［15］I, p. 375）るのを願望していたのである。

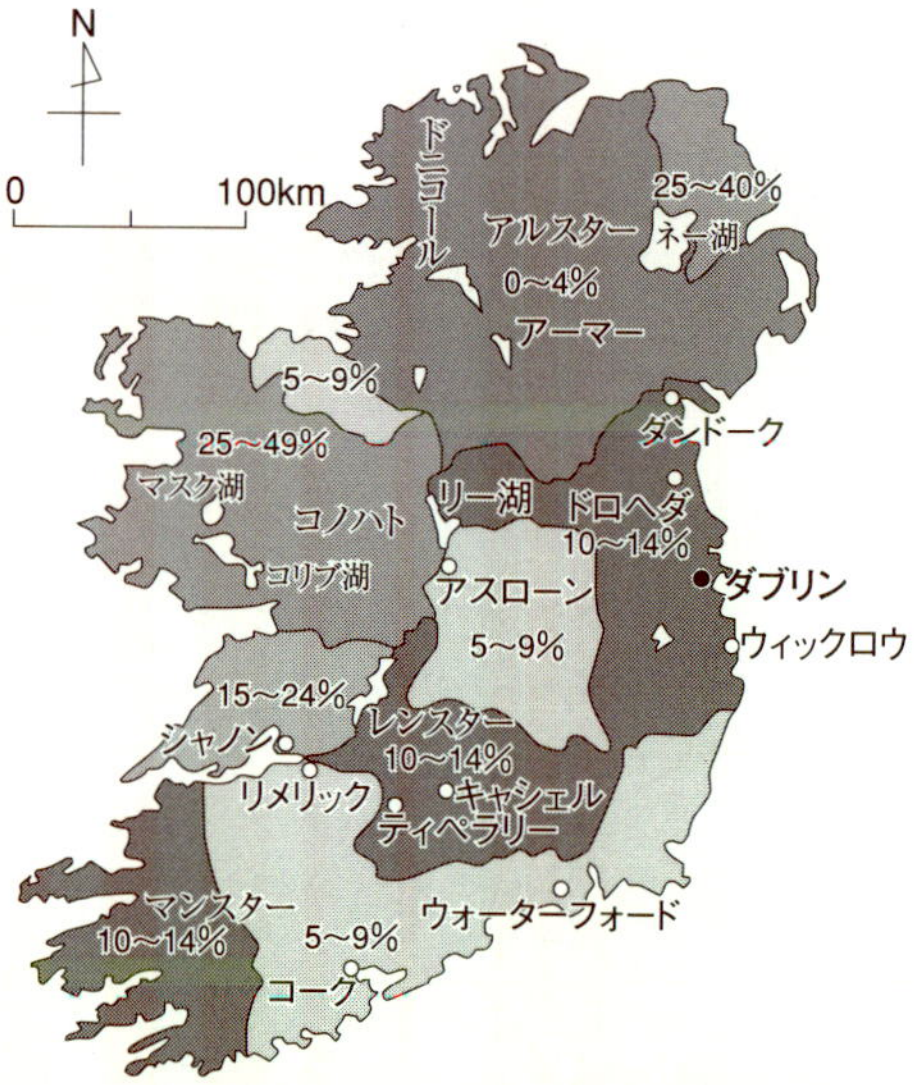

図2　18世紀初頭のカトリック所有地（14％）

（出典）上野格・アイルランド文化研究会編『図説　アイルランド』河出書房新社、1999年，114頁より。

そしてそのためにヤングが提起した具体策は、地主が仲介借地人を介さずに、その土地を二一年以上のリースで借地人に直接に貸し、そのうえ時として新品種の種子を無償で提供しさえする、その代りに地主は確実に規則的な地代支払いを受けるというものであった。[20] けれどもその後ヤングは一七九五年および一八〇〇—一年の食糧暴動[21]を目のあたりにするや、『平易に述べられた凶荒問題ならびにその救治策の考察』（一八〇〇年）という小冊子を刊行し、三人以上の子どもを抱かえる小屋住農に半エーカーのジャガイモ畑と一頭の牝牛とを与え、かつ牧草地までも分与するという提案をおこなうに至り（［3］IV、一二九—三二頁）、その所説を「土地を獲得できるという希望ほど貧民に勤勉および節倹的習慣を与えるものはない」[22]というように転向させたのである。[23]

第2節　クラムプの勤労促進案

クラムプも『最善策』において、どのような方策を講ずれば、アイルランド下層民の間に「勤労の精神」（［1］pp. 10, 14, 15, 20, 45, 51, 53, 57, 60, 69, 165, 175）や「勤労の習慣」（［1］pp. 177, 286, 287）を普及でき、彼らを「勤労である労働者」（［1］pp. 68, 69）ないしは「勤労者」（［1］p. 167）へと変身させうるのかあれこれと心を砕いている（［1］p. 10）。たとえばクラムプは「労働の賃金は勤労への奨励であって、勤労というものは、他のすべての人間の資質のように、それがうける奨励に比例して進歩する」（［10］上、七五頁）というスミスの所論に共鳴し[24]（［1］pp. 39-40）、「高い報酬や賃金はおよそ人民の勤労を増大する」（［1］p. 40）と主張している。[25]さらにそのためには「財産の安全」（［1］Preface, p.xii, pp. 64-5）のもとでの「勤労に用いられるべき基金」（［1］p. 169）すなわち資本の潤沢が欠かせないと論をすすめて、資本を人民の勤惰を決定する主因とみなすスミスの見解（［10］上、二八五―七、三七四頁）を受容してもいる。そのうえでクラムプは「人民の一般的勤労や雇用はつねに資本の額に比例しなければならない」（［1］p. 99, また pp. 94, 198-9 も参照）という命題を打ちたて「アイルランドは資本不足の国であり、また所有されている少ない資本は不均衡かつ不公平に分配されている」（［1］p. 200）と診断して、アイルランドにおける資本の不足や資本の集中が「勤労や労働に対する（主たる）障害」（［1］pp. 15, 56）となっていると帰結している。とりわけこのさいにクラムプが、ジャガイモ耕作による豊富な食物が「資本の増加を、ついでは勤労と雇用とを、ひいては人民の文明化をも促進するにちがいない」（［1］p. 162）と言及していることには十分な注意を払っておく必要があろう。

　とはいえ他方では、クラムプは、ジャガイモを主食としている（［1］p. 251）アイルランド人が勤労になり、洗練され、文明化されることは決してないとも論述していて（［1］p. 168）、おろかで怠惰であるばかりか、そのうえただ酒に溺れるだけの（［1］pp. 31, 33, 50, 59, 172, 193）「下層アイルランド人の性質」（［1］p. 192）を変えるのは至難であり（［1］p. 19）、その改善は「緩徐《かんじょ》で（gradual）」（［1］pp. 19, 29）しかないと断言している。そうして資本以外の勤労を伸展させると思われる要因を逐一俎《そ》上に上らせていくのである。

　「抑圧[26]（oppression）は一般に怠惰の産みの親である」（［1］p. 19）という寸言からも窺知《きち》できるように、その一つは、クラムプが未文明社会における「抑圧的法、愚かな制限、および不健全な規則」（［1］p. 14）や「封建的抑圧」（［1］p. 143）を、あるいはまた「専制（的）政治」（［1］pp. 59, 60, 61, 63, 66）を勤労に対する障害として一貫して排撃し、「勤労の維持や増進にとって必要な自由の正確な範囲を明確にするのはきわめて困難」（［1］p. 58）であると断りながらも、「一般的自由」（［1］p. 58）の確立、ならびに「自由な精神」（［1］p. 186）の涵養を勤労の伸張にとって不可欠であると標榜していることである（［1］pp. 57-9）。わけてもクラムプがその中に「政治の自由な形態」（［1］pp. 59, 63）はもとより、スミスにならって、「自由で公正な競争（competition）」（［1］p. 303）や「競争（emulation）の精神」（［1］p. 295）に礎を置いた自由な労働市場[27]（［1］p. 84-8）や、国内外の交易の自由[28]をも含有させている点（［1］pp. 63, 81-2, 338）は看過《かんか》できないであろう。

　ほかにもクラムプは「勤労原理」（［1］Preface, p. xii, p. 33）を働かさせるのに有効な国策として、アイルランドの小農の性格を改善するであろう教育の実施に容かいしたり（［1］pp. 52, 196-7）、あるいはスミスの「課税に関する四つの一般原則」（［10］下、三〇三頁、また同二四〇―二頁も参照）のうちの公平と確実の原則に立脚して（［1］pp. 67-8）、地租、一〇分の一税、人頭税、および石鹸《せっけん》や皮革、あるいは蝋燭《ろうそく》といった「自然的必需品[29]」（［1］pp. 17,

22, 71, 174）もしくは「絶対的必需品」（［1］p. 22）への課税を勤労にとっての有害で「不当な課税」（［1］p. 64）とか、あるいは「無慎慮な（injudicious）課税」（［1］p. 64）とかと誹謗したりもしている（［1］pp. 44, 63, 69, 71, 72, 75, 78, 252）。けれどもいっそう耳目《じもく》を引かれるのは、生来模倣好きな（imitative）性格である人間[30]（［1］pp. 20, 25, 28, 30, 46, 48）の間においては、「生活の愉楽品や便宜品に対する嗜好」（［1］p. 14）が文明化の進展の中で「手本（example）」（［1］pp. 13, 20, 26, 48）の伝播によってやがては「生活の人工的必需品」（［1］pp. 38, 160）へと変容し、かつそれが「勤労の一つの大源泉」（［1］p. 44）ないしは「うむことのない勤勉で、体系的な労働に対する主たる刺激」（［1］p. 14）となっていくというクラムプの洞察である。しかもクラムプはアイルランドの事例では、小土地所有者や仲介借地人をその本体とする「中流（middle or middling）階級（rank）」（［1］pp. 165, 166, 175, 176, 179）が勤労の増進を促す「中間（intermediate）階級」（［1］p. 166）役を担っているとまで言明しているのである。こうした所見は仲介借地人を否定的にとらえたヤングの見方と好対照であるばかりか、後代のジョーンズの「手本とすべき中間階級」という認識[32]との類似を感じさせ興味を引かれよう。

第3節　マルサスのアイルランド論

クラムプと同様に、マルサスも「襤褸《らんる》と貧窮した小屋」（［3］Ⅳ、一三七、一四〇頁）を甘受しているアイルランド貧民をいたく憫察《びんさつ》し、労働貧民の習慣の有利な変化（［3］Ⅲ、三四四頁）がゆるやかであれ実現されえると見通し（［6］Ⅳ、二八五頁、［7］下、一九六、二九四頁）、上流のひとびとが労働階級を「あたかも堕落したひとびとであるかのように」（［11］一二九頁）処遇しているのを論難している。ことに下層階級が「勤労の習慣」と「慎慮的習慣」とを併有することこそ何よりも肝要であると力説している（［6］Ⅲ、三三三頁）。そしてマルサスは貧民の命運を決するのは究極彼ら自身であることを再説し（［6］三二四頁、［7］下、一〇七頁、［11］一二二頁）、「一方に労働階級の幸福があり、また他方には困窮が共存する」（［11］一〇九―一一〇頁）という状況を想定するだけにとどまらず、そうした事態を是認、推賞さえする（［3］Ⅳ、一七五頁）。

マルサスによれば、下層階級のうちの貧困の極みにある「アイルランド小屋住農」（［7］下、二四三頁、また［9］上、二二二―三頁も参照）は製造業の隆盛にとって不都合であり（［3］Ⅳ、一四一頁）、しかも「怠惰で粗暴な[33] (turbulent) 習慣」（［3］Ⅳ、一三四頁注一）に耽溺《たんでき》してしまっている（［3］Ⅳ、一〇七頁、［7］下、二四二、二四六頁）。もとよりそういった習慣は彼らの「境遇にとってたいへん不利」（［11］一一一頁）であるばかりか、「その道徳的堕落状態は大害悪の一つ」にさえなっている（［11］一二八頁）。つまりアイルランド貧民は平生、生産効率が小麦に比べて三～四倍高く（［15］II, p.46,［4］pp. 40-1n）、かつ安価で「栄養のある根菜」（［3］Ⅱ、二三二頁）であるジャガイモで糊口《ここう》をしのいでいるので（［11］九七頁）、ともすれば無慎慮な結婚に走りがちで、地代の支払いもままならない、それゆえ結果として過剰人口と地代の下落を引き起こしているというのである（［3］Ⅱ、二三三頁、Ⅳ、一三四頁、［6］Ⅲ、一六九―七〇頁、［7］上、四二一頁、下、三三、七六、二四二頁、［11］一一一、一一六頁）。

さらにマルサスは「人民がとうもろこし、小麦、えん麦、ジャガイモ、あるいは肉のいずれを常食とするかは……道徳的原因にとても左右され、彼らが将来を考えたり、ある程度の慎慮を発揮したりする習慣を身につけるほど品位のある身のうえにあるかどうかにとても左右されます」（［11］一二九頁）とも表明し、貧民の生活向上にとっての習慣の切要をかさねて説くとともに、そのためには財産の安全はいうまでもなく、あわせて市民的、宗教的、[34] および政治的自由の樹立、それに国民教育が[35] 不可欠であると言及していく（［7］下、二二頁、［11］一二九頁）。そしてたとえ財産の安全がアイルランドで確立され、その結果資本の不足がイングランドからの資本の流入によって解消され（［7］下、二五〇―一頁、［11］一一六、一二五頁）、かつまたそれと平行して人民を雇用する「収入と結びついた資本」（［11］一一一頁）が漸増されたとしても、同時に「下層階級の人民の嗜好と習慣との変化、彼らの労働支払方法の変更」[36]（［7］下、二五二頁）が実現され、有効需要者[37]としての中流階級が形成され、肥大化していないかぎり、アイルランドの製造業の[38]振興はありえないとまで確言する（［9］下、二四八―五一頁）。要するにマルサスの目には、たとえアイルランドにおいて（［6］Ⅲ、一六九―七〇頁）資本蓄積が進行したとしても、あわせてアイルランド下層民が慎慮の習慣を具え、「愉楽や清潔に対する嗜好[39]」（［11］一一二頁）を培《つちか》って、有効需要を生み出していかなければ（［11］一〇八―九頁）、アイルランド経済の先行きはいたって暗いと映じたのである（［11］一〇九頁）。

むすび

以上の検討に整理を加えれば、とりあえずは次のように約言できるであろうか。クラムプもマルサスもともに位置、土壌、気候といったアイルランドの「より多大な自然的能力」（［11］一三二頁）を認めていた（［1］pp. 148-9, 151）。また両者は基本的には資本の額が人民の勤惰を規定するというスミスの高見を受用、分有していた（［7］下、三一八頁）。さらに二人は市民的自由や教育を勤労や慎慮を増進する因子と解したり、あるいはまた中流階級の意義を重視したりしている点でも共通していた。しかしながらクラムプが豊かな資本に裏付けられた高賃金を人口増加に帰するものと見なし、慣習的生活水準の維持のための「ヤング的勤労[40]」観から脱却できないままにとどまっていた（［1］p. 4）のに対して、マルサスの方は初版『経済学原理』（一八二〇年）において下層階級の

「高賃金とよばれるものの使い方」[41]（［11］一二八頁）次第では生活水準を向上させるための「スミス的勤労」[42]の具現化も十分に可能であると主張したのである。この点が双方を分かつ脈所であり、かつアイルランド分析に関してマルサスの活眼が、先行するヤングやクラムプの達見を凌駕している美点でもある。

大略、マルサスは第二版『人口論』や一八〇八年、一八〇九年の論文ではアイルランドの「ジャガイモ主義（system）」（［3］Ⅳ、一三四頁注二）に対する批判に終始していた。[43] しかしマルサスはナポレオン戦争終結（一八一五年六月）後の不況に直面するや、新たな処方せん[44]を提出する必要に迫られた。それはアイルランドからイングランドへと踵を接して流れ込み、不況にあえぐイングランドの労働者の状態を日ましに悪化させていた貧民の大量移民[45]（［11］九七―八頁）にいかに対処すべきかという緊急課題であった。そのさいマルサスが提示した案は「分別ある移民制度」（［11］一三二頁）の実施を除けば、アイルランド経済の自律的な発展を推進していくというものであった。そしてアイルランド下層民の習慣を改善し、彼らを「愉楽品や清潔にたいする」有効需要者に育成し、アイルランド下層民の習慣を改善し、彼らを「愉楽品や清潔にたいする」有効需要者に育成し、

この提言をその基底で支えていたのが彼独自の高賃金論であったのである。もちろんマルサスは「常用（regular）雇用によってのみえられる勤労の習慣」（［3］Ⅳ、一四一頁、また［7］下、二四八頁も参照）という見地を発想したり、一〇〇〇エーカー程度の地主階層の創出による雇用促進案[46]（［7］下、三〇〇―一頁）を案出したりするさいに、ヤングの著作から少なからず学んでいる[47]のは疑うべくもないし（［13］Ⅳ, pp. 463-4, ［15］Ⅰ, p. 43, ［3］Ⅳ、一二八―九頁）、また間違いなくクラムプの『最善策』から「もっとも多くの情報」を入手してもいるであろう。にもかかわらずマルサスが両先覚者が残したいずれの書冊にも見出せえない創見を開示、展開しているのもまたまぎれもない事実といえる[48]のである。

注

（1）さしあたっては、堀越智『アイルランドの反乱』三省堂、一九七〇年、七四―九頁や松尾太郎『近代イギリス国際経済政策史』法政大学出版局、一九七三年、二一二―八頁を参照。より詳細には、Postgate, Raymond, *Story of a Year: 1798*, New York, 1969, pp. 114-65 や Pakenham, Thomas, *The Year of Liberty*, London, 1997 を参照。ちなみにウェクスフォード州のヴィネガー丘（Vinegar Hill）の戦い（六月二一日）には約二三万人が参戦し、この一七九八年の反乱全体を通しては三万人もの人が命を落とした［キレーン『図説アイルランドの歴史』鈴木良平訳、彩流社、二〇〇〇年、一二三頁］。またその数年後の一八〇三年七月二三日にも統一アイルランド人協会の残党たちが弱冠二五歳のエメットに率いられダブリンで暴動を起こしたけれども、徒死に終わった［小野修『アイルランド紛争』明石書店、一九九一年、一一六―八頁］。

（2）アイルランドの自主独立路線を鮮明に打ち出していたグラタン議会体制（一七八二―一八〇〇年）下においてさえ、ダブリン行政府を統轄していたコーンウォーリス総督がアイルランドの下層議員の約半数意志を意のままに制御していた［近藤和彦編『長い一八世紀のイギリス』山川出版社、二〇〇二年、一六四頁］。

（3）堀越前掲書、八〇―一頁、ならびにエリス『アイルランド史［上］』堀越智・石見寿子訳、論争社、一九九一年、一一〇頁を参照。なおこの結果アイルランドから選出される議員は連合王国下院議員六五八名のうちの一〇〇名（一八三二年に一〇五名に増員）だけを占めることとなった［ムーディ、マーチン編『アイルランドの風土と歴史』堀越智監訳、論争社、一九八二年、二七七頁］。

（4）松尾前掲書、二二六―三一、二八四―九〇頁を参照。

（5）ムーディほか前掲訳書二七三―四頁、小野前掲書一一五頁、および波多野裕造『物語アイルランドの歴史』中央公論社、一九九四年、一五三―四頁。

（6）松尾前掲書、二六九頁。

（7）上野格「イギリスとアイァランド」宮崎犀一・山中隆次編『市民的世界の思想圏』新評論、一九八二年、八九頁。なおマルサス以外の経済学者のアイルランド論に関する研究文献については、さしあたり竹本洋「17、18世紀のアイルランド人著作家の書誌」『大阪経大論集』第一六五号、大阪経大学会、一九八五年や高橋純一『アイルランド土地政策史』社会評論社、一九九七年、一二―三頁、注二を参照。管見のかぎりでは、そのほかにも、堀経夫「アイルランドに於けるオウエニズム」『ロバート・オウエン七〇年記念論文集』中央社会事業協会、一九二八年、所収、R. D. Collison Black, *Economic Thought and the Irish Question 1817-1870*, Cambridge, 1960、高島光郎「J・S・ミルとアイルランド問題」経済学史学会編『「資本論」の成立』岩波書店、一九六七年、所収、および池田和宏「J・S・ミルのアイルランド併合擁護論」『経済研究』、第一四四号、成城大学経済学会、一九九九年等も見落とせないであろうし、また Antoin E. Murphy, ed., *Economists and the Irish Economy*, Dublin, 1984 や、Graham Gargett, ed., *Ireland and the French Enlightenment, 1700-1800*, London, 1999 に収録されているいくつかの論文からも多くを教示されるように思われる。

（8）Gazley, John G., *The Life of Arthur Young 1741-1820*, Philadelphia, 1973, pp.97-118.

（9）たとえばヤングが一再ならず言及している「ランデール制」（[15] I, pp. 150, 161, 162, 188, 211, 212, 259, 299, 442）を例に引いても、そのマルサスの認識はきわめて希薄であったと推察される（[11] 八三頁）。

（10）ヤングは牝牛や土地をいっさい所有せず、道端に勝手に小屋を建て、不十分なジャガイモでやっと露命をつないでいるspalpeensを「最下層階級」（[15] II, p. 147）と位置付けている（[15] I, pp. 369, 456）。

（11）マルサスもこの実相に気づいていた（[11] 九六頁）。

（12）ベケット『アイルランド史』藤森一明・高橋裕之訳、八潮出版社、一九七二年、一四三頁、川北稔『工業化の歴史的前提』岩波書店、一九八三年、三三九―四五頁、およびエリス前掲訳書、七〇頁などを参照。

（13）ただし地主が実際に取得した地代は五―六シリングであったと推される（[1] pp. 211, 213）。

（14）遅くとも一七世紀初頭にはアイルランドに移植されたジャガイモは貯蔵や運搬の面では多少の難点を有していたけれども、収穫率と土地利用効率が高く、かつ栄養価が高い食物であった［梅村芳樹『ジャガイモ』古今書院、一九八四年、五二―六頁、ドッジ『世界を変えた植物』白幡節子訳、八坂書房、一九八八年、三八―四〇頁、およびホブハウス『歴史を変えた種』阿部三樹夫・森仁史訳、パーソナルメディア、一九八七年、三三二―三、三四―三頁〕。たとえばアイルランドには二〇〇〇万エーカーにもおよぶ可耕地があったにもかかわらず、アイルランド貧民は「わずか百万エーカーのバレイショ生産によって食いつなぐことを余儀なくされていた」と表現されている〔イーグルトン『表象のアイルランド』鈴木聡訳、紀伊国屋書店、一九九七年、一一一頁〕。

(15) ヤングはアイルランド貧民のその他の常食としてくん製ニシン（herrings）をあげているけれども（〔15〕I, pp. 89, 145, 238)、当時「海の魚、特に貝類を食べるのは貧乏のどん底と受け取られ」ていた〔高橋哲雄『アイルランド歴史紀行』筑摩書房、一九九一年、一二〇頁〕。

(16) たとえばエンゲルスも好物にしていたアイリッシュ・シチューは「羊肉と玉ねぎ、それに丸のままと薄切りの二種類のジャガイモに、塩、こしょう、タイムを振り込んで、水から弱火で時間をかけて煮込むだけという料理」であった〔高橋、同上書、一一五―六頁〕。

(17) 一八四一年に至っても、依然として全世帯の五分の二以上が一部屋しかない小屋に住んでいた〔イーグルトン前掲訳書、四一頁、注四六、ならび一一二頁〕。

(18) 林達『重商主義と産業革命』学文社、一九八九年、九九頁。

(19) ディヴァイン、ディクソン『アイルランドとスコットランド』津波古充文訳、論争社、一九九二年、三三頁。

(20) 飯沼二郎『農業革命の研究』農山漁村文化協会、一九八五年、三六七―八頁。たとえば、春季のクローバの種子購入にはエーカーあたり五―一五ポンドを要した（〔1〕p. 266)。

(21) この暴動の一斑については、さしあたり新井嘉之作『イギリス農村社会経済史』御茶の水書房、一九五九年、四三二―三頁、あるいは近藤和彦『民のモラル』山川出版社、一九九三年、二〇一頁などを参照。

(22) 福士正博「アーサー・ヤングと貧困問題」『土地制度史学』第一〇五号、土地制度史学会、一九八四年、六〇頁。

(23) マルサスはほどなくこの救治策を評価しつつも、あわせてその問題点をも指摘した〔福田徳三『続経済学研究』（同文舘、一九二〇年）一二二四―五、一二二九―三〇頁、ならびに拙著『マルサス勤労階級論の展開』昭和堂、一九九八年、二四六頁、二六七頁、注二三などを参照〕。またヤング以外の土地分割論〔プライス、ケント、デーヴィス、バーナード、イーデン等〕については、さしあたり西村孝夫「アーサー・ヤングとAllotment運動」『政経論叢』、第四巻第一号、広島大学経済学部、一九五四年、五九、六〇頁、注一、あるいは森建資「イギリス産業革命期における農業労働力の存在形態」『土地制度史学』第六二号、土地制度史学会、一九七四年、二一―三頁を参照。なお、そこでは総じて「開明的農業資本の側に立つ農業改良家」が小屋住農への土地分割を提唱したと説明されている〔森同論文、二一頁〕。

(24) クランプは「賃金はその有用さ、専心ぶり（application）、および勤労に比例して評定される」（［1］p. 47）と理解している。

(25) ヤングも一足早く「雇用の増加が賃金を引き上げ、賃金の騰貴が勤労者数を増加するのは明らかである」（［12］I, p. 177）と述べている。

(26) ただしクラムプは暴動を頻発させる誘発因であった下層アイルランド人の無法（［1］pp. 173, 174, 191）を抑える軍事力については、これを肯定していた（［1］Preface, p. xii）。

(27) クラムプも「定住法」（［1］p. 87）とともに、「救貧法」も勤労に対する妨害物であると見なしていた（［1］pp. 17, 33-4, 36）。

(28) ヤングもまたアイルランドに関して自由貿易が実現されることを願ってはいたけれども（［15］II, p. 300）。

(29) その規定のさい、クラムプは「必需品とは、生命を維持するのに必要不可欠な財貨だけでなく、その国の慣習上、最下層の人でも名誉ある人間として、それなしでは不体裁（indecent）になるような財貨すべてをいう」（［10］下、二八〇頁）という『国富論』（一七七六年）の有名な件《くだり》を引用している（［1］pp. 20-2）。

(30) クラムプはこうした人間観の原形をヒュームの第三版『道徳・政治論集』（一七四八年）に求めている（［2］pp. 202-3、［1］pp. 48-9）けれども、ステュアートも他人の模倣による嗜好の形成に触れるだけでなく、その積極的な意義を説いていた〔竹本洋『経済学体系の創成』名古屋大学出版会、一九九五年、五九、九五頁〕。

(31) ヤングの場合には、上流階級によって誇示された「新精神、新しい流行、新しい礼儀」（［15］II, p. 155）が下層によって模倣されていくと解されていた。

(32) 前掲拙著、二一八頁。

(33) 秘密のテロ組織である白衣党（white boy）を中心とした農民闘争の様子については、Galen Broeker, *Rural Disorder and Political Reform in Ireland 1812-36*, London, 1970やエリス前掲訳書、一三二―五頁等を参照。

(34) オコンネルによって指揮されたカトリック教会（the Catholic Association of Ireland）を中軸として繰り広げられた一八二〇年代のカトリック解放［カトリックはこの時まで依然として陸海軍で職をえられず、また法律や商業の仕事、ならびにいかなる公職にも従事できず、そのうえ長子相続のさいにも分割を強いられていた。ホブハウス前掲訳書、三四六頁］運動の諸相については、勝田俊輔「カトリック解放運動と民衆」『史学雑誌』第一〇四編第八号、史学会、一九九五年、所収を参照。なおマルサスは「カトリック解放による経済的社会的向上と教育の普及、それによる生活水準の向上と向上意欲の増大」に大きな期待を寄せていたと解釈する所見もある［上野格「経済学者とアイアランド問題」杉原四郎・菱山泉編『セミナー経済学 2』日本評論社、一九七四年、一五九頁］。

(35) マルサスはカトリック貧民の子弟に無償教育を施していた三一六校の教区学校に論及しているけれども（［5］p. 66）、その教育は「健全な類であるなら、その影響はかなりであるとおもいます」（［11］一一一―二頁）と概説するにとどまっている。ちなみに「青空学校（Hedge School）」（［15］II, p. 147）などの当時の学校教育の実態については、さしあたり田口仁久『イギリス教育史』文化書房博文社、一九九三年、一六四―二一〇頁を参照。

(36) マルサスが無能な仲介借地人にその土地を貸してしまう不在「地主の無慎慮」（［7］上、三七〇頁）の非を鳴らしたり（［8］七一―二頁も参照）、あるいは「その土地をさまざまな方法で管理しようとする地主の決意」（［11］一一四頁）を奨励したりしていることを勘案するなら、地主と改良意欲に燃えた小借地人との間での貨幣の授受を指しているように推量される。ちなみに当時のアイルランドにおける貨幣流通高はイングランドの五分の一程度であった［ホブハウス前掲訳書、三四四頁］。

(37) マルサスは経済発展にとって有効需要の形成は欠かせず、その重要さは資本蓄積にまさるとも劣らないと考えていた［たとえばプレン『マルサスを語る』溝川喜一・橋本比登志訳、ミネルヴァ書房、一九九四年、一〇一―四、一二八頁を参照］。

(38) 当時のアイルランドの製造業の実際については、斎藤英理「アイルランド麻織物業の盛衰をめぐって」石坂昭雄編『地域・農村工業・工業化』北海道大学経済学部、一九九五年、所収を参照。

(39) ヤングも、衣服にまるで無頓着で靴も靴下も身につけていないアイルランド人の不潔状態を認識していたし（[15] II, p. 47)、またクランプも「清潔や人工的必需品に対する嗜好」（[1] p. 160）という用語を使用していた。

(40) 林前掲訳書、一〇〇頁。

(41) 八木紀一郎「マルサスと進化的経済学」『経済論集』、第四巻第三・四合併号、熊本学園大学経済学会、一九九八年、五四―六〇頁、あるいは羽鳥卓也「マルサス賃金論の展開」『経済論集』第六巻第三・四合併号、熊本学園大学経済学会、二〇〇〇年、九九―一〇二頁などを参照。

(42) 林前掲書、一〇〇頁。

(43) 上野格「イギリスとアイァランド」を参照。なお上野氏によれば、マルサスはアイルランドにおけるカトリック解放を支持したり、地主やイギリス国教会の牧師のための一〇分の一税の苛斂《かれん》誅求を批判したりしているけれども（[5] pp. 67-8)、それはアイルランドをイングランドのための食料および兵員の供給基地とせんがための宥和策であった［同上論文一〇四―五頁］。また上野氏がそこで綿密に精査されているマルサスの二本の匿名論文は、いずれもイギリスとアイルランドの合邦に反対であったニュウエンハムのロンドンで上梓された著作に対する書評論文である［Gribbon, H. D., "Thomas Newenham, 1762-1831", in J. M. Goldstram and L. A. Clarkson, ed., *Irish Population, Economy, and Society*, Oxford, 1981）や、Lee, J., Introduction to *The Population of Ireland before the 19th Century*, Farnbarough, 1973)］。

(44) マルサスは公共支出による貧民雇用対策について、それはあくまでも「一時的方策」（[6] Ⅳ、一五四頁）にすぎず、畢竟《ひっきょう》「他の雇用を妨げる」［マルサスの一八一七年一月一日付のリカードウ宛手紙、『リカードウ全集XI巻』杉本俊朗監訳、雄松堂、一九九九年、三頁］に帰趨すると把捉していた［Peach, Terry, "Ricardo and Malthus on the Post-Napoleonic Distress", in Bernard Corry, ed., *Unemployment and the Economists*, Cheltenham, 1996, pp. 34-51 を参照］。ちなみに一八一七年には実際にクェーカー教徒のリヴァプールの商人であるクロッパーが道路などの公共事業による貧用雇用を立案、提唱していた［コート『イギリス近代経済史』荒井政治・天川潤次郎訳、ミネルヴァ書房、一九五七年、一八〇頁］。

(45) 戦後の復員数はイングランドで三五―四〇万人、またアイルランドでも数千人にのぼったと概算されている［エリス前掲訳書一一六頁]。また一八一七―八年、一八二二年(この年、アイルランドで約二五万人が餓死する中、一〇〇万クォーターの穀物がイングランドへと輸出された)の凶作[ホブハウス前掲訳書、三五〇頁]や、一八二〇年代におけるイングランド向けの蒸気船の運賃の引き下げによってアイルランドの過剰人口が次ぎつぎとアイリッシュ海を渡っていった[ディーン『イギリス産業革命分析』石川摩耶子・宮川淑訳、社会思想社、一九七三年、一七〇頁や、マサイアス『最初の工業国家』小松芳喬監訳、日本評論社、一九七二年、二〇八―九頁などを参照]。

(46) かりにマルサスがこの方法で「概して土地利用において粗放的であり労働者をも怠惰にする傾向」[八木前掲論文、六〇頁]を有する大土地所有の弊害を是正しようとしていたと推察するなら、その方策はマルサスが農業における監督労働を重視していたこととも合致するであろうし[前掲拙著四七、五二頁]、また当時の実情を的確にとらえた良計であったともいえよう[飯沼二郎「一八・一九世紀のイギリス農業」増田四郎ほか編『社会経済史大系Ⅶ』弘文堂、一九六一年、五二、五七、七〇―一頁や、飯沼前掲書、三八六頁を参照]。

(47) この点からも、英国図書館(British Library)に所蔵されているマルサスのヤングに宛てた四通(一八一八―九年)の書簡の解読が望まれる[ボナア『マルサスと彼の業績』堀経夫・吉田秀夫訳、改造社、一九三〇年、五八三頁、James, P., *Population Malthus* (London, 1979), pp. 324-5 および、Hollander, Samuel, *The Economics of Thomas* Robert Malthus, Tronto, 1997, p.757n を参照]。

(48) つまりマルサスは「人口原理」([14] p. 61、[15] II, p. 217)を人口と勤労を増進させる雇用との関係において把握しようとしたステュアートやヘレンシュヴァント以来の定論に新たな視角を付け加えようとしたといえるのである([16] I, pp. 467-8)。

参考文献

＊ 邦訳書を併記している原文引用にあたっては、原典との照合のうえで訳書の当該頁のみを付記した。また訳書からの引用にさいしては幾分改訳を施したところもある。

［1］ Crumpe, S., *An Essay on the Best Means of Providing Employment for the People*, 2nd ed, London, 1795.

［2］ Hume, D., *Essays, Moral Political and Literary*, ed., by E. F. Miller, Indiana, 1987.

［3］ Malthus, T. R., *An Essay on the Principle of Population*, 2nd ed, London, 1803.『各版対照人口論』Ⅰ〜Ⅳ、吉田秀夫訳、春秋社、一九四八—九年。

［4］ Malthus, T. R., *An Essay on the Principle of Population*, 5th ed., 3vols, London, 1817. 吉田前掲訳書。

［5］ Malthus, T. R., *Definitions in Political Economy*, London, 1827.『経済学における諸定義』野井芳郎訳、岩波書店、一九五〇年。

［6］ Malthus, T. R., "Newenham and Others on the State of Ireland", *Edinburgh Review*, Vol. XII, No. XXIV, July, 1808, pp. 336-55, in B. Semmels, ed., *Occational Papers of T. R. Malthus*, pp. 33-52, New York, 1963.

［7］ Malthus, T. R., "Newenham on the State of Ireland", *Edinburgh Review*, Vol. XIV No. XXVII, Apr, 1809, pp. 151-70, in B. Semmels, ed., *op. cit*., pp. 52-71.

［8］ Malthus, T. R., *Principles of Political Economy*, 1st ed., London, 1820.『経済学原理』上・下、吉田秀夫訳、岩波書店、一九三七年。

［9］ Malthus, T. R., *Principles of Political Economy*, 2nd ed, London, 1836. 吉田前掲訳書。

［10］ *Third Report from the Select Committee on Emigration From the United Kingdom*, 1827, Irish Univ. Press Series of British Pariamentary Papers: Emigration, ii, Shannon, Ireland, pp. 311-27, 1968. 拙訳「下院委員会におけるマルサスの2証言」『長崎県立大学論集』第三四巻第三号、長崎県立大学学術研究会、二〇〇〇年、所収。

［11］ Young, A., *A Six Months' Tour through the North of England*. 4vols, London, 1770.

[12] Young, A., *A Tour in Ireland*, ed., by Arthur Wollaston Hutton. 2vols, London, 1892.
[13] Young, A., *Political Arithmetic*, London, 1774.
[14] Young, A., *The Farmer's Tour through the East of England*. 4vols, London, 1771.
[15] Young, A., *Travels during the Years 1787, 1788 and 1789*. 2vols, London, 1792-94.
[16] Smith, A., *An Inquiry into the Nature and Causes of the Wealth of Nations*, ed., by Edwin Cannan, Modern Lib, ed., New York, 1937.『国富論』上・下、水田洋訳、河出書房、一九六五年。

安川　隆司

第11章

ローダーデイルの穀物法論

農業者《ファーマー》利潤の擁護

第八代ローダーデイル伯爵（Painting by Thomas Phillips in National Galleries of Scotland）

はじめに

ローダーデイルが経済学史上で記憶されているのは、おもに二つの資格によってである。一つは、『国富論』の最初期の体系的批判者というそれである。(1) 主著と目される『公富の性質と源泉、およびその増加の手段と原因の研究』(［7］以下『公富論』と略記する)は、そのタイトル自体がすでに『国富論』への対抗を示唆するものになっている。同書での『国富論』批判の眼目は価値論にあり、ローダーデイルはスミスの労働価値論を批判しつつ、需給価値(価格)論を展開した。価値が需要と供給のバランスに依存するのであれば、労働投下すなわち生産の増大がただちに価値の増加とはなりえないことになるから、スミスのいうように、節倹により資本を蓄積して生産を増やすだけでは不十分で、需要が然るべき比率で供給に追いついていかなくてはならない、というのである。このような立場の一つの帰結は過少消費説であろう。ローダーデイルの学説史上におけるもう一つの位置づけは、それゆえ、スペンスやマルサスと並ぶ初期の過少消費論者というものである。(2)

本書はマルサスと彼を取り巻いた同時代人たちの群像を提示することを通じて、マルサスの再評価をおこなおうとするものであるが、このような企画の中でローダーデイルを扱うには、さしあたって二つのアプローチが考えられるであろう。一つは、ともに原理的な関心で書かれたマルサスの『経済学原理』とローダーデイルの『公富論』を主な素材として、両者の学説の対照をおこなうという方法である。もう一つは、両者が共通に取り上げた時論的経済問題に焦点を当て、その見解の比較研究をするという方法である。本章では、従来の研究の補完をめざすという意図から、第二の方法を採ることにしたい。具体的には、穀物法に関するローダーデイルの見解を、マルサスの見解との異同に配慮しつつ考察する。

第1節　一八一五年穀物法とローダーデイル

1　穀物法論争前夜

まず、ローダーデイルの穀物法論の背景となった一九世紀初頭におけるイギリスの穀物貿易の状況を見ておこう。[3]

一六八九年に導入された穀物輸出奨励金制度により穀物生産と輸出が刺戟されたためもあり、イギリスは一八世紀の大部分を通じて穀物の輸出国であった。統計が利用可能になる一七世紀末から一七六六年に至るまで、ごくわずかの例外的な年を除いて、イギリスの小麦輸入量が輸出量を超過することはなかった。しかし、一七六五年以後、輸入量が一挙に増加し、対フランス戦争が開始された一七九三年以降になると、恒常的に輸入量が大幅に輸出量を上回る状態が続くようになった。輸入国に転換するのと同時に、イギリスの穀物価格は上昇し、かつ不安定となった。これは一八世紀末から人口が急速に増加し始めたことと、戦争により輸入のコストが上昇したことに因《よ》ると見られる。穀物価格が上昇したことで、イギリス国内では増加した人口を養うために耕地開発が進んだ。

このような状況の中で、穀物法は対フランス戦争中の一八〇四年に改正を受けた。この時の改正では、輸出奨励金制度は維持され、穀物価格が一クォーター四八シリング未満の場合に五シリングの奨励金が与えられることが定められた。輸入に関しては、一クォーター六三シリング未満の場合、三〇シリング三と四分の三ペンスの関税を課すこととされたが、これは穀物価格の暴落を予防するための禁止的な措置であったと見なすことができる。ただし、この改正後、一八一三年までは、不作の影響や大陸封鎖の実施のために穀物価格が六三シリングを割るようなことはなかったから、輸入制限が適用されたことはなく、したがって、一八〇四年法の規定が問題化することはなかった。

しかし、ナポレオン戦争の終結が見込まれるようになったことと、ひじょうな豊作に恵まれたことにより、一八一三年から翌年にかけて、イギリスの穀物価格は急落し、穀物貿易をめぐる状況は一変した。そしてこの状況の変化は一八〇五年以来静まっていた穀物法論議を再燃させることになった（[6] p. 122)。

穀物価格暴落に先行して、一八一三年に、庶民院にパーネルを委員長とする特別委員会が設置され、輸出に関する規制の緩和および穀物価格の実態に応じた輸入関税の適用価格の引き上げと税額の軽減を主な内容とする報告を答申した。パーネルの提案は、しかし、「時宜をえなかった」（[6] p. 121）ため、立法化には至らなかった。ところが、翌年になると、穀物の高価格の維持が地主やファーマーの関心事として急浮上したために、穀物法改正が本格的に検討されることとなった。

ローダーデイルは、この時、『穀物法に関する書簡』（[9] 以下、『書簡』と略記する）を刊行し、穀物法論争に参加した。本文冒頭に記された日付は一八一四年三月一四日であり、同書は、マルサスの三編の穀物法論の第一論文である『穀物法の諸効果に関する諸考察』（[15] 以下『諸考察』と略記する）とほぼ同時期の著作である。

すことができる。

2　『書簡』における農業保護論

『書簡』には明瞭な章立ては無いが、その内容から、序論と三つのセクションによって構成されていると見なすことができる。

序論では、自由貿易は穀物貿易には適用すべきではないと主張される。その際、スミスの奨励金論が批判の俎《そ》上に上される。本論に相当する部分の最初のセクションでは、名誉革命期から一七六六年までの穀物法の効果が検討される。次いで、一七六六年以後の穀物法の検討があり、ローマ帝国の経済史についてのやや長い説明を挟んで、最後にあるべき制度の骨子が提案される。

まず、序論での自由貿易原則の扱いであるが、ローダーデイルは、自由貿易原則自体を否定しているわけではない。自由貿易を暗黙の了解事項として、現下の穀物貿易の状況が規制を完全に廃止する条件を満たしていないのだという議論の建て方である。ローダーデイルはその理由を二つ挙げている。

まず、他の諸部門が関税と奨励金によって保護されている場合には、保護を受けていない部門は相対的に不利にならざるをえないということが指摘される。

通商の完全な自由は、商業のすべての部門にあまねく広げられる場合にはどれほど健全であろうとも、インダストリの他のすべての部門が奨励金と禁止的関税からもたらされる利益を享受し続けるならば、穀物貿易に、あるいはそれが限定して適用される他のどのような商品の貿易にであれ、致命的な効果を与えるであろうことは確かである（[9] p. 7）。

また、ローダーデイルは、ナポレオン戦争中に国民に課された重税の影響で、(4) イギリスの生産者は外国の競争者に対してハンディキャップを負うことになると主張する。

国内市場が外国の競争に対して開かれるならば、追加的な課税のために、外国の投機家が、国内の商人や製造業者が、その税を支払う能力を確保するために、それまでえていた通常の労働の賃金と資本の利潤を超えて商品に上乗せすることを余儀なくされる追加的な価格の分だけ、廉価で売れるようになるに違いないということは明らかである（［9］pp. 8-9）。

ローダーデイルは、これに続けて、自由貿易の支えになっていると思われたスミスの穀物法論を批判的に検討している。

スミスは、輸出奨励金は国内での穀物供給を減じることで穀物価格を上昇させるとともに、奨励金を支払うために追加的な税負担を強いることで、国民に二重の不利益を生じると主張し、また、奨励金によって引き上げられるのは、穀物の真の価格ではなく、名目上の価格にすぎないとして、それによって農業が振興されることはなく、物価全般の騰貴を招いて、産業全体が阻害されると指摘した（［19］v.1, pp. 508-9. 訳（三）一九―二〇頁）。

ローダーデイルは、これに対し、スミスが、価値が変わらない商品は労働だけで、穀物の価値は年々歳々変動が著しいと述べながら、奨励金の議論においては、穀物を「他のあらゆる商品の価値を最終的に測定し、決定する規制的商品」（［9］pp. 13-4）であるというのは矛盾であると反駁し、「一般論として、立法府の干渉は商品の豊富さを確保するのにまったく必要で無く、すべての商品の供給はそれに対する需要の規模に自然に一致する」という販路説を想起させる前提に立ちながらも、「穀物はこの原則に対する例外と見なされてよい」（［9］p. 19）と述べ、奨励金制度を擁護している。その理由として挙げられているのは、人間にとっての基本的な必需品であり、かつその生産が自然の条件に大きく依存しているために生産量が安定的でなく、したがって、人為的に生産を奨励し、生産力を補強しておく必要があるということである。奨励金はイギリスの生産者がその額だけ低い価格で外国市場で販売することを可能にするから、彼らのために外需を創造する効果を持つ、したがって、それに応じた生産の拡大をもたらす。こうして獲得される生産力の余剰が、自然的要因による不作時の供給不足を予防するというのである。そしてこれこそが、ローダーデイルによれば、一六八八年から一七五七年――イギリスが穀物輸入を急増させた年――まで、穀物法が実際に果たしえていた役割なのである。

さて、一七六六年以降の穀物法については、一七七三年までの暫定的に輸入規制を緩和した期間は別として、それ以前の半世紀間とは違い、輸入規制についても輸出奨励についても十分な効果を持たなかった、とローダーデイルは指摘する。

まず、輸入規制について見ると、名誉革命後に定められた旧制度においては、輸入許可価格が五三シリング四ペンスと、穀物の平均価格二ポンド六シリング三ペンスを大きく上回る価格に設定されていたのに対して、「新しい恒久的な制度」となった一七七三年法の規定では、「貨幣の大幅な減価にもかかわらず、……穀物の輸入が許可される名目価格でさえ大幅に引き下げられた」。その結果、「この法の可決の直前の五年間の平均小麦価格は、クォーターあたりの額で、輸入［許可］価格と関税額の合計額にほぼ等しくなった」（［9］pp. 36-7）ため、輸入制限規定は実効を持ちえなくなってしまった。こうした分析にもとづいて、ローダーデイルは「この時は国内市場の独占をどうにかして確保しようという真剣な構想がほとんどなかった」という評価を与えている。一七九一年の改正での輸入許可価格五〇シリングは「名目的には一七七三年のそれより農業にとって有利ではあったが、実質的にははるかに不利であった」（［9］p. 42）。また、一八〇四年の改正に際しても、輸入許可の名目価格が引き上げられ、六三シリングに定められたが、「クォーター当たり四ポンド二シリング以上にも達した一七九五年から一八一二年までの小麦の平均価格」のために、まったく効果が無かったとされる（［9］p. 43）。

輸出奨励金に関しても、穀物価格の上昇に応じて徐々に引き上げられ、一八〇四年には五四シリングと設定されたが、周知のとおり、それ以上の水準で穀物の高価格が続いたために、制度が発動されなかった。ローダーデイルは、このような穀物法の実態について、「穀物輸出に奨励金を与えるというよりも、むしろすべての穀物輸出を禁止したと見なしてよい」（［9］p. 49）という。

一七六六年以降の制度について、ローダーデイルは、「それ以前の制度とは正反対のもの」（［9］p. 53）であると総括したうえで、旧制度の長所を四点にまとめている。

第一に、旧制度のもとでは、基本的な生活必需品たる食糧が国内で豊富に生産され、他国からの供給に依存しなかった。第二に、穀物の生産量が増加したため、通常の年には、輸出を促進し、不作の年にも、他国の助けによらずに、食糧を十分に確保できた。第三に、穀物価格が貧困層が購入に困らない程度に抑制された。第四に、穀物の名目価格でさえ下落し、輸出量は増加した。

ローダーデイルの関心は、いうまでもなく、穀物法がいかにしてこのような長所を取り戻すかという問題にあった。そこで、ローダーデイルは、ローマ帝国の農業衰退の原因に関する叙述を挟んで、歴史的な分析から実際的な提案へと移行する。

ローダーデイルは、一七七三年以降の穀物法が国内市場の独占と輸出奨励に失敗したにもかかわらず、イギリスの農業改良は停止していないと見ている。しかし、製造業の長足にして急速な進歩に比べれば、農業の進歩は微々たるものにすぎないという。そして、この農業の相対的な遅れの原因となったのは、穀物法が十分に機能しなかった結果、国内市場の独占が成立している他部門に資本が流出したためであるとする。

では、穀物法が度重なる改正にもかかわらず、有効な保護策たりえなかったのはなぜであろうか。これまでに見たところから明らかなように、その直接の要因は、禁止的輸入関税が適用される価格、および奨励金が交付される価格の設定が、穀物の市場価格の上昇によって不適切なものになったことである。であるとすれば、来るべき穀物法改正に際しては、この価格設定こそがもっとも重要なポイントになるであろう。この点に関しては、ローダーデイルはかなり慎重な態度を示して、次のように述べている。

このように効果的な輸入関税と輸出奨励金を再構築せよと促してはいるが、しかし、私はけっして、われわれが長期にわたって経験してきたような穀物耕作に対する奨励の復興にのみ立法府はその努力を傾注すべきだ、といおうとしているわけではない。というのは、もし恒久的な穀物法制度が平時に帰ろうとしている瞬間に採用されるのであれば、この事柄についてより包括的な見地に立つことが望ましいとたしかに感じられるからである（［9］p. 78）。

これに続けて、ローダーデイルは次のような具体的提言をおこなっている。

第一に、然るべき検討をおこなった後に、輸出奨励金を停止する価格を固定すべきである。第二に、それよりも若干高い価格で輸出を禁止するべきである。第三に、さらに高い価格で、穀物の蒸留を停止すべきである。……第四に、価格の上昇がさらに深刻な不足が迫っていることを示した時には、無関税での輸入を許可すべきである（［9］p. 79）。

このような『書簡』におけるローダーデイルの議論の骨子に加えて、ここでは二つの特徴を挙げておこう。一つは、一八世紀後半以降の穀物価格の上昇と穀物輸入の増加の原因として、人口増加の影響をほとんど顧慮していないことである(5)。

この穀物価格の上昇と、一七六六年以降生じた穀物需要に比しての生産量の減少とは、実施されてきた立法上の制度によって引き起こされたのではけっしてない、その原因はもっぱらわが国の増加した人口に、今飼育されている多数の馬や牛に、そして、わが国の拡大した商工業が社会全体に広めた富裕から生じた消費の増加に帰せられうるのである、とたしかにいわれてきた。しかし、私は、その原理では、国内の穀物需給の比率に生じた変動を説明できないと確信している（[9] p. 74）。

第二に、こうした認識の必然的な帰結として、ローダーデイルは、一八一四年においてなお、イギリスの穀物生産が輸出を可能にするだけの余剰を生みうるという楽観的な見通しを示している。それゆえ、実際的な提言に関しては、前年のパーネル委員会の提案に反して、輸出奨励金の復興を関税による輸入制限と同等の重みで推奨するのである。

第2節　一八一五年以後の見解

1　一八二二―二五年の穀物法改正とローダーデイル

一八一五年の穀物法制定に先立つ議会討論においても、ローダーデイルは輸入規制以上に輸出奨励に重点をおいた議論をおこなっている。一八一四年六月一三日の貴族院における「穀物輸出法案」の審議の場では、前年のパーネル案を引き継ぐ形で提案された輸出奨励金の廃止案に対し、ローダーデイルは、「奨励金を撤廃する」という文言を削除すべきであるという趣旨の動議をおこなっている（[17] v.xxviii, p. 59）。その理由は、多数の請願に応じて、現行制度の効果について検討する特別委員会を設置しながら、何らの調査もせずに、輸出奨励制度を全廃するのははなはだ矛盾したやり方であるということ、また、輸出奨励金制度は主要な生存の糧である穀物の価格平準化に非常に有益であるということである。しかし、この修正動議は否決された。

法案の輸入制限に関する部分については、ローダーデイルは、自国の生産者が重税を課されている時に輸入を自由化すれば、外国の競争者が有利になるという『書簡』においても展開した議論によって、自由貿易論を批判している（［17］v.xxviii, p. 4）。ただし、輸入禁止価格については、具体的な言及が無く、法案の一クォーター八〇シリングという水準をローダーデイルがどのように評価していたかは明確ではない。

一八一五年法の審議中には異論を呈したローダーデイルではあったが、新制度が発足した後には、それに対するもっとも熱心な支持者の一人となった。一八二二年改正法は、穀物の輸入許可価格を従来の一クォーター八〇シリングから七〇シリングに引き下げるとともに、輸入関税制度を復活させることになったが、この改正時の法案審議では、ローダーデイルは、イギリスの農業が独占を緩和できるほどの状況にはないとして、「困窮せるファーマー」の利害を保護することを主張し、改正に強く反対している（［17］n.s., v.vii, p. 1558）。

一八二五年には、穀物法のさらなる改正をめぐって議会の内外で議論が沸騰した。この時もローダーデイルは、穀物法擁護の姿勢を貫いたが、その主張の根拠に関しては微妙に変化を見せている。すなわち、二二年には、もっぱら輸入制限の緩和が「土地利害」の利益を損なうということを強調していたのに対し、この時は、「この国では、土地、商業、製造業の利害は分かちがたい」のであり、「土地利害が気前よく消費することのできない立場に追い込まれたら、製造業者ほどそのことから損失を被る階級はないのである」（［17］n.s., v.xiii, p. 168）と述べ、需要論者の片鱗を垣間見せている。

2　スライディング・スケール制度の導入とローダーデイル

一八二七年には、伸縮関税制度を含む穀物法改正法案がリヴァプール内閣によって提案された。この伸縮関税というのは、小麦価格が六〇シリングの時に、二〇シリングの関税を課し、価格が一シリング上昇するごとに、関税を二シリング引き下げるといういわゆる「スライディング・スケール」方式を採るものであった（［6］p. 194）。この方針は、概して、自由貿易支持者には好意的に迎えられたが、保護の後退として保護主義者の側からの反発を招いた。その結果、庶民院を通過したものの貴族院で否決された。そして貴族院における法案反対の先陣を切ったのが、ローダーデイルであった。

ローダーデイルの批判の趣旨はほぼ次のようにまとめられる。まず、第一に、提案されている方法は、国内の穀物価格に連動して輸入穀物の関税額を決めるというものであるが、これは課税される商品自体の価格とは無関係に、別の商品の価格に連動して税額を決めることになってしまう。たとえば、国内の穀物価格が一クォーター六〇シリングの時、関税額は二〇シリングだから、外国産穀物が三〇シリングだとすると、関税を支払っても五〇シリングにすぎない。第二に、関税を含めた輸入穀物の価格が定まらないということになれば、国内の穀物価格が不安定になるであろうし、そうなれば地代の額も影響を受けるから、耕作地のリース契約に支障が生じるであろう。第三に、従来の制度の下で、土地利害は独占を享受してきたといわれるが、実状はそうではない。独占が価格を恣《ほしいまま》に操作できることを意味するものとする。しかるに、イギリスの土地利害は五六万人もいるのであって、彼らが全体として一枚岩の利害を有しているわけではない。共同で価格を引き上げることができるとは考えられない。第四に、提案されている制度は、穀物価格を不安定にすることによって、投機的取引を助長することになるであろう（［17］n.s., v.xvi, pp. 1020-29）。

こうした診断にもとづいて、ローダーデイルは、穀物輸入を原則として禁止し、議会および議会の閉会期には枢密院に輸出を許可する権限を与えるという「ウルトラ・トーリー」的代案(6)を示すとともに、国内の穀物生産が成立する適正価格を見極めるために、外国穀物の積出港における価格、その品質、イギリスに輸入可能と考えられる量に関して調査する特別委員会を設置すべきであるという動議をおこなった。

翌一八二八年には、ウェリントン内閣によって穀物法改正が実現した。この改正法の内容は、小麦価格が一クォーター五二シリングの時の関税を三四シリング八ペンスとし、六六シリングまではつねに価格と関税額の合計が六六シリングになるように税額をスライドさせるというものであった。

ローダーデイルは、この法案に対しても、まったく仮借《かしゃく》のない批判を浴びせている。(7) 穀物の、それゆえ、食糧の価格が低廉かつ安定していることが、農業関係者の利害だけでなく、労働諸階級にとっても望ましいことであり、そうした状態を実現することが穀物政策の目的であるとの見地から、ローダーデイルは、一八一五年法が、その制定以来、クォーター当たり六五シリングを超えない水準に価格を安定させてきたことを高く評価し、その体制を変えるどのような必要があるのかと訴え、さらに以下のような主張をおこなっている。重税と相対的に恵まれない自然条件のために、イギリスの農業は他国と対等に競争するだけの力はなく、自由貿易体制となれば、耕地は放棄されることになるはずである。だから、自由貿易への接近は避けるべきであり、もし、穀物供給が不足をきたすようであれば、他国ではなく、アイルランドに補充を求めるべきである。価格の安定という点では、「保税倉庫制度」(warehouse system) はきわめて有害である。穀物は食糧として必要なのであるから、供給の不足は価格の上昇に直結し、そのためにファーマーは追加的な利潤を期待できるはずであるが、保税倉庫に蓄えられた外国産穀物の放出が彼の利益のチャンスを奪ってしまうのである。このように説き、結論として、前年のリヴァプール案に対する批判の時と同様に、穀物輸入を原則的に禁止し、議会と枢密院に必要に応じて輸入を許可する権限を付与するという代案をウェリントンに対して提示したのである(〔17〕n.s., v.xix, pp. 1333-42)。

この発言と同じ六月一三日付けで、ローダーデイルは、法案に対する『抗議書』(〔11〕)を提出した。この抗議書は三つの論点で構成されている。第一の論点は、ウェリントンの法案は、イギリスは穀物を自給できないと前提しているが、それは誤りで、「グレート・ブリテンおよびアイルランド連合王国は、通常の年は、然るべき奨励によって、国民の生存のために豊富な食糧を供給する能力がある」というものである（[11] pp. 1-2)。第二の論点は、穀物貿易の規制の目的は国民に食糧をできるだけ低廉かつ安定した価格で保証することであるが、それは、この法案では達成できないし、また自由貿易の採用によっても不可能であるということである。穀物貿易を自由化した場合、コスト面で優位にある外国産穀物の輸入によって、早晩、国内の穀物生産は縮小せざるをえないが、それはファーマーの利潤、地主の地代の減少を招き、その結果、農業労働者に対する需要を引き下げるから、労働の賃金も減少することになる。そして、農業部門の所得の減少は商工業者の利得に直接の影響を与えるであろう。逆に、輸入を禁止または制限して、国内の穀物生産を奨励するならば、しばらくは高価格が続くであろうが、それは永続するわけではなく、利潤が確保されて農業への投資が進めば、生産が増加し、やがては穀物価格は低下するであろう。

この第二の論点に関しては、一八二五年の議会発言における需要論がより明確に再説されているのが注目される。

われわれはこの法案が採択している穀物価格低減の方法を是認することはできない。なぜならば、それはわが国のインダストリの生産物に対する国内市場における安定した需要を削減する傾向があり、それはまた我が同胞のすべての階級の利得を減じるに違いないとわれわれには思われるからである。この国内需要こそは我国の製造業の五分の四の雇用の現実の源泉なのである。……［現行制度は］穀物の価格を引き下げる傾向を持つ一方で、低廉化が起こりつつある瞬間でさえ、穀物生産者に、それまで彼らが享受していたよりも多額の収入を受け取ることを許し、かくして、彼らが、支出を増加することによって、インダストリの他のすべての部門の生産を鼓舞することを可能にするシステムなのである（[11] pp. 7-8)。

第三の論点として、ローダーデイルは、同日の議会発言と同じく、伸縮関税が採用されれば、保税倉庫に留め置かれた外国産穀物が税率の低い時に集中的に国内市場に流入し、国内生産者が利得を得る機会を奪ってしまうということ、しかも、国内の生産者が多額のコストをかけているのに対して、外国の輸入業者は比較的低廉な原価で仕入れ、関税の負担分は消費者に転嫁するということを指摘し、穀物価格の安定をもたらした一八一五年体制の継続を求めるのである（［11］pp. 9-16）。

第3節　ローダーデイルとマルサス

右で見たローダーデイルの穀物法論の特質を、マルサスの見解との比較において、整理してみよう。

ローダーデイルの原理的著作である『公富論』は、スミス的な労働価値論に対するオールターナティブとしての需給価値論を提唱することを主眼の一つにしており、そのために、労働価値論を基礎として三階級への分配様式を論じる独立の分配論は持っていない。また、同書において、ローダーデイルは、土地、労働、および資本の三つを富の源泉に挙げながら、社会の初期の段階では、土地が富の創造に果たす役割は大きいが、その状態は長く続かず、その後の段階では、「大地の自然の恵みは、人間のインダストリが、耕作の改良によって、より多量に、またより高品質において生み出す生産物にとって代わられる」（［7］pp. 123-4）ので、文明社会では、富を増加させるのは人間自身の労働または資本すなわち機械によっておこなわれる労働だけである（［7］p. 278）と述べ、生産要因としての土地の重要性を労働や資本と比べて低位に置いている。

このような理論的な指向は、当然に、穀物法論にも反映されていて、『書簡』や議会の議事録に収録された発言には、地代、利潤、賃金といった諸階級の所得範疇による穀物法の作用の分析はほとんど見出されない。(8) ローダーデイルは、「土地利害」と「商業・製造業利害」（[17] n.s., v.xiii, p. 168）という二つの利害の関係において、穀物法の作用の分析をおこなっているのである。しかも、ローダーデイルは、土地を文明社会における富の創造者の地位からはずしてしまっているために、「土地利害」という言葉で意味されるのは、地主よりもむしろファーマーである。

他方、『諸考察』は別としても、穀物法問題に関する第二論文の『外国穀物の輸入制限政策に関する見解の諸根拠』（[14] 以下『諸根拠』と略記する）以降のマルサスは、周知のように、諸階級の利害の独自性を認識し、とりわけ、地主の利害を国家の繁栄に結び付いているとして重視するようになった。

こうした分析方法の違いから、土地利害が商工業利害に対して需要をもたらすという意味での需要論についても、両者の主張には微妙なニュアンスの違いが生じてくる。マルサスは、あくまで地主の地代収入に限定して、「一国の製造品に対するもっとも確たる国内需要、その金融的支持のためのもっとも有効な基金、さらにその陸海軍にとって最大の自由に処理しうる力を与える」（[14] p. 167-8. 訳九一頁）と主張したが、ローダーデイルの場合は、右に引用した『抗議書』の主張から読みとれるように、穀物価格の低下によって失われるのは、ひとり地主のもたらす需要だけではなく、また、土地利害全体のそれでさえなく、「同胞すべての階級」が与える需要なのである。

イギリスの穀物生産の状況に関する認識、およびそれに関連した輸出奨励金の効果に対する評価についても、ローダーデイルとマルサスの間には相当の開きがある。マルサスは、初版『人口論』で、一八世紀の農業の状態について、囲い込みが農地を拡大したけれども、牧草地への転換が少なくなかったために、穀物生産は増加するどころか、かえって減少してしまったと示唆した（[12] p. 111. 訳一八二頁）。これは、ローダーデイルが一八世紀前半の穀物法が穀物生産を促進した結果、穀物価格が徐々に低下したという解釈を示しているのとは対照的である。第二版では、マルサスは、スミスの奨励金論を批判し、奨励金の作用によって生産される余剰分が、穀物の価格を安定させ、平均価格を引き下げると主張し（［13］v.1, p. 420. 訳Ⅲ、二七二頁）、続く第三版でも、輸出奨励金がファーマーに追加的利潤をもたらすことで生産を奨励し、長期的には国内の穀物価格を引き下げる効果を持つとしており（［13］v.1, p. 421-2. 訳Ⅲ、二七九～八〇頁）、イギリスが、穀物の自給国はもちろんのこと、輸出国にもなりうるという前提に立った議論をおこなっている。しかし、『諸考察』でのマルサスは、もはや穀物奨励金の実効性にはまったく期待を見せずに、「奨励金は長い間空文であったし、今後も多分そうであろう」（［15］p. 94. 訳二二頁）と述べて、検討を輸入規制の問題に限定しているのである。(9)

ローダーデイルの『書簡』は、『諸考察』と同年の出版であるが、その奨励金論に関しては、すでに見たように、輸出奨励金の廃止に対する強い反対論を呈しており、『諸考察』よりもむしろ一〇年ほど前の第二版『人口論』から第三版にかけてのマルサスに近い見地に立っている。

では、一八一四年時点におけるローダーデイルとマルサスとのこの認識の差は何に起因するのであろうか。それは、おそらく、マルサスが、イギリスにおいては人口の増加が劣等地耕作を促進した結果、大陸諸国に比べて、穀物の生産費が上昇し、奨励金の額をひじょうに高く設定しないかぎり、穀物輸出は不可能であると考えていたのに対して、ローダーデイルが、人口増加の影響をほとんど無視していたこと、したがって、収穫逓減法則を受容する前提をそもそも欠いていたことと無関係ではあるまい。

奨励金制度に関する両者の見解の相違については、以上に加えて、節を改め、ローダーデイルによる『諸考察』の注解を素材に検討することにしたい。

むすびにかえて——ローダーデイル旧蔵『諸考察』について

筆者の調査では、ローダーデイルはマルサスの『諸考察』を綿密に読んだ形跡がある。[10] 現在日本の複数の大学に所蔵されているローダーデイル旧蔵図書の主要部分のうち、東京経済大学所蔵分にはマルサスの著作が数点収められており、[11] その中に、『諸考察』が含まれているのであるが、それには、ローダーデイル自身の手によるものと思われる多数のアンダーラインや書き込みが見出される。[12]『国富論評注』（[8]）ほどの規模ではないが、約一〇頁の手書きノートが巻末に綴じ込まれており、ローダーデイルの関心の深さが窺われる。

ローダーデイルがコメントを付しているのは、『諸考察』の初版二五頁の、「一国における輸出奨励金は、ある程度においては、ヨーロッパにおける生産奨励金と見なされうる……」という箇所（[15] p. 99. 訳三一頁）、および三一頁の、自由貿易のマイナス効果の一つに関連して、穀物の名目価格が高い方が労働者にとって有利であるという論点が述べられている箇所である（[15] pp. 102-3. 訳三六—七頁）。

まず、前者に関しては、ローダーデイルは、穀物の高価格は穀物生産に投じられる資本を増加させるが、資本は人手によっておこなわれる仕事を人に代わって（supplant）遂行するのであり、資本が増加すれば、それだけ労働に代替する手段を見出す可能性は高くなるということ、また、当然、商品の価格の低下が起こるということ、したがって、独占は穀物価格をいったんは押し上げることになるけれども、長期的には逆に引き下げる効果を持つということ、そして、実際、チャールズⅡ世時代から前世紀の半ばまで、国内市場の独占を保証した穀物法体制の下で、穀物価格は徐々に低下したのであるという持論を展開している。そして、それに加えて、次のような評注をマルサスの奨励金に関する議論に付している。

穀物輸出奨励金はヨーロッパにおける生産奨励金とは決して見なせない。それはそれを享受する国における生産奨励金である。なぜなら、それは穀物生産者に他国に輸出される彼の穀物の価格を引き下げることによって、穀物需要をもたらすからであり、さもなければ、彼は利潤をともなって販売することができないのである。しかし、生産者に他国に市場を持つことを可能にすることにより、それを享受する国における生産を促進するのとまったく同じ程度において、それは穀物が輸入される国における生産を阻害するに違いない（〔10〕）。

次に、二つ目の論点に関しては、ローダーデイルは、頁の欄外書き込みで、当該箇所でのマルサスの議論が、商品の価値は穀物の価値によって規定されることを前提としているが、他の箇所ではそれを否定しており、一貫性に欠けていると指摘している他、綴じ込みノート（図1）でこのように述べている。すなわち、マルサスは、貴金属価値が比較的低い状態を好意的に述べているが、これを認めるとすれば、奨励金は穀物の真の価格ではなく名目価格を引き上げるにすぎないというスミス博士の説に同意しないわけにはいかないであろう。しかるに、スミス説は巻頭において手厳しく批判されているのである。貴金属の価値が低い、したがって、穀物および労働の名目価値が高い方が望ましいとしても、穀物の名目価格が高い方が労働者の生活条件を良くするとは思えない。名目価値でなく、真の価値が高いというのであれば、ここの議論も正しいことになるであろうが、と。

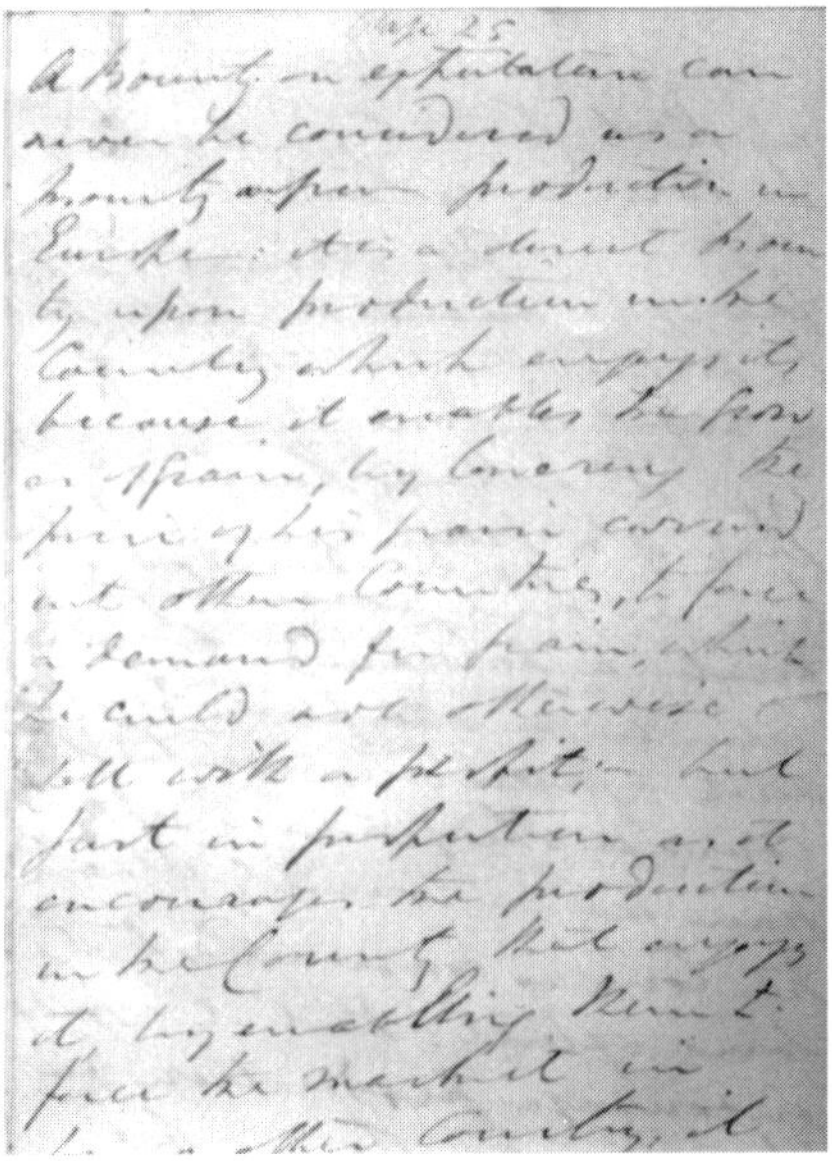
Page 25
A Bounty on exportation can never be considered as a bounty upon production in Europe: it is a direct bounty upon production in the Country which enjoys it, because it enables the farmer, by lowering the price of his grain carried [illegible] other Countries, to force a demand for grain, which he could not otherwise sell with a profit; but [illegible] in [illegible] and [illegible] encourages the production in the Country that enjoys it by enabling them to force the market in [illegible] other Country, it [illegible]

図1　マルサス『諸考察』に綴じ込まれているローダーデイルの手書きノート（東京経済大学図書館蔵）

ローダーデイルは、このように、『諸考察』におけるマルサスの議論に対して、明確に批判的な姿勢でコメントを加えている。とりわけ、輸出奨励金と厳格な輸入制限との結合によるイギリス農業の再生を思い描いていた立場からすれば、「奨励金は長い間空文であったし、今後も多分そうであろう」といい切り、輸入規制に検討を限定してしまったマルサスの基本的なスタンスを受け入れられなかったのは当然であろう。そうであれば、保護主義に傾斜した『諸根拠』以後のマルサスの穀物法論に対しても、同調しえたかどうかははなはだ疑問であるといわざるをえない。一八一五年以降も、ローダーデイルの穀物法論は実質的な部分での変容を見せなかったのである。

ここに紹介した『諸考察』に付されたノートは、短く、断片的な資料ではあるが、同じく農業保護を主張しながら、一八世紀前半以前の穀物法体制の再建に固執したローダーデイルと、そうしたバイアスから比較的自由に同時代的コンテクストの中で穀物貿易の問題に臨んだマルサスとの距離を如実に物語っている。

注

(1) たとえば、[2]、[8] 等。

(2) 代表的なものに、[16]。また、より包括的なローダーデイル像を描いた研究に [3] がある。筆者は後者から多くの示唆を得た。

(3) 以下の穀物法の歴史に関する記述は主として [6] に拠っている。

(4) ローダーデイルはナポレオン戦争中にピット内閣が押し進めた増税と公債の発行を、国民の財産の配分を急激に変化させ、結果的に伝統的な秩序を破壊したとして、一貫して批判し続けた。［3］第三号、二四二―三頁、第四号、一二三―六頁参照。

(5) ローダーデイルは、人口の過剰が急進主義に結び付いて、議会改革を要求していると解釈しており、人口増加の影響を政治的な視点で捉えていた。［3］第四号、一二六頁参照。

(6) ローダーデイルは、一七八〇年に庶民院議員となり、フォックス派ウィッグとして政治活動を始めた。八九年に爵位を継承したため、翌年、貴族院に移った。フランス革命を支持して、ピット内閣と鋭く対立したため、九六年から一〇年間は議席を失ったが、一八〇六年に貴族院に復帰した。また、同年、枢密院の一員にもなっている。しかし、その後、政治的立場をシフトさせ、二一年には、トーリーに転じた。*Dictionary of National Biography* の James Maitland の項、および、［3］第二号、八八―九〇頁参照。

(7) 他の政策については、ローダーデイルはウェリントンを支持していた。［3］第二号九〇頁。

(8) 地主の地代収入が言及されている数少ない例としては、議会発言の中に次のような件がある。「地主に対する一般的な避難として、穀物価格の上昇が地代の増加から生じるといわれるが、しかし、これは根も葉もないことである。穀物価格の価値が上昇しているのに、地代の貨幣価格は変わらないということがしばしばあるのである」（［17］v.xxviii, p. 5）。

(9) マルサスの輸出奨励金論の変遷については、［10］を参照。

(10) マルサスは『書簡』を読んだようである。一八一五年三月一二日付けマルサスのリカード宛書簡参照（［18］v.vi, p. 186, 訳第Ⅵ巻二一六頁）。小林時三郎氏は『書簡』の保護主義が、マルサスを『諸考察』の中立的立場から『諸根拠』の保護主義に赴かせたと解釈している（［1］一九六―九頁）。これに対し、服部正治氏は、ローダーデイルとマルサスの相違を強調する（［3］第四号、一三〇頁）。

(11) 東京経済大学図書館のコレクションは、ローダーデイルの私文庫の中の経済関係文献を引き継いだものであるが、マルサス関係文献は多くなく、『人口論』、『経済学原理』は含まない。穀物法関連のパンフレットについては、初版『諸考察』を所蔵しているだけである。しかし、同コレクションに含まれる手書き目録には、初版『人口論』の記載が見られるし、同図書館がコレクションの主要部分を購入した直後に、ローダーデイルの署名とモルレ宛献辞が記された第二版『人口論』が古書市場に現れていることもあって、ローダーデイルがマルサスの著作をかなり所有していたらしいことはわかるのであるが、どの程度まで読んでいたかを確認することは現段階では難しい。

(12) 日付の記載は無い。

参考文献

[1] 小林時三郎『マルサスの経済理論』現代書館、一九七一年。

[2] 杉山忠平「ローダデイルの経済学説」『東京経大学会誌』第一七二号、一九九一年。

[3] 服部正治「ローダーデイルにおける政治と経済」、「同（二）」、「同（完）」『立教経済学研究』第三二巻第二号—第四号、一九七八—九年。

[4] 服部正治『穀物法論争』昭和堂、一九九一年。

[5] 横山照樹『初期マルサス経済学の研究』有斐閣、一九九八年。

[6] Barnes, Donald Grove, *A History of the English Corn Laws from 1660-1846*, London, 1930.

[7] Lauderdale, James Maitland, 8th Earl of, *An Inquiry into the Nature and Origin of Public Wealth*, Edinburgh, 1804.

[8] Lauderdale *Lauderdale's Notes on Adam Smith's Wealth of Nations*, ed. by Chuhei Sugiyama, London and New York, 1996.

[9] Lauderdale, *A Letter on the Corn Laws*, London, 1814.

[10] Lauderdale, "Manuscript Notes on Malthus's *Observation*", bound with Lauderdale's Copy of Malthus's *Observation* held at the Library, Tokyo Keizai University.

[11] Lauderdale, *Protest against the Decision of the House of Lords of the Corn Importation Bill, June 13, 1828*, London, 1828.

[12] Malthus, Thomas Robert, *An Essay on the Principle of Population*, first ed., 1798, reprinted in the *Works of Thomas Robert Malthus*, Vol.1,

London, 1986. 永井義雄訳『人口論』中公文庫、一九七三年。

［13］ Malthus, *An Essay on the Principles of Population*, ed. by P. James, 2vols., Cambridge, 1989. 吉田秀夫訳『各版対照人口論』I—IV、春秋社、一九四八—九年。

［14］ Malthus, *The Grounds of an Opinion on the Policy of Restricting the Importation of Foreign Corn*, reprinted in the *Works*, Vol.7. 楠井隆三・東嘉生訳『穀物条例論』岩波文庫、一九四〇年。

［15］ Malthus, *Observations on the Effects of the Corn Laws*, reprinted in the *Works*, Vol.7, London, 1986. 楠井隆三・東嘉生訳『穀物条例論』。

［16］ Paglin, Morton, *Malthus and Lauderdale*, New York, 1961.

［17］ *The Parliamentary Debates published under the superintendence of T.C.Hansard*, vols.xxviii, xxix, xxx; new series, vols.i, vii, xiii, xvi, xvii, xix.

［18］ Ricardo, David, *The Works and Correspondence of David Ricardo*, ed. by P. Sraffa, 11vols., Cambridge, 1951-73. 堀経夫他監訳『デイヴィド・リカードウ全集』全一一巻、雄松堂書店、一九六九—一九九九年。

［19］ Smith, Adam, *An Inquiry into the Nature and Causes of the Wealth of Nations*, the Glasgow edition, 2vols, Oxford, 1976. 水田洋監訳・杉山忠平訳『国富論』（一）—（四）、岩波文庫、二〇〇〇—二〇〇一年。

佐藤　有史

第12章

貨幣と穀物

マルサスの経済学を再考する

T・トゥック（Arie Arnon, *Thomas Tooke,* Aldershot 1991）

はじめに

私が別稿で論じたように、マルサスの貨幣理論には、ヒュームを受け継いだ貨幣数量説と、初期の救貧法批判から出来《しゅったい》した物価が貨幣供給量を決定するという「逆因果」を強調する非数量説とが併存していた。こうしたマルサスの貨幣理論には何かしら不明瞭さがあることは否定できないのであり、私は、この事実こそが、これまで彼の貨幣理論がほとんど真剣に再検討に付されることのなかった一因であると考えた（［2］三九—四〇、六一頁）(1)。だが、マルサスの経済学体系の不明瞭さは、その貨幣理論のみにとどまるものではなかった。実際、リカードウは、マルサスの経済学上の主著『経済学原理』（一八二〇年）(2)の出版後直ちに読了したさいに、自らの友人マカロックに宛てて次のような感想を書かずにはいられなかったのである。

現在のところ私はほんとうに困惑しています。というのは、白状しますと、私はマルサス氏の体系が何であるかをあまり明確にはつかんでいないからです。外国貿易からもたらされる利益についても彼と私とは意見を異にしていますが、彼の意見が何であるか、私にはよくわかりません（一八二〇年五月二日、［33］VIII, pp.182-83)。

さて、マルサスが彼の貨幣理論を展開した文脈を見ると、多くの場合、その背後に理論的・時論的な意味での「穀物」問題が存在していたという事実がある。たとえば、初版『人口論』では、穀物需給を中心とした実物分析と貨幣の中立性命題とを理論的に両立させるために、閉鎖経済の仮定が外挿された。そして第二版『人口論』以降では、穀物の高価格を維持するために、輸出奨励金に加えて経済をある程度閉鎖的にする必要があるという条件の逆転が見られ、この過程でマルサスは当時の穀物法論争にかかわり始めたのである。他方、第二版『経済学原理』などでは開放経済にもとづく数量説的な物価・正貨流出入メカニズムによる穀物高価擁護論が展開されたものの、マルサスは首尾一貫せずに、トゥック書評論文においては、穀物の過少供給を有効需要に結びつけるために「逆因果」貨幣論を極端な形で展開してもいた。

私は本章において、マルサスの貨幣理論にこうした「穀物」問題を明示的に関連づけることで、彼がたどった理論的変遷と、彼の体系が持つ不明瞭さの所以の一斑とを明らかにしたいと思う。

本章の内容は以下のとおりである。第1節では、初版『人口論』において明示的に出されていた貨幣数量説による中立性命題とマルサス特有の農本主義との関連が検討される。第2節では、マルサスの穀物の高価格擁護論が、閉鎖経済を必要とする論拠から開放経済を必要とする論拠へと変遷していった劇的変化が明らかにされる。第3節では、いわゆる貨幣と物価との「逆因果命題」とマルサスが主張してやまなかった穀物の高価格維持とをめぐる、マルサスとトゥックとの間での論争が検討される。そして最後に、本章で得られた諸結果の俯瞰《ふかん》と若干《じゃっかん》の所見とが示されるだろう。

第1節　貨幣の中立性と農本主義

1　マルサスの貨幣数量説

マルサスの生涯を通じて多少なりとも一貫した貨幣理論が存在するとすれば、それは、貨幣の中立性命題、ヒューム効果、物価・正貨流出入メカニズムの三つの系論からなる外生的貨幣供給の想定[3]にもとづくヒューム流の貨幣数量説であった（［2］四〇―四二頁）。

貨幣の中立性命題とは、「外生的な貨幣量の増減は実物的産出に影響を与えない」という命題である。すなわちヒュームは、外生的な貨幣供給の変化は実物的諸変数を不変のままにして物価水準のみを変化させるとしたのだ。そしてマルサスは、初版『人口論』（一七九八年）で萌芽的な賃金基金説を用いて救貧法を批判するさいに、まさにこのヒューム流の中立性命題を用いたのであって[4]、こうした用法は、その後一九世紀を通じて種々の賃金基金説論者たちに展開されることになった諸モデルに母型を提供したのであった（［2］四二―四頁）。

次に、ヒューム効果とは、外生的な貨幣供給増が物価に十分に反映されるのは長期においてであり、短期においてはあまり物価に影響を与えず経済活動水準を高めうるという、ヒュームのいわゆる連続的影響説を指す。ヒュームの段階では、経済理論の未発達な状況を反映し、貨幣供給増による個別商品の価格上昇から一般物価水準上昇への「過渡期」が強調されるにとどまったが――そのかぎりで、その単純性は後にソーントンに批判された（［3］一〇八―九頁）――、『国富論』の出現以後はそのような単純化は許されなかった。だからマルサスは、国民所得が消費と貯蓄とからなることを明確にした『国富論』を承《う》けて、インフレーションが消費の実質価値を低下させて非自発的に貯蓄を増大させる効果を強調し、ヒューム効果を洗練させたのである。[5] だが、この「強制貯蓄論」はマルサスの地代三部作（一八一四―一五年）以後は徐々に背後に退き、第二版『経済学原理』では完全に否定された（[2]四四―四六、五九―六〇頁）。ヒューム効果は、マルサスの貨幣理論においてもっとも孤立的な理論であって、私は本章ではこれ以上マルサスの強制貯蓄論に触れることはないだろう。

最後に、物価・正貨流出入メカニズムとは、一国の貨幣ストックはその国の物価水準を決定するが、この各国物価水準の開きこそが各国間での金移動を起動させて国際収支調整をもたらすというヒュームの数量説の基本命題である（[3]一〇六―八頁）。マルサスはこれも受け入れ、この命題を根拠にリカードウの国際調整論を批判した（[2]五一―五五頁）。

私は、以上の三つの系論のうち、本節の残りでは中立性命題の背後にあった特有の実物産出モデルを取り上げ、物価・正貨流出入命題と「穀物」問題との関連については次節であらためて論ずることとする。

2　初期マルサスの農本主義

さて、マルサスが貨幣の中立性命題を救貧法批判に結びつけえた背後には、固有の貨幣理論領域を越えた、経済社会に対する彼特有の認識の枠組みがあった。初版『人口論』第一六・一七章は、まさにそれを可能にした枠組みをもっとも単純化された形――「重農学派よりも極端」（[10]一〇七頁）な農本主義――で示したのである。[6] そして重要なのは、初期マルサスの農本主義は、徹底したスミス批判の形をとって現れていたということだ。

すなわちマルサスによれば、スミスは一国の真の富の形成過程、つまり一国の生産の真の投入と産出とをまったく誤って理解していた。まずスミスは、「土地と労働の年々の生産物」[7]から貯蓄された資本が、一国の富を生産するのに必要な投入と捉える点で誤っている。「真実かつ有効な基金」＝真の投入とは食糧に他ならないのである（［24］p.108. 訳、一七七—七八頁）。さらにスミスは、産出を、製造品を含む物的産出一般と考える点で誤っている。一国にとって主要な産出とは食糧のみに他ならない（［24］pp.117-18. 訳一九二—九三頁）(8)。

さて、このようなマルサスの農本主義から出来した初歩的な賃金基金説が、貨幣の中立性命題とうまく結合するためには、以下の諸前提が必要であった。

第一に、賃金基金をなす財が貨幣支出に対してきわめて非弾力的な供給にあること(9)。

第二に、「食糧（穀物）＝賃金基金」説とは、マクロ経済的な命題であること(10)。

第三に、経済が十分に閉鎖的であること(11)。

これらは、マルサスにおいて、初発から貨幣と穀物との問題が解きがたく結びついていたことを十分に示すものであり、また、「可変的であったとはいえ永続的な農本主義的バイアス」（［39］p.266）を持ち続けたマルサスが、初版『人口論』以後重農主義にもっとも近づき、離れたのはいつかという問題を解明するための出発点ともなるだろう。だが、基本的には理論分析次元に関わる前提一、二とは異なり、前提三は外国貿易政策に関わる「当為」の問題である。そして、初版『人口論』にはすでに、後のマルサスの穀物法への深い関与を予感させる次の文が掲げられていたのである。

> 対外通商は、アダム・スミス博士の定義によれば、一国の富を増大させるが、［フランスの］エコノミストたちの定義によれば、そうではない。……それは、綿密に検討すると、労働の維持のための国内の基金の増大に、またしたがって社会の大部分の人びとの幸福に、ほんのわずかしか役立たないということが分るだろう（［24］p.118. 訳一九三頁。［ ］内は追加）。

第2節　穀物法——閉鎖経済から開放経済へ

1　マルサスの均斉的成長論（農工併存論）——閉鎖経済の必要

第1節で見たように、マルサスは、初版『人口論』では自らの議論を成立させるために閉鎖経済の前提を外挿的に入れていた。だがマルサスは、第二版『人口論』ではその条件を逆転させた。つまり、経済は閉鎖的であることが必要であったのだ。

> 世界の歴史上、その富を主として製造業と商業とから引き出してきた諸国民は、その富の基礎が農業である諸国民と比べて、完全にはかない存在だった。事の道理から考えて、他国から供給される収入で生き長らえる国家は自らのものを生産する国家と比べて、時と偶然とのありとあらゆるめぐり合わせに際限なくいっそうさらされるに違いない（［23］I,p.395. 訳Ⅲ、二一五頁）。

商業制度はとりわけ、輸入穀物の高価格からもたらされる高賃金と、原材料の高価格とに悩まされ、国際競争力を失うだろう（［23］I,pp.400-03. 訳Ⅲ、二二一―二五頁）[12]。

だがこの議論は、マルサス自身の国産穀物の高価格維持擁護論と抵触しかねなかった。マルサスは第二版『人口論』では、高価な穀物は誰の利益にもならないというスミスの見解を批判して、重農主義的な穀物の高価擁護論を選択し、読者にデュポン・ド・ヌムールの見解の参照をすら求めていたからである（［23］I,pp.416ff. 訳Ⅲ、二五四頁以下)。だからこうした叙述は続く第三版(一八〇六年)では著しく変更され、第五版(一八一七年)では農業制度と商業制度を取扱う諸章は完全に書き直された。『人口論』は版を重ねるごとに農業制度とは対照的な商業制度への関心の高まりを示したが、第五版では、なるほど食糧は国富の圧倒的に重要な構成要素であるとはいえ、しかし農業制度は望ましくないと断言されたのである。農業制度に従うポーランド、ロシア、シベリア、トルコは悪しき封建主義に陥っているのであり、「こうした悲惨な状況において、最良の救済策は疑いなく製造業と商業の導入であるだろう」(〔23〕II, p.29. 訳Ⅲ、一七四頁)。さらに農業制度のもとでは、食糧の低価格が労働階級の慎慮的抑制を妨げ、彼らの状態を最悪なものにしがちだった(〔23〕II, pp.26-7. 訳Ⅲ、一六九―七二頁)。

だが他方で、第五版は、商業制度の弊害を次の四点から強調した。(1)「もっぱら資本と熟練とに依存する〔輸出の〕利益と現在所有している特定の通商路とは、その性質上永久的ではありえない」。(2)「機械の改良は過剰供給をもたらしがちであり、ひいては貿易相手国の原生産物(穀物)との交易条件の悪化を引き起こす。(3)穀物輸出国の緩慢な経済成長は、商業国の製造品の交易条件の悪化を引き起こす。(4)一国内部の諸地方間の経済関係と諸国民間の経済関係との間には決定的な違いがある(〔23〕II, pp.32-36. 訳Ⅲ、一七九―八六頁)。

そしてここで注目すべきは、マルサスは、このような第五版『人口論』での商業制度弊害論を、ほぼ彼の初版『経済学原理』(一八二〇年)第七章第五節「富の継続的増大に対する一つの刺激と見なされる労働節約のための発明について」で繰り返したということだ。マルサスは、機械が著しく製造品の供給能力を高めることを強調したうえで、この供給能力の上昇は、まず外国市場が十分にあるのでなければ有利ではない可能性が大きいと主張する。「市場が十分に拡張されないで、機械による労働の節約がおこなわれ」るとすれば、「有効な外国の競争あるいは積極的な禁止措置によって、まったく輸出されなくなったとしても」、商業国の労働と資本とは損なわれないというのか。否、「外国市場には魔術は存在しない。最終的な需要と消費は、つねに国内にあるに違いない」

（［32］ I, pp.410, 411）。さらにマルサスは主張する。

ある社会の事情が次のような状況になる時には、すなわち、社会が実際の必需品には用いられない多量の労働に価値を与えるのに必要な嗜好を外国貿易によって獲得する時には、その社会はこの貿易の大部分を失っても、しかもすでに形成された嗜好とすでに創造された所得とを満たすために、その国の余分の資本と創意とによって国内製造業を改良しようと異常な努力が払われるから、この社会は引き続き偉大であり強力であるかもしれない、というヒュームの所見[13]はきわめて正しい。しかし、仮にこういった国の所得が、万が一にも維持されうることを認めるとしても、その増加の機会はほとんどない。そこで、対外通商によってもたらされる市場がなければ、この所得は同じ額に達しないであろうことは、ほとんど確実である（［32］ I, pp.406-7. 強調は追加）。

上の最後の一文は、もちろん、「機械の改良」の効果を指摘している。それゆえ、リカードウは、マルサスがまさに一九世紀初頭のイギリスの代表的な重農主義者の一人スペンスと同じ思想の持ち主ではないかと疑ったのである（［33］ II, p.360）。

こうしてマルサスは、『人口論』諸版を通じて、農業制度と商業制度との慎慮ある結合を強力に提唱した。すなわち、国内の農業部門が十分に持続可能となるように、穀物法に依拠すべきである。このように保護された農業部門は、国内の都市需要に反応しつつ、一国の両部門間での均斉的成長を実現するだろう。

……人口が一定期間食糧よりも急速に増加することほど普通のことはない。それどころか、そうなることが一般的原理の一部なのである。そして増加人口が製造業に雇用されて、労働の貨幣賃金の下落が阻止される場合には、競争の激化によって引き起こされる穀物価格の上昇は実際上、農業に対するもっとも自然で頻繁な刺激である。

……人口が増加する傾向からもたらされるこの［穀物賃金の］量の減少は、農業に対するもっとも強力かつ不断の刺激の一つとなる（[23] II, pp.440-441. 訳Ⅲ、三六三—六四、三六五頁。[ ] 内は追加）。

2　穀物の高価格擁護論——閉鎖経済による擁護

さて、以上の第二版『人口論』以降のマルサスの主張をいっそう理解するためには、彼が穀物の高価格をどのように擁護していたか、そしてその論拠は時を経てどのように変遷したかを理解しておくことが肝要である。

周知のようにスミスは、『国富論』で特有の「価格の加算理論」を駆使しつつ、穀物の貨幣価格は労働の貨幣価格を決定し、それゆえすべての商品の貨幣価格を決定するので、穀物の高価格は結局農業者の利益にはならず、国内物価水準を高めるだけ（つまり国内の貨幣の価値を低めるだけ）だと主張し、穀物輸出奨励金制度を攻撃していた（[35] I, pp.509-17. 訳②、二一〇—二〇頁）。これに対し、第二版『人口論』はスミスを批判して穀物の高価格を擁護したのだが、しかしその論拠は明快でなかった。第二版は、「平均的な年に、自国で消費するものを上回る穀物を栽培し、その一部を輸出するのを常とする」（[23] I, p.401. 訳Ⅲ、二二四頁）国は、穀物価格と貨幣賃金とが諸外国を上回ることはありえないので「商業制度」の弊害を免れるとし、穀物輸出奨励金を支持した。その論拠は、主として穀物の世界市場における一物一価の法則と初歩的な需給論であり、輸出奨励金によってイギリスの穀物輸出が盛んになれば、最終的には他国と比べて生産費が高いイギリスの（奨励金込みの）穀物価格へと世界市場は標準化されるはずだというものだった（[23] I, PP.419-20. 訳Ⅲ、二七〇—七二頁）[14]。そして、この間の比較的に高い穀物価格は、スミスには失礼だがたしかにイギリス農業者にとって利益となる（[23] I, pp.418-19. 訳Ⅲ、二五九頁）[15]。だが第二版は、穀物の世界市場がイギリスの穀価に標準化されるまでの間イギリスの製造業が被るはずの高賃金による輸出への妨げについては、またそもそもイギリスにそれだけの穀物が輸出可能かについても、何も語らない。

第三版『人口論』（一八〇六年）では、穀物法が（スミスの主張とは異なり）農業投資に有利な人為的条件をもたらしたこと、そして輸出奨励金のもとでは穀物価格が高価になることをはっきり認めたうえで、穀物自給のための輸入制限擁護が唱えられた。すなわち、輸入制限のもとでの穀物の高価格とそれにともなう高賃金とのゆえに、たとえ経済成長が減速してすら、「いっそう大きな程度での安全や独立や永続的繁栄やを達成するために、われわれは喜んで現在の富の小さな部分を犠牲に」すべきなのであった（［23］I, pp.420-23n. 訳Ⅲ、一七八―八二頁）。ここには、商業国が穀物輸出国に依存する危険を強調しつつ、農業保護により人為的に穀物輸出国にならんとする非経済学的[16]な「転倒」した論理があった（［19］p.820）。

だが、一八一四―一五年の新たな穀物法改正をめぐる論争では、マルサスをも含んだ重農主義的農業保護論[17]は、地金論争の諸結果を踏まえた新たな議論を展開することになった（［17］p.16n. 49）。そしてマルサスは、一八一四―一五年の地代三部作においてこそ、はっきりと穀物高価格・高賃金政策（［31］pp.525-26）を打ち出したのである。

社会の下層階級の状態を考察する時には、われわれは労働の実質交換価値のみを、つまりそれが必需品や便宜品や奢侈品を支配する力のみを、考察しなくてはならない。私は、『諸考察』［一八一四年］において、また『地代論』［一八一五年］ではもっと詳細に、同じ労働需要と、その結果生じる生活資料の同じ購買力のもとにおいては、穀物の高い貨幣価格が、労働者に生活の便宜品と奢侈品とを購買する上で非常に大きな有利さを与えるだろうと述べた。この高い貨幣価格の結果は、もちろん、社会のまさに最貧民やこれ以上ないほどの大家族を養う人びとの間ではそれほど顕著ではないだろう。なぜなら、彼らの稼得のかくも大きな部分は絶対的必需品に用いられねばならないからだ。だが、まさしく最貧民である人びとのうえにいるすべての人びとにとって、小麦一クォータあたり八〇シリングの価格から生じる賃金の利点は、四〇もしくは六〇シリングのものと比較すると、茶や、砂

> 糖や、木綿や、リンネルや、石鹸や、ろうそくや、その他多くの物品を購買するさいに、彼らの状態を決定的によくするに足るようなものとなるだろう（［26］p.162. 訳一三七―三八頁。強調は原文、［ ］内は追加）。

だが、穀物の高価格は他の諸財に対する穀物の支配力を増大させるので、穀物の高価格は労働階級に有利だというこの議論は、受け入れがたい。(18) この議論は、労働階級は穀物輸入制限のもとで、穀物の貨幣価格が高くてもつねに生存費を上回る穀物賃金を受け取ることを前提としている。だがマルサスは、リカードウが『経済学および課税の原理』で批判したように、先行的食糧供給につねに人口が反応することを主張し、そしてそれを支えるために、賃金には必需品以外の便宜品や奢侈品を含めたがらなかったのではないか（［33］I, pp.406-7）？

以上の第二版『人口論』以降のマルサスの理論的変遷には、マルサスは、いわばフルセット型経済（十分な国内市場）を開放経済で実現するためには農工両部門の国際競争力が必要であるのを知りつつ、イギリス農業の競争力の欠如を認めたので、種々の無理な議論を持ち出して閉鎖的経済の必要を主張することになったという軌跡が看取できる。(19) それゆえ、「マルサスの関心は、一貫して国内市場の安定的発展にあったといえるであろう」（［11］一六九頁。また［10］一〇八頁も見よ）としたり、マルサスはリカードウにたいして「国内的な人口成長と農業拡大とに根ざした、安定的で比例的な製造業の増大という代替的なヴィジョンを提供した」（［16］pp.35-6）としたりするのは、過度にマルサスに同情的な解釈だといわざるをえないだろう。

3　穀物の高価格と物価・正貨流出入メカニズム――開放経済による擁護

ところで、穏健な地金主義者と形容されてきたマルサスは、じつは厳格なヒューム流の物価・正貨流出入メカニズムを展開していた。一八一一年の『エディンバラ・レヴュー』の二論文では、ナポレオン戦争下での国内不作による大量の穀物輸入にともなうトランスファー等の、いわば非常時での物価・正貨流出入メカニズムによる国際調整が論じられていた（[2] 五一―五頁）。だが、第二版『経済学原理』（一八三六年）第二章第七節「同一の国および異なる国々における貨幣価値の変動について」では、平常時における物価・正貨流出入メカニズムが説かれており[20]、そしてこの議論はマルサスの穀物の高価格擁護と関連するだけに、注目に値する。そしてそれは、最後期のマルサスの穀物の高価格擁護論が必要としたのは、閉鎖経済ではなくて、今や開放経済であったという劇的変化を示しているのである。

マルサスはまず、リカードウの『原理』第七章を高く評価しつつ自己流に解釈し、世界で製造業に技術的優位を持つイギリスは、製造品の輸出により貿易収支を黒字に保ち、金を流入させているとする。そしてマルサスは、この他国と比較しての多量の金は、イギリスにおける貨幣の価値を低め、この低い貨幣の価値が穀物価格および貨幣賃金を高め、ひいては国内一般物価水準を高めているという、きわめて厳格な物価・正貨流出入メカニズムを展開することで、穀物法が穀物価格を不当に高めていることを否定するのである[21]。

……もしこの学説が正しいならば、穀物と労働との貨幣価格の騰貴は商業的繁栄の必然的な帰結であるように思われる。そして私は、現在のわが国に関しては、穀物法は、穀物と労働との価格を、事物を自然の成り行きに任せた場合と比べて、騰貴させていることをはっきりと認めようと思うが、それでもやはり、穀物と労働との実際の価格は穀物の高い価値ではなくて貨幣の低い価値を示しており、そしてそれらの価格は労働階級にかかる租税とはまったく異なる仕方で作用している、というのは疑いえないことである（[32] II, pp.138-39. 強調は追加。Cf. [31] II, p.102）。

この「輸出産業の比較優位にもとづく貨幣の価値の下落」論は、じつは『価値尺度論』の議論（[27] pp.212-13. 訳六〇―六二頁）をほぼ踏襲したものだった[22]。だが、第二版『経済学原理』では、（リカードウへの言及に加えて）穀物法への明示的言及がなされ、イギリスの相対的に高い穀物は、穀物輸入規制のせいではなく、製造品の輸出の結果としての貨幣の低い価値のせいだとされた。これは、他国と比べての穀物の相対価格を不問に付し、貨幣賃金が利潤率に及ぼす影響を無視する、（リカードウであれば決して認めるはずのなかった）物価・正貨流出入メカニズムによる穀物高価格擁護である。すなわち穀物の高価格の擁護は、ここに至って開放経済下でのイギリス製造業の比較優位（商業制度の優位）による貨幣流入から正当化されているのである！

だが、この開放経済を前提した正貨流出入による諸国の穀物価格および貨幣賃金の違いの説明は、少なくとも『価値尺度論』以後のマルサスの思想においては支配的であったと思われる。なぜなら、第六版『人口論』（一八二六年）には新たに次の注が付されたからである。

> 仮に穀物の輸入制限が、本質的にわが国の対外通商の繁栄を妨げるものであるなら、それをどれほど厳重におこなっても、わが国の穀物と労働を、他のヨーロッパ諸国と比べてずっと高い価格に永続的に維持することはできないだろう。どんな国においてであれ、労働の貨幣価格が高い時には、あるいは同じことであるが貨幣の価値が低い時には、貨幣がその水準を求めて流出するのを何ものも阻止できない。もっとも、自然的にせよ後天的にせよ、何らかの比較優位によって、労働の貨幣価格が高くても、そのような国がその豊富な輸出を維持できる場合には別である（[23] II, p.69n. 10. 訳Ⅲ、三〇四頁。強調は追加）。

こうして、マルサスの穀物の高価格擁護論はその最後期に至って、物価・正貨流出入メカニズムの援用を可能とするために、経済が開放的であることを必要としたのである。

第3節　穀物の高価格と逆因果貨幣理論（物価先導論）

1　「逆因果」貨幣理論

ところでマルサスには、「需要によって決定される物価が貨幣に先行する」という、いわゆる逆因果を主張する若干曖昧な貨幣理論が並存していた。この理論は、『食糧高価論』（一八〇〇年）における移転支出効果論による救貧法批判で出来し、第二版『人口論』以降の諸版ならびに『経済学原理』を通じて、無視しえない程度で頻出した（［2］四六―四九頁）。

また、この逆因果論の興味深い政策上の系論の一つは、イングランド銀行兌換停止期（一七九七―一八二一年）に出来したインフレーションの責任をめぐるものだった。マルサスは、『食糧高価論』ならびに第二版『人口論』以降において、政府の救貧対策としての移転支出が需要を喚起して食糧高価を引き起こし、これが貨幣供給増を引き出したという自らの議論を成り立たせるために、地方諸銀行がイングランド銀行とは独立に貨幣供給増をもたらしうるという主張をおこない、実際にこの文脈でソーントン批判を展開したのである。こうした主張は、当時の貨幣理論において（ウィートリーと並ぶ）マルサス貨幣理論の特異性をなしたが、しかしそれは、彼の『エディンバラ・レヴュー』の二論文における主張と矛盾したし、彼の物価調整論の整合性を疑わせるものでもあった（［2］五〇―五一頁）。

2　マルサスとトゥックの応酬

だが、この系論でとくに興味深いのは、マルサス（［28］）によるトゥック（［36］）書評論文が引き起こしたマルサスとトゥックとの間での応酬であった。この二人の間で交わされた論争は研究史上ほとんど顧みられることがなかったものの、[23] マルサスの経済学の若干の特質をたしかに示しており、私も前稿では紙幅の関係から十分に掘り下げなかったから、ここで改めてその全体像を明らかにしたい。

マルサスはこの書評論文において、トゥックを高く評価する姿勢を示しつつも、次のようにトゥックを批判した。すなわち、イングランド銀行の兌換停止期には金紙の開きを超えた食糧および賃金の騰貴がたしかにあったのであり、それは需給の状態によるものだった（［28］p.229）。また、ナポレオン戦争が物価におよぼした影響の原因には、供給減もあるが、需要増も無視しえない（［28］p.230）。その上、トゥックは穀物価格騰貴の原因をあまりに天候に帰しており、戦争による原因を等閑に付すのは誤りである（［28］pp.231, 233）。そして何より、トゥックはナポレオン戦争の「特色」の重要性をまったく考慮しなかった。[24]

これらの特色とは、人口の異常に急速な増加、輸出の量と価値との稀に見る増大、そしてまさに……それ以前の戦争すべてにおいてわが国は自国消費を上回る穀物を栽培したのに対して、この前の戦争ではわが国は自国の習慣的供給を埋めるために海外から穀物を輸入することを余儀なくされたという事情である。われわれはつねに、一七九三年から一八一四年にかけて戦中に生じた一般物価のきわめて大きな騰貴を、主として穀物価格の騰貴によって引き起こされたものと見なしてきた（［28］p.234）。

こうしたマルサスの主張を支えていたのは、平均的消費と比べての供給量が価格と需要とにおよぼす影響についての「原理」＝有効需要論であった。

その原理は、供給の相対的減少がある場合にはいつでも、それがどんな原因から生ずるのであれ、それに直ちに続いて、必ずやそれ以後の生産に対する大きな刺激を引き起こす諸価格と利潤との上昇をともなう残余の生産物に対する活発な需要が生ずるというものである。この仮定については、われわれはこれまでつねにそれを生産と消費とに関する自然の偉大な救済法則と見なしてきた……。天候によってであれ、輸入障害によってであれ、不生産的消費の割合の増加によってであれ、一定の範囲内で一国の生産の一部が減少した時にはいつでも……量が価格におよぼす影響の普遍的法則によって……生産諸階級にどっと生じる繁栄がある……（［28］pp.242-43）。

ここからマルサスは、需要の増減が供給の増減に依存すると教える「セー氏の学説」を攻撃し、トゥックはそれを免れていないと批判するのであった（［28］pp.243-46）。

以上のマルサスの批判に対して、おそらくトゥックは何か概念上の混乱があると見たに違いない。トゥックはまず、わざわざリカードウの『原理』（［33］I, pp.382-83）で定義された需要概念を引用しつつ、消費こそが需要の大きさの尺度なのであって、貨幣価値の変化による物価騰貴を需要の増大と見誤ったり、過少供給そのものを消費の大きさと見誤ったりしてはならないのだと激しく抗議した。「戦争需要説の主唱者たちは、この区別に注意してこなかったし、その説を支持する彼らの議論にゆきわたっているおびただしい推論の混乱と粗雑さとは、この区別を無視しているためだといえるだろう」（［37］pp.165-67n.）[25]。こうしてトゥックは、マルサスの書評論文を名指して[26]、次のように批判したのである。

この前の戦争［ナポレオン戦争］中に観察された高価格を、放漫な政府支出から生ずると想定されている興奮もしくは刺激によって説明する理論の支持者たちは、暗黙のうちに次のことを仮定している。すなわち、その刺激の作用は人口や生産や消費やの異常に急速な増大によってはっきりと際立っていたし、また、戦争から平和への移行が物価の下落を引き起こしたのは、同じ割合の消費と比較しての平和以来の供給もしくは生産の増加によっではなくて、同じ大きさの供給と比較しての消費需要の減少によってである、というのがそれである。本書の本編［第ii編］が最初に書かれて以来、こうした諸議論がきわめて高い権威者たちによって繰り返されてきた……（［37］p.183. 強調は原文、［　］内は追加。Cf.［38］I, pp.109-17）。

トゥックによれば、ナポレオン戦争下での国の内外の不順な天候、さらに戦争による穀物輸入への障害が供給不足を生み、これが「もっとも法外な投機」（これはまた信用の濫用によって助長された）と高価格とをもたらしたにすぎなかった。[27] そしてトゥックは、戦争需要説は事実を誤って解釈するばかりか、好戦的な思想を育《はぐく》む危険な考えでもあると批判するのである（［37］pp.215-19）。

だが、マルサスにとっては、それが供給減から生じようと、需要増から生じようと、供給の相対的減少こそが、価格と利潤を押上げ、現存する生産物に対する活発な需要を生むのである（［28］p.243）。これこそがマルサスの「有効需要」論の重要な特質の一つであり、またこれを貨幣理論面で支える論拠が、「流通速度が無限に順応する貨幣」にあったのは私が別稿（［2］四九頁）で指摘したとおりである。そしてこうしたマルサスの「有効需要」論が、前節で検討した穀物法下での輸入制限（＝人為的過少供給）による穀物の高価格を擁護する一論拠にもなりうることは、容易に看取できるだろう。

私は、トゥックが、このようなマルサスの議論に何か概念上の混乱を感じたのは健全な反応だったと思う。そこには需要概念の混乱ばかりか、絶対価格と相対価格との混乱をともなう無限に弾力的な貨幣供給という、マルサス自身の「地金主義」を裏切る想定があったからだ。

ところで、このマルサス＝トゥックの応酬は、トゥックが当該の書評論文の執筆者をマルサスと同定した『物価史』（［38］I, p.21）以後も続き、トゥックはあらためて「戦争需要説」を主唱する論者としてマルサス、ブレイク、コプルストン[28]、ウェストを名指し（［38］I, pp.109-13）、次のように激しく批判したのであった。

社会の大多数が、不足から豊富への移行によって大いに利益を受けたことには疑問がないし、またその余地はありえない。まったく、このことを疑い、戦争と不足が恩沢であり平和と豊富が災いでありえるなどと想像することは、高物価と一般的繁栄とを同義語と考える通貨理論の迷路に惑わされた妄想のなか以外には、かつてなかったことである（［38］II, p.73）。

むすび

ウィンチは、非開放的なマルサス経済学の想源についてこう論評した。

マルサスは、彼の世代の経済学者たちのうちで、ほぼ一世紀前に書彼たヒュームのもろもろの試論を引用した最後の人物ではなかったかもしれないが、しかし彼は、それらがまるで昨日書かれたものであるかのようにそれらを引用した最後の人物であった。そしてまた、この問題［経済の開放性］については、マルサスがスミスというよりはむしろヒュームを引用することを選んだことは重要でもあるだろう。それはひょっとして、スミスの同時代人たちおよび彼の追随者たちの多くと同じように、彼がスミスによる経済成長の説明の開放性に一度も完全に甘んじることがなかった徴候かもしれない（［39］p.371. 強調および［ ］内は追加）。

ここでウィンチが言及しているのは、本章第2節1で触れたマルサス『原理』における外国貿易からの隔絶の可能性の議論とそこでのヒュームの引用である。[29] こうしたウィンチの主張は、マルサス貨幣理論には、スミスというよりはむしろヒュームの数量説からの影響が顕著に見られたという、私が別稿（［2］）で得た結論と奇妙に共鳴する。

また、特有の農本主義を有した初版『人口論』から、マルサスが「まったく重農主義的見地の純粋な継承者」（［5］四〇二頁）として現れた第二版『人口論』にかけては、その想源が何だったのであれ、マルサスは自らの出発点をたしかにスミス批判においていたのである。

他方私は、これまでつねに、リカードウの貨幣理論の枠組みがスミスによって展開された古典派貨幣理論の到達点であったことを強調してきた（［1］［2］［3］）。そしてリカードウの貨幣理論を包含する枠組みは、スミスの経済学体系（価値と分配、成長）およびそれが根底に有していた「開放性」を強力に発展させたものに他ならなかった。少なくとも本章が検討した特定の経済諸領域において、スミスの枠組みを強力に発展させたリカードウと、種々の異質な知的淵源を有していたマルサスとの差異は、明らかである。

だがマルサスは、たとえば穀物の自由貿易をめぐっては生涯一貫して保護主義のみを追求した訳ではなかった。じつはマルサスには、地金論争を通じてリカードウと知り合い、ホーナーらと親密になるにつれ、穀物の自由貿易について公平に考えようとし始めた一時期があったようにも思われる。その徴候の一つは、一八一三年六月一三日付のホーナー宛書簡に認められる。「仮に穀物法がまったく存在しなければ、私はわが国の全般的富はもっと速く増大するだろうと断固として考えます……」（［20］p.764）。マルサスは、翌年の『諸考察』（［25］）では、穀物法に対して「一貫して中立的な立場を保持」（［9］一三〇頁）しようと努めていたことが知られている。だから、なるほど『人口論』諸版は一貫して保護主義的に見えるものの、マルサスが最後期に至って保護主義を撤回しリカードウ流の自由貿易主義をとるようになったというホランダー（［19］）の解釈は、マルサスがそれ以前に若干の揺れをすでに経験していたという事実にも立脚していたのだ。

そしてマルサスは、死の前年の一八三三年一月二二日付マーセット宛書簡の中で、穀物法について「その諸結果については懸念《けねん》がない訳ではありませんが、それでもやはり私は諸規制の撤廃に味方します」（[30] p.845. 強調は原文）と書いた。さらに最終版『人口論』に新たな注を付して、「あまり高くない輸入関税と、ほぼリカードウ氏が勧告したもののような奨励金は、おそらくわが国の現状にとってもっとも適切であり、安定的な価格を保証するのに一番だろう」（[23] II, p.76. 訳Ⅲ、三二四頁）とも書いた。しかしながら、（その他の証拠を含めて）こうした最後期のマルサスの諸言説は、プレン（[31]）によって、マルサスが農業保護を撤回した証拠にはならないと強力に主張されてきた。

だがプレンは、本章で見たようにマルサスの穀物高価格擁護論が閉鎖経済の要求から開放経済の要求へと劇的に変化していたことを、まったく論じていない。そしてマルサスは、第二版『原理』でこう書いた。「私はつねにリカードウ氏の［『原理』の］外国貿易に関する章（第七章）の最初の部分は本質的に間違いであると考えてきた。だが、この章の大部分は新しいものであるのみならず、疑いなく真理であって、この上なく重要である」（[32] II, p.137n. ［ ］内は追加）。マルサスは、（それがいかにリカードウの真意から離れた物価・正貨流出入ヴァージョンのものだったにせよ）今やリカードウの開放経済体系を受け入れようとしていたように見える。以上の諸事実は、私を、プレンによる解釈というよりはむしろホランダーによる解釈へと若干近づける。

しかしそれと同時に、マルサスはトゥックとの論争において、逆因果貨幣理論にもとづく特有の有効需要論を展開していた。そしてこれは、第六版『人口論』や第二版『原理』における開放経済下での数量説からの穀物高価格擁護論とは、明らかに理論的に整合しない。

こうした理論的揺れと、マルサス自身が自己の体系を首尾一貫させようと努めなかった事実とは、私が別稿で触れた彼の貨幣理論研究の現状にばかりでなく、マルサスと穀物法という、古いがしかし現在進行形の論争のゆくえにも、影を落としているように思われる。

＊　本章は草稿段階で経済学史学会関東部会（二〇〇二年九月二八日・於立教大学）で報告された。貴重なご批評を賜った会員の諸先生・諸兄姉の方々に感謝申し上げます。言うまでもなく、なお残る誤りはすべて筆者のものである。

注

（1）たとえば、ウッド編マルサス研究論文集［40］には、マルサスの貨幣理論を主題とした論文はただの一つも含まれていない。

（2）マルサスからの引用に当たっては、とくに『経済学原理』については［32］に拠り［32］I, IIと巻数を記し、第二―六版の『人口論』については［23］に拠り［23］I, IIと巻数を記す。

（3）数量説の諸系論を網羅的に検討しようとしたブラウグは、貨幣供給の変化の外生性が数量説の基軸となる命題の一つだと正当に主張するが（［15］pp.29, 36-9）、その開放経済への適用である物価・正貨流出入メカニズムが孕む問題は比較的に、等閑に付している。この点についてはさらに［3］を見よ。

（4）横山（［9］一一頁）は、初版『人口論』における貨幣の中立性と独立した実物的産出とを相補的命題と見ないで「二重の視角」とされるが、氏が実物的産出に影響を与えるとされるマルサスの「貨幣的分析」（［9］六頁）には原典上の証拠がない。また初版『人口論』での中立性命題は、後に第3節で触れる「政府移転支出効果論」による救貧法批判（均衡財政のもとでのインフレ効果）とは区別されるべきである。たとえば政府は、マルサスに反して、種々のインフレ政策によって均衡財政を犠牲にして救貧法を実行するかもしれない。この移転支出効果論をマルサス以後に展開した主要な古典派は、一人もいないように思われる。

（5）だが、マルサスの強制貯蓄論は、リカードウに厳しく批判されることになった。仮にインフレーションが消費の実質価値を下落させるとしても、それは同時に貯蓄の実質価値をも下落させるのではないか？　こうしてマルサス＝リカードウ論争は、強制貯蓄に似た現象が起こる場合の（単なる国民所得会計上の問題を越えた）所得分配分（とくに賃金）の変動をめぐる論争へと発展することになった（［2］四六頁、注一二）。

(6) 初版『人口論』の執筆時点でマルサスが重農学派の一次文献を読んでいなかったことは、マルサスへの重農学派の永続的影響を強調する論者たちの間ですら係争点ではない。［34］pp.116-17、［5］四〇六―九頁、［19］p.403を見よ。彼らが強調するのは、先行的生存手段（食糧）が人口を制限するというマルサスの初発の問題設定そのものが、重農学派との共通の枠組みをすでに有していたということだ。それゆえ重農学派の文献読了後の第二版『人口論』でマルサスが重農学派に急速に接近することになったのは自然であったのだ。深貝（［8］六一―二頁）は、初版『人口論』第一〇章の記述に固執するあまり、第一六・一七章で展開された（資本が土地に投下されることが前提となっている）農本主義的なスミス批判が重農学派との親近性を十二分に有していることを看過したようである。また、初版『人口論』のスミス批判は農工両部門間での実質生産コスト比較論にもとづくため重農学派との親近性を欠くとの中村（［4］九三―六頁）の主張も原典上の支持がえられるとは思われない。

(7) それゆえマルサスは、国富の定義をスミスの「土地と労働の年々の生産物」より「土地の生産物」の方が正確ではないかという問題を提起する（［24］pp.108, 115. 訳一七八、一八八頁：［23］I, p. 389. 訳Ⅲ、二〇五頁）。

(8) マルサスは、下層階級――国民の最大多数――の幸福が「健康と、生活必需品および便宜品に対する支配」にあることを強調するが、しかし、便宜品は「食糧に比べて、きわめてわずかな、取るに足りない価値しか」持たないとする（［24］pp.107, 115. 訳一七七、一八九頁）。第二版『人口論』では、製造品は富（収入）の創造ではなく移転にすぎないと議論を洗練させることで、より「重農主義」に近づいていくが、以上の点を含め［34］は依然として参照されるべき文献である。なお、マルサスの重農主義をめぐる諸論争の手際のよい整理として［10］一〇三―六頁を見よ。

(9) 「……労働の維持のための有効な基金はきわめてゆっくりとしか増大せず、そしてその結果は、予期される通りのものである……」（［24］p.110. 訳一八〇頁）。

(10) マルサスはこの点に気づいている。すなわちミクロ次元では、商業や製造業は十分な利潤を（貨幣タームで）もたらすのであって、「取引および製造業に用いられる労働は個人にとって十分に生産的であることを毎日の経験が立証している」が、しかし真の国富は結局マクロ的な国家の食糧供給量によって規定されるのである（［24］pp.117-18. 訳一九二―九三頁）。以上についてはまた、［6］（二一―五頁）による従来の諸解釈の批判的論評も見よ。そのうえで、第五版『人口論』（一八一七年）以後もマルサスがこのような思考法を免れていなかったこと、しかし、諸個人の貨幣支出は需要構造変化をもたらしマクロ的な産業構造の変化を生むかもしれないというリカードウのマルサス批判については、［2］（四三―四四頁）を見よ。

(11)「その国の追加資本は、その資財が雇用できるかもしれない人びとの維持に十分な食糧の輸入を可能にするだけだろう、とあるいは言われるかもしれない。大海軍と大きな国内輸送施設とを持つ小さな国、たとえばオランダは、なるほど有効な量の食糧を輸入、配分できるかもしれない。しかし食糧の価格は、この点では恵まれていない状況にある大国では、このような輸入と配分とをかなえさせるためには、非常に高くならざるをえない」（［24］p.109. 訳一八〇頁）。この初版『人口論』の論理が経済の外生的な閉鎖性を必要とするという議論は、すでに［5］（三九七―四〇〇頁）において強調されていた。

(12) バーデルは、この高賃金および輸入原材料の高騰による商業国（富国）の国際競争力の低下という第二版『人口論』の議論に、ヒュームの試論「貨幣について」（［21］）の反響を見る（［13］pp.56-7）。

(13) 'Of Commerce,'（［21］p.14. 訳一四―一五頁）.

(14) ［9］（五〇―五七頁）は、第二版での輸出奨励金の効果は（不作の年を含めた平均では）イギリス国内では穀物価格の低下をもたらすという記述を、穀物価格低下論と解釈されているようだ。私は、第二版は結局は比較的に高いイギリスの穀物価格への世界市場の標準化を夢想していたものと解釈する。

(15) 第二版では、穀物市場へのこうした政府介入を、商業制度に有利な当時の重商主義制度を口実に、あたかも「次善の策」として提示している。だがじつは、マルサスはあらゆる状況下での農業重視を唱えていたのだ。［19］pp.812-14を見よ。

(16) ［9］（九八―九九頁）による第三版の「非経済的な要因」の説明も見よ。

(17) ［17］（pp.3, 28）を見よ。ギャンブルズは、マルサスの農業保護論が重農主義から完全に切れていた証左として、マルサスのものとするスペンス批判論文 'Spence on Commerce,' *Edinburgh Review*, xi（Jan. 1808）を挙げる（［16］p. 31n.31）。だがこの論文は、ブルームによるものであった見込みが強い（［18］）。

(18) ホランダーが、この議論に労働階級の幸福と農業保護主義とを結び付けようとするマルサスの「功利主義」を見るのは〔19〕pp.830-31)、理解しがたい。

(19) ここで私は、マルサスが第五版『人口論』で著名な閉鎖経済モデルであるバークリーの「真鍮の壁」(〔14〕I, p.47. 訳四七頁)を持ち出していることに注意を向けたい。「このように農業、製造業、商業および広い領土を持つさまざまな地方がすべて、このように相互に作用し、反作用し合う国は、バークリー主教のいわゆる真鍮の壁に囲まれていても、明らかにその富と力を増大し続けるかもしれない。このような国は当然、外国貿易の実情がどうであれ、これをできるだけ利用するだろう。そしてその増減は、自国の生産物に対する強力な刺激を増減することになるだろう。しかし、それでもこの生産物の増加は諸外国とはまったく無関係であるだろうし、対外通商の不振によって手間取ることはあっても、停止したり逆転したりすることはないかもしれない」(〔23〕II, pp.42-3. 訳Ⅲ、一九五頁)。

(20)「第二版第Ⅱ章のこれらの新しい第Ⅵ節および第Ⅶ節が、編集者によってではなくマルサスによって考え出されたことに、疑問の余地はまったくないように思われる」とするプレンの考証(〔32〕II, pp.359-60)を見よ。またマルサスの第二版『原理』の編集者カゼノウヴは極端な逆因果貨幣論の支持者であり、その立場からあまり説得的でない編者注を付している点に鑑みても(〔32〕II, pp.272-73. Cf. *ibid*.,p. 456)、この第二版『原理』での新たな議論がマルサス自身によるものであるのは確実だ。

(21)〔10〕(一六四頁)は、マルサスがここで、貿易収支黒字による国内貨幣ストックの増加はインフレを引き起こすが、その際固定所得者からの強制貯蓄効果により貯蓄と投資を増大させ生産増をもたらすと主張しているものと解釈する。私には、ここでマルサスが強制貯蓄論を展開しているとは思われない。強制貯蓄論は、先に述べたように、『原理』段階、とくにその第二版では後景に退いてしまっているのである。

(22) この点に関する詳細な考証については、〔19〕(pp.727-32)を見よ。

(23) アーノンは、本稿とは別の視点(とくにセー法則との関連)から、二人の応酬に簡単に触れている(〔12〕pp.64, 74)。

(24) トゥックによる「戦争需要説」の物価騰貴論の批判については、〔36〕(ii, pp 8-9, 27)、〔37〕(pp. 150-51, 165-67)を見よ。

(25) この注は、『物価史』第一巻に些細な変更を加えられ再生産された(〔38〕I, pp.102-3n.)。

(26) トゥックがこの箇所でマルサス書評論文と並べて批判したのは、W. Blake, *Observations on the Effects produced by the Expenditure of Government during the Restriction of Cash Payments* (1823) である。

(27) さらに戦中の人口増の影響についてのトゥックの見解に関しては以下を参照。「一七八五年から一七九〇年にかけて起こったように見える人口の大きな増加……が、一七九四年から一八〇一年にかけての不順な天候による不足の圧力を悪化させたということは、まったく考えられないことではない。というのは、前者の期間の出生は後者において成人に近づきつつあっただろうからである。だが、この原因が実際に作用していたかぎりでは、それは戦争支出から出来した超過需要ないし消費の影響力といわれるものとは明らかに関連がない」（[37] p.215n.）。

(28) コプルストンについては、[1]（二四—六頁）を参照せよ。

(29) ヒュームは、なるほど「貿易上の嫉妬について」（[22]）において原理的な自由貿易論者として現れたが、しかし彼が『政治経済論集』の中に「商業について」の閉鎖的経済についての当該文章を残し続けたという事実は残る。

参考文献

[1] 佐藤有史『現金支払再開の政治学——リカードウの地金支払案および国立銀行設立案の再考——』*Study Series* No. 41、一橋大学社会科学古典資料センター、一九九九年。

[2] 佐藤有史「トマス・ロバート・マルサスの貨幣理論」『三田学会雑誌』九四（三）：三九—六四頁、二〇〇一年。

[3] 佐藤有史「アダム・スミスと正貨流出入メカニズム」大友敏明・池田幸弘・佐藤有史編『経済思想に見る貨幣と金融』三嶺書房、二〇〇二年、一〇三—三一頁。

[4] 中村廣治「マルサス『人口論』初版における経済的考察——マルサス経済学の起点を探る——」『熊本学園大学経済論集』七（一・二・三・四）：八五—一〇三頁、二〇〇一年。

［5］羽鳥卓也『古典派経済学の基本問題』未来社、一九七二年。
［6］羽鳥卓也「初期マルサスの農業保護論――『人口論』第一・二・三・四版を検討して――」『経済系』関東学院大学、一七六：一―一六頁、一九九三年。
［7］羽鳥卓也「マルサスの農工併存主義」『熊本学園大学経済論集』四（三・四）：二七―四七頁、一九九八年。
［8］深貝保則「マルサス『人口論』初版における農業重視論」『経済学史学会年報』三七：五七―六九頁、一九九九年。
［9］横山照樹『初期マルサス経済学の研究』有斐閣、一九九八年。
［10］渡会勝義「マルサスにおける重農主義・農業主義・農業保護論」『経済学史学会年報』三六：一〇三―一〇頁、一九九八年。
［11］渡会勝義「有効需要と外国貿易――マルサスとケインズの場合――」竹本洋・大森郁夫編『重商主義再考』日本経済評論社、一五五―八九頁、二〇〇二年。
［12］Arnon, Arie, *Thomas Tooke: Pioneer of Monetary Theory*. Aldershot, 1991.
［13］Berdell, John, *International Trade and Economic Growth in Open Economies: The Classical Dynamics of Hume, Smith, Ricardo, and Malthus*. Cheltenham, 2002.
［14］Berkeley, George, *The Querist*. 3 vols. Edited by J. Hollander. Baltimore［1735-7］1910.『問いただす人』川村大膳・肥前栄一訳、東京大学出版会、一九七一年。
［15］Blaug, Mark, 'Why Is the Quantity Theory of Money the Oldest Surviving Theory in Economics?' In M. Blaug et al., *The Quantity Theory of Money from Locke to Keynes and Friedman*, pp. 27-49, Aldershot, 1995.
［16］Gambles, Anna, *Protection and Politics: Conservative Economic Discourse, 1815-1852*, Woodbridge, 1999.
［17］Hilton, Boyd, *Corn, Cash, and Commerce: The Economic Policies of the Tory Governments 1815-1830*, Oxford, 1977.
［18］Hollander, Samuel., 'On the Authorship of "Spence on Commerce" in *The Edinburgh Review*, January 1808.' *Victorian Periodicals Review* 29: 315-29, 1996. Reprinted in S. Hollander, *The Literature of Political Economy: Collected Essays II*, pp. 349-32, London,1998.
［19］Hollander, Samuel, *The Economics of Thomas Robert Malthus*, Toronto, 1997.

[20] Horner, Francis., *The Horner Papers: Selections from the Letters and Miscellaneous Writings of Francis Horner, M.P., 1795-1817*. Edited by K. Bourne and W.B. Taylor. Edinburgh, 1994.

[21] Hume, David, *Writings on Economics*. Edited by E. Rotwein. London, ［1752］ 1955. 『ヒューム政治経済論集』田中敏弘訳、御茶の水書房、一九八三年。

[22] Hume, David, 'Of the Jealousy of Trade ［1758］.' As reprinted in ［21］ pp.78-82. 田中敏弘訳『ヒューム政治経済論集』御茶の水書房、一九八三年所収。

[23] James, Patricia. (ed.), *T. R. Malthus: An Essay on the Principle of Population*, variorum edn, 2 vols. Cambridge, 1989. 『各版対照・人口論』（全四巻）吉田秀夫訳、春秋社、一九四八—四九年。

[24] Malthus, Thomas R., *An Essay on the Principle of Population (1798)*. As reprinted in *Works* of Malthus, I. 『人口論』永井義雄訳、中公文庫、一九七三年。

[25] Malthus, Thomas R., *Observations on the Effects of the Corn Laws (1814)*. In *Works* of Malthus, VII: 87-109. 『マルサス穀物条例論——地代論——』鈴木鴻一郎訳、改造文庫、一九三九年所収。

[26] Malthus, Thomas R., *The Grounds of an Opinion on the Policy of Restricting the Importation of Foreign Corn*(1815). In *Works* of Malthus, VII: 151-74. 『マルサス穀物条例論——地代論——』鈴木鴻一郎訳、改造文庫、一九三九年所収。

[27] Malthus, Thomas R., *The Measure of Value Stated and Illustrated* (1823). In *Works* of Malthus, VII: 179-221. 『価値尺度論』玉野井芳郎訳、岩波文庫、一九四九年。

[28] Malthus, Thomas R., 'High and Low Prices' (1823), *Quarterly Review* 29 (57) : 214-39, reprinted in *Works* of Malthus, VII: 225-53.

[29] Malthus, Thomas R., *The Works of Thomas Robert Malthus*, edited by E.A. Wrigley and D. Souden. 8 vols. London, 1986.

[30] Polkinghorn, Bette A., 'An Unpublished Letter from Malthus to Jane Marcet, January 22, 1833', *American Economic Review* 76 (4) : 845-47, 1986.

[31] Pullen, John., 'Malthus on Agricultural Protection: an Alternative View', *History of Political Economy* 27 (3) : 517-29, 1995.

［32］ Pullen, John.（ed.）, *T. R. Malthus: Principles of Political Economy*, variorum edn, 2 vols, Cambridge, 1989.

［33］ Ricardo, David., *The Works and Correspondence of David Ricardo*. edited by Sraffa, P. with the collaboration of M.H. Dobb, 11 vols,Cambridge, 1951-73. 日本語版「リカードウ全集」刊行委員会訳『リカードウ全集』（全一一巻）雄松堂、一九六九―九九年。

［34］ Semmel, Bernard., 'Malthus: 'Physiocracy' and the Commercial System', 1965. As reprinted in ［40］ IV: 115-29.

［35］ Smith, Adam., *An Inquiry into the Nature and Causes of the Wealth of Nations*, Edited by R.H. Campbell and A.S. Skinner, 2 vols, Oxford, ［1776］ 1976.『国富論』（全三巻）大河内一男監訳、中公文庫、一九七八年。

［36］ Tooke, Thomas, *Thoughts and Details on the High and Low Prices of the Last Thirty Years*, 4 pts in 2 vols, London, 1823.

［37］ Tooke, Thomas, *Thoughts and Details on the High and Low Prices of the Last Thirty Years*, 2nd edn in 1 vol, London, 1824.

［38］ Tooke, Thomas, and Newmarch,William, *A History of Prices,* 6 vols, reprinted with an introduction by T.E. Gregory, London, ［1838-57］ 1928.『物価史』（全六巻）藤塚知義訳、東洋経済新報社、一九七八―九二年。

［39］ Winch, Donald, *Riches and Poverty: An Intellectual History of Political Economy in Britain, 1750-1834*, Cambridge, 1996.

［40］ Wood, John C.（ed.）, *Thomas Robert Malthus: Critical Assessments*, 4 vols, London, 1986.

■主要人名・事項索引■

1. 「序」と参考文献は索引の対象外である。
2. 注における項目の取り方は選択的である。

ア行

アウエンブルゲル（Auenbrugger, J.L., 1722-1809） 71
アリストテレス（Aristotelés, BC384-322） 6, 29-32, 48
アレヴィ（Halévy, Elie, 1870-1937）6, 219
アンダソン, ジェームズ 第8章
イーデン（Eden, Sir Frederick Morton, 1766-1809） 130, 219, 240
イングラム（Ingram, J. K., 1823-1907） 187
インダストリー（勤勉・勤労を参照） 15, 22, 251, 261
ウィートリー（Wheatley, John, 1771-1830） 285
ウイットブレッド（Whitbread, Samuel, 1758-1815） 90-92
ウィンダム（Windham, William ,1750-1810） 84
ウィンチ（Winch, Donald, 1935- ） 76, 82, 289
ウェイクフィールド（Wakefield, Gilbert, 1756-1801） 54, 56, 77, 96
ウエスト（West, Edward, 1782-1828） 185, 186, 189, 288
ウェブスター（Webster, Alexander, 1707-84） 126, 第6章第1節, 143-145
ウェリントン（Wellesley, Arthur, 1st Duke of Wellington, 1769-1852） 259, 267
ウォーレス, ロバート（Wallace, Robert, 1697-1771） 23, 57, 126, 127, 130,第6章第2節,第3節, 第4節,143, 144, 146, 204, 208, 219, 220
ウォリントン・アカデミー 53, 55
ウォルポール（Walpole, Robert, 1676-1745） 80
エイキン（Aikin, John, 1747-1822） 65
エドワード（Edward, Charles, 1720-88） 194
エンゲルス（Engels, Friedrich, 1820-95） 239
エンソー（Ensor, George, 1769-1843） 145
オウエン（Owen, Robert, 1771-1858） 45, 134, 138
オコンネル（O'Connell, Daniel, 1775-1847） 241
オッター（Otter, William, 1768-1840） 61
オルテス（Ortes, Giammaria, 1713-90） 第1章
オルコック（Alcock, Thomas, 1709-98） 200

カ行

貨幣 8, 9, 16, 18, 19, 21, 23, 34, 41, 253, 第12章
——数量税 273
家事使用人 155, 157, 159, 170
過少消費説 248
快楽 59, 100, 101, 107, 114
カゼノウヴ（Cazenove, John, 1788-1879） 295
カバニス（Cabanis, Pierre-Jean-Georges, 1757-1808） 71
神の意志 101, 109, 115-117
加用信文（1910-98） 179, 181, 187, 189, 192
ガリレイ（Galilei, Galileo, 1564-1642） 5
技芸 15, 19, 204, 220, 221
キャナン（Cannan, Edwin, 1861-1935） 180, 187, 189
キャンベル（Campbell, Dr. John, 1708-1775） 144
救貧法（生活保護法） 35, 39-42, 47, 48, 113, 119, 200, 201, 203-205, 207, 209-221, 240, 272, 275, 285, 292
——案 89, 91
教区学校 162
キングスバラ（Kingsborough, Robert King ） 227
勤勉 16, 109, 111, 139, 158, 162, 212, 231
勤労 33-35, 39, 40, 47, 48, 166, 230, 232, 233, 235, 236, 240, 243
クラーク（Clarke, Edward Daniel, 1769-1822） 61
グラタン（Grattan, Henry, 1746-1820） 237
グラムプ（Crumpe, Samuel, 1766-96） 76, 第10章
久留島陽三（1922-） 179
グレイヴズ（Graves, Richard, 1715-1804） 53, 77
クロッパー（Cropper, James, 1773-1840） 243
ケイムズ（Lord Kames, Home, Henry, 1696-1782）

サ行

スミス, アダム（Smith, Adam, 1723-90） 23, 24, 57, 92, 128, 129, 第7章, 178, 179, 183, 185, 191, 194, 195, 203, 204, 212, 213, 231, 232, 235, 236, 248, 252, 265, 275, 276, 280, 281, 289, 290, 293
『国富論』 152, 153, 178, 194, 212, 220, 240, 248, 274, 275, 280
スミス, シドニー（Smith, Sydney, 1771-1845） 96
スメリー（Smellie, William, ?-?） 144
生活保護法（救貧法を参照） 130
制限（抑制） 133, 135, 136, 145, 206
　積極的—— 52, 71
　道徳的—— 49, 115, 120, 133, 134, 160-162, 164, 165, 206, 207
　予防的—— 62, 63, 68, 71
生産的労働者 155, 157-159, 167, 170, 171
政治算術 14, 128, 129
セー（Say, Jean-Baptiste, 1767-1832） 287, 296
節約 214, 215
全般的供給過剰 169, 172
ソーントン（Thornton, Henry, 1760-1815） 274

タ行

ダーウィン,エラズマス（Darwin, Erasmus, 1731-1802） 57, 61, 64
ダーウィン, チャールズ（Darwin, Charles Robert, 1809-82） 203
タウンゼンド（Townsend, Joseph, 1739-1816） 60, 第9章
タッカー（Tucker, Abraham, 1705-1774） 101, 102
ダンドロ（Dandolo, Matteo, 1741-1812） 23
チャーマーズ（Chalmers, Thomas, 1780-1847） 217
中庸 29, 30
賃金基金説 274, 276
ティソ（Tissot, Simon Andre, 1728-1797） 61
デーヴィス（Davies, David, 1742-1819） 240
デフォー（Defoe, Daniel, 1660?-1731） 200
デュポン・ド・ヌムール（Du Pont de Nimours, Pierre Samuel, 1739-1817） 278
テンプル（Temple, William, 1881-1944） 200
土地利害 257, 258, 262
統一アイルランド人協会 226, 237
トゥック（Tooke, Thomas, 1774-1858） 273, 286, 288, 291, 296
土地所有者 11, 169
トルチェッラン（Torcellann, Gianfranco, 1938-1966） 4, 6
奴隷 6, 12, 105, 132, 136, 143,
　——制 145, 146

ナ行

西山久徳（1928-） 179,184,186,187,189
ニュウエンハム（Newenham, Thomas, 1762-1831） 242
ニュートン（Newton, Sir Isaac, 1642-1727） 5, 6, 43
年金 34,42,127
農工均衡 164
ノース（North, Frederick, 2nd Earl of Guilford and 8th Baron North, 1732-92） 78, 79, 81, 95

ハ行

バーク（Burke, Edmund, 1729-97） 83, 84, 86-88, 95, 96
バークリ（Berkeley, George, 1685-1753） 136, 146, 295
パーシヴァル（Percival, Thomas, 1740-1804） 64
バーナード（Bernard, Thomas, 1750-1818） 240
パーネル（Parnell, Sir Henry, 1776-1842） 250
発展段階（論） 208, 216
ハリントン（Harrington, James, 1611-77） 140,141
ピット（Pitt, William, the Younger, 1759-1806） 79-82, 84-88, 91-92, 94-96, 226, 227, 267
　——法 92
必要価格 168,169
ヒポクラテス（Hippokratés, C., BC 460-337） 55, 58
ビュート（Stuart, John, 3rd Earl of Bute, 1713-92） 78
ヒューム（Hume, David, 1711-76） 23, 57, 72, 77, 132-136, 140-142, 146, 204, 208, 220, 229, 240, 272, 274, 279, 282, 289, 290, 294, 296
　——効果 274
平等制度（主義） 36, 37, 39, 46, 109, 112, 113, 118
ブールハーヴェ（Boerhaave, Hermann, 1668-1738） 71
フォックス（Fox, Charles James, 1749-1806） 79-85, 87, 88, 90, 92, 94, 95, 267
福田徳三（1874-1930） 179, 182, 239
不生産的消費者 169, 173

不生産的労働者　155, 157-159, 167, 170, 171, 173
プライス（Price, Richard, 1723-91）　57, 64, 130, 201, 240
ブラウン（Brown, John, 1715-66）　142
プラトン（Platōn, BC. 428c.- 347）　29, 140
フランクリン（Franklin, Benjamin, 1706-90） 57, 60, 64, 126, 143
ブルーム（Brougham, Henry Peter, Baron Brongham and Vaux, 1778-1868）　96, 295
ブレイク（Blake, William, c1774-1852）　288
プレン（Pullen, John, 1933- ）　29, 36, 44, 94, 241, 291, 295
プレンダーガスト（Prendergast, Renee, 1952-） 189, 190
ブレンターノ（Brentano, Lujo, 1844-1931） 179,180,182,184,187
フレンド（Frend, William, 1757-1841）　54, 55, 77, 96
ヘイガース（Haygarth, John, 1740-1827）　61, 71
ペイリー（Paley, William, 1743-1805）　91, 219, 第5章
ペイン（Paine, Thomas, 1737-1804）　88
ペティ（Petty, William, 1623-87）　128
ヘバーデン（Heberden, William, 1767-1845） 64, 67
ヘレンシュヴァント（Herrenshwand, Jean, 1728-1811）　243
弁神論　35, 216
便宜の原理（功利の原理を参照）　101, 103
ベンサム（Bentham, Jeremy, 1748-1832）　103, 184, 192, 219
保険　34
保税倉庫　259, 260
ホイットフィールド（Whitefield, George, 1714-1770）　221
ポートランド（3rd Duke of Portland, William Henry Cavendish Bentinck, 1738-1809）　79, 82, 84, 86, 95
ホーナー（Horner, Fransis, 1778-1817）　96, 290
ホッブズ（Hobbes, Thomas, 1588-1679）　138
ボナー（Bonar, James, 1852-1941）　76, 179
ポラニー（Polany, Michael, 1891-1976）　203, 219
ホランダー（Hollander, Jacob H., 1871-1940 ） 189
ホランド（Fox, Henry Richard Vassall, 3rd Baron Holland, 1773-1840）　87, 96
ホント（Hont, Istvan, 1947-）　142

マ行

マーセット（Marcet, Jane, 1769-1858）　291
マイルドメイ（Mildmay, H.P. ）　101
マカロク（McCulloch, John Ramsay, 1789-1864） 179, 180, 183, 187, 202, 203, 206, 272
マルクス（Marx, Karl Heinrich, 1818-83）　4, 5, 29, 178-180, 187-189, 191-193
マルサス、ダニエル（曾祖父）（Malthus, Daniel, 1651-1717）53
マルサス、ダニエル（父）（1730-1800）　46, 54-56, 60, 69, 70, 77, 81, 90, 94, 219
マルサス（Malthus, Thomas Robert, 1766-1834） (著作)
『外国穀物の輸入制限政策に関する見解の諸根拠』(『諸根拠』）　262, 267
『価値尺度論』283, 284
『危機』56, 82, 83, 86, 92
『人口論』4, 24, 36, 39, 40, 45-47, 52-54, 61, 68-70, 77, 87, 100, 132, 152,153, 163, 172, 188, 267, 278, 279, 290
初版――　7, 28, 35-37, 39, 43-45, 56, 57, 60, 62, 76, 77, 88-93, 96, 131-134, 143, 145, 152, 162-164, 172, 190, 219, 236, 262, 268, 273-277, 290, 292-294
第2版――　44, 49, 56, 60-62, 68, 88, 115, 131, 133-135, 143, 144, 161-164, 172, 187, 190, 191, 217, 219, 227, 236, 263, 268, 273, 277, 280, 282, 285, 290, 293-295
第2版～6版――　46, 48, 292
第3版――　68, 164, 172, 263, 278, 281, 294
第4版――　68, 172, 227
第5版――　45, 48, 68, 88, 134, 161, 164, 172, 278, 294, 295
第6版（最終版）――　40, 47, 68, 131, 172, 284, 291, 292
『経済学原理』　29, 44, 144, 152, 153, 164, 165,172, 248, 267, 273, 285, 289, 292
初版――　165, 167, 236, 278
第二版――　166, 275, 283, 284, 291, 295
『穀物法の諸効果に関する諸考察』(『諸考察』）　250, 262-264, 266, 267, 281, 290
『食料高価論』　285
『地代の性質と発展』(『地代の性質』『地代論』）　190, 191, 281
マルサス、ハリエット（旧姓エッカソル）(Malthus, Harriet, 1776-1864）　53, 62
マルサス文庫　56, 61, 70
マンドヴィル（Mandeville, Bernard, 1670?-1733） 136, 210

ミルトン（Milton, Johm, 1608-74） 141
モア（More, Thomas, 1478-1535） 140, 220
モーペルテュイ（Maupertuis, Pierre Louis Morean de, 1698-1759） 142
モール（Mohl, Robert von, 1799-1875） 147
モルレ（Morellet, André, 1727-1819） 268
モンテスキュー（Montesquieu, Charles Louis de Secondat, Baron de la Bréde, et de, 1689-1755） 23, 29, 60, 220

ヤ行

ヤング（Young, Arthur, 1741-1820） 60, 130, 227
有効需要 168-173, 235, 236, 241, 286, 288, 291
輸出奨励金（奨励金を参照）250, 252, 253, 255, 256, 262-264, 266, 267
穀物—— 249, 265, 280
抑制（制限を参照） 206
吉田秀夫 131

ラ行

ラエンネック（Laennec, Theophile-Rene-Hyacinthe, 1781-1826） 71
ラザフォース（Rutherforth, Thomas, 1712-71） 103
ラスキ（Laski, Harold Joseph, 1893-1950） 137, 138
ラムゼー（Ramsay, John, 1736-1814） 144
ランドリ（Landry, Adolphe, 1874-1956） 202, 206
リカードウ（Ricardo, David, 1772-1823） 32, 178, 185-190, 192-194, 272, 275, 279, 282-284, 287, 290, 291, 293, 294
リヴァプール（Jenkinson, Robert Banks, 2nd Earl of Liverpool, 1770-1828） 257, 259
ルクレティウス（Titus Lucretius Carus, BC 1st century） 55
ルソー（Rousseau, Jean-Jacques, 1712-78） 29, 57, 77, 88, 137, 142
ローダーデイル（第8代伯爵）（Maitland, James, 8th Earl of Lauderdale, 1759-1839） 第11章
労働維持基金 38, 40, 41, 44, 152, 153, 155, 162, 163, 165, 167, 171, 172, 293
労働階級 165, 174, 278, 282
——の幸福 295
労働者 34, 42, 112, 120
——階級 33, 34, 36-39, 45-49, 88, 159, 173, 234, 259
ロートベルトゥス（Rodbertus, Johann Karl, 1805-75） 178
ロッキンガム（Watson-Wentworth, Charles, 2nd Marquis of Rockingham, 1730-82） 78, 79
ロック（Locke, John, 1362-1704） 23, 69, 101, 102, 122
ロビンズ（Robbins, Caroline, 1903-1999）141, 142
ワシントン（Washington, George, 1732-99） 192

安川隆司（やすかわ　りゅうじ）　［第11章］

1959年生まれ。東京経済大学経済学部助教授。

主な業績：“James Mill on Peave and War”（Utilitas, vol. 3, no. 2, November, 1991）「ミル父子と植民地」西沢保他編『経済政策思想史』（有斐閣、1999年)、「ベンガル統治の政治経済学」『東京経大学会誌』223号（2001年)、ウィリアム・トマス『J. S. ミル』（共訳、雄松堂出版、1987年）その他。

柳沢哲哉（やなぎさわ　てつや）　［第9章］

1962年生まれ。埼玉大学経済学部助教授。

「J. B. サムナーとマルサス」中矢俊博・柳田芳伸編『マルサス派の経済学者たち』（日本経済評論社、2000年)、「ラディカル・トーリーのマルサス像：M. サドラー『人口法則』の考察」『香川大学経済論叢』74巻第4号（2002年）その他。

■ 著者紹介

遠藤和朗（えんどう　かずお）　［第7章］

1947年生まれ。東北学院大学経済学部教授。

主な業績：『ヒュームとスミス――道徳哲学と経済学――』（多賀出版、1997年）その他。

大村照夫（おおむら　てるお）　［第5章］

1945年生まれ。名古屋学院大学経済学部教授。

主な業績：『マルサス研究』（ミネルヴァ書房、1985年）、『ウィリアム・ペイリー研究』（晃洋書房、1994年）、『ウィリアム・ペイリーの政治哲学』（晃洋書房、1996年）、『新マルサス研究』（晃洋書房、1998年）、『アブラハム・タッカー研究序説』（晃洋書房、2003年）その他。

嘉陽英朗（かよう　ひであき）　［第3章］

1967年生まれ。京都大学大学院経済学研究科博士課程単位取得退学。

主な業績：「ジョン・イーヴリンと『フミフギウム』――17世紀ロンドンの大気汚染――」『イギリス哲学研究』24号（2001年）その他。

菊池壮蔵（きくち　そうぞう）　［第8章］

1949年生まれ。福島大学経済学部教授。

主な業績：「アンダソン『考察』のスミス批判と『国富論』増訂問題」早坂忠編『古典派経済学研究』III（雄松堂出版、1986年）、その他。

佐藤有史（さとう　ゆうじ）　［第12章］

1957年生まれ。富山国際大学助教授。

主な業績：『現金支払再開の政治学――リカードウの地金支払案および国立銀行設立案の再考――』*Study Series* No. 41（一橋大学社会科学古典資料センター、1999年）、『経済思想にみる貨幣と金融』（共編、三嶺書房、2002年）、『リカードウ全集　第XI巻』（共訳、雄松堂、1999年）その他。

堀田誠三（ほった　せいぞう）　［第1章］

1951年生まれ。名古屋経済大学経済学部教授。

主な業績：『ベッカリーアとイタリア啓蒙』（名古屋大学出版会、1996年）、'European Sources of Pietro Verri's Economic Thought' in Pietro Verri eil suo tempot, Tomo secondo, Cisalpino, 1999.「ムラトーリの文芸共和国構想と『趣味論』」『名古屋経済大学経済学部創立20周年記念論集』（名古屋経済大学、2000年）その他。

森岡邦泰（もりおか　くにやす）　［第2章］

1961年生まれ。大阪商業大学助教授。

主な業績：『深層のフランス啓蒙思想――ケネー　ディドロ　ドルバック　ラ・メトリ　コンドルセ――』（晃洋書房、2002年）その他。

■編者略歴

永井義雄（ながい　よしお）　［序、第６章］

1931年生まれ。名古屋大学名誉教授。

主な業績：『イギリス急進主義の研究』（御茶の水書房、1962年）、バーク『穀物不足にかんする思索と議論』（河出書房、1957年）、その他。

柳田芳伸（やなぎた　よしのぶ）　［第10章］

1954年生まれ。長崎県立大学経済学部教授。

主な業績：『マルサス勤労階級論の展開』（昭和堂、1998年）、『マルサス派の経済学者たち』（共編著、日本経済評論社、2000年）、『スミス・リカードウ・マルサス』（共著、創元社、1989年）その他。

中澤信彦（なかざわ　のぶひこ）　［第４章］

1968年生まれ。関西大学経済学部助教授

主な業績：「エドマンド・バークの救貧思想――マルサス・初版『人口論』の時代――」『マルサス学会年報』第7号（1997年）、「1790年代英語圏における《革命》概念――バーク対ペイン論争の一段面――」『関西大学経済論集』第49巻第4号（2000年）その他。

マルサス理論の歴史的形成

2003年6月10日　初版第1刷発行

編　者　永　井　義　雄
　　　　柳　田　芳　伸
　　　　中　澤　信　彦

発行者　齊藤万壽子

〒606-8224　京都市左京区北白川京大農学部前
発行所　株式会社　昭　和　堂
振替口座　01060-5-9347
TEL(075)706-8818/FAX(075)706-8878

印刷　亜細亜印刷

ISBN 4-8122-0303-1